国家社科基金2015年度教育学课题 "教育政策证据问题研究"

教育政策证据的
理论与实践

王星霞 等 著

科学出版社

北 京

内 容 简 介

由于信息的快速发展和民主进程的加快，教育政策的制定模式逐渐转换为"循证决策"，主张在证据的基础上制定和改进教育政策。本书共八章，内容包括教育政策证据的研究意义、教育政策证据的学理研究、教育政策证据的生产、教育政策证据的评估、教育政策证据的运用、教育政策证据的国外实践、我国高中阶段教育改革的证据探索与应用、我国义务教育阶段教师相关政策的证据研究。本书紧扣时代发展脉搏，坚持理论与实践紧密结合，尤重实践导向，注重基于数据分析的教育政策证据研究；在具体内容上，尽可能结合相关案例，对教育政策证据进行全面梳理和系统分析。

本书可供普通高等学校教育学相关专业的本科生及研究生、教育工作者、教育研究人员参阅。

图书在版编目（CIP）数据

教育政策证据的理论与实践/王星霞等著. —北京：科学出版社，2021.12
ISBN 978-7-03-071083-3

Ⅰ.①教⋯ Ⅱ.①王⋯ Ⅲ.①教育政策-研究-中国 Ⅳ.①G520

中国版本图书馆 CIP 数据核字（2021）第 273640 号

责任编辑：崔文燕 / 责任校对：杨 然
责任印制：徐晓晨 / 封面设计：润一文化

科 学 出 版 社 出版
北京东黄城根北街 16 号
邮政编码：100717
http://www.sciencep.com
北京建宏印刷有限公司 印刷
科学出版社发行 各地新华书店经销
*
2021 年 12 月第 一 版 开本：720×1000 1/16
2021 年 12 月第一次印刷 印张：17 1/2
字数：316 000
定价：99.00 元
（如有印装质量问题，我社负责调换）

◀ 前　言

我们所处的是一个众声喧哗的新媒体时代，公众对教育政策科学性的呼声日益高涨，基于证据的教育政策制定模式应运而生，并成为世界范围内的流行话语，从学者到官员，无不热衷于对证据概念的介绍，对循证实践的追求。面对这种现象，我深感欣慰，这是政策主体追求政策科学性的表现，也是社会进步的标志。作为一名教育政策研究者，我也一直试图用实践中调查得来的数据作为教育政策建议的证据。那么，什么是教育政策证据？人们可以通过哪些渠道获得它，又如何对其进行评估？人们在具体教育政策实践中如何运用它？对这些问题的追问与反思，让我觉得教育政策证据值得研究。幸运的是，我和我所在的团队有着共同的学术志趣；更幸运的是，我们以"教育政策证据问题研究"命名的项目申请获得了全国教育科学规划办的立项资助，这敦促着我们继续对此进行思考。

本书是集体研究成果的结晶。在项目组成员充分讨论和开题时，在众位专家的指导下，我们提出了本书的总体框架与思路，本着集体讨论、个人负责的原则，我们分别撰写了初稿，经过项目组成员集体讨论，我们在吸取意见的基础上进行了修改。最后由我进行审阅与统稿定稿。

全书共分八章，具体撰写分工如下：

第一章　教育政策证据的研究意义（姚松副教授）

第二章　教育政策证据的学理研究（王星霞教授）

第三章　教育政策证据的生产（王星霞教授）

第四章　教育政策证据的评估（李向辉副教授）

第五章　教育政策证据的运用（王星霞教授）

第六章　教育政策证据的国外实践（杨红旻教授）

第七章　我国高中阶段教育改革的证据探索与应用（王星霞教授，许佳佳博士，牛丹丹老师）

第八章　我国义务教育阶段教师相关政策的证据研究（姚松副教授，陈凤老师）

　　本书得到了全国教育科学规划办、河南省教育科学规划办、河南大学人文社科研究院、河南大学教育学部领导以及科学出版社教育与心理分社的支持与帮助，得到了项目组成员的大力支持与帮助，得到了众多师长和亲友的关心、支持与帮助。谨向他们表示诚挚的谢意！

　　在写作过程中，我们引用、参考了国内外许多学者的研究成果，并力图一一注明，但深恐挂一漏万，有所疏漏，在此请求同仁的谅解，并表示真诚的感谢！

王星霞

2021 年 8 月 29 日

◀ 目　　录

前言

第一章　教育政策证据的研究意义

第一节　教育治理现代化的迫切需要

党的十八届三中全会明确指出，全面深化改革的总目标是完善和发展中国特色社会主义制度，推进国家治理体系和治理能力现代化。作为我国国家治理体系与治理能力现代化的重要组成部分，教育治理体系与教育治理能力现代化也体现着我国的教育制度现代化水平以及制度实施绩效情况。从性质来看，教育治理现代化是推进国家治理体系和能力现代化中的子系统，推进教育治理现代化是落实中共中央决策方针的关键环节。教育治理在全面深化改革进程中具有重要意义，对改革的推进具有基础性、关键性和先导性的作用。推进教育治理现代化的关键，在于提高制定教育政策的质量与水平。只有以科学、合理、可行的教育政策作为先导，才能将政策落在实处，促进教育治理体系与能力的现代化。

当前教育治理存在一系列问题亟待改善。其中，作为教育治理的关键环节，教育政策的制定过程中存在一些问题，例如决策缺乏坚实的理论基础、证据基础作为支撑，易受主观性与随意性因素影响，导致教育政策制定的科学性、合理性与可行性难以得到保证。与以往教育政策制定所采取的基于意识形态的经验主义政策制定不同，基于证据的政策（即循证政策）坚持政策决策基于严格、真实的客观证据或以其为依据的思想，严格使用科学证据提供决策信息，全方位地采用科学、系统的程序进行政策制定。在制定教育相关政策的过程中，采取基于证据的政策，能够最大限度地避免随意性与主观性对制定过程与结果的影响，进一步提高教育政策的水平与质量。

一、教育治理现存问题

教育治理是由政府、教育行政部门、学校、社会机构或团体以及第三方组织等组成的多元主体基于对人性发展和学生成长的关注，对教育的相关事务进行平等、多元的意见表达和民主参与的过程。教育治理涉及的参与主体具有同等重要的地位，推进教育治理现代化的重点就是每个参与治理的主体能够在教育法治框架中正常且有效地实施其权力，担负起各自的职责。

时代在发展，教育形势也随之发生变化。在世界经济迅速发展的大环境下，教育的需求量不断增大，受教育人口数量呈现稳步增长的态势，由城乡发展带来的人口迁移流动使得教育治理面临着越来越复杂与多元的局面。这就要求教育治理体系与能力与时俱进，教育决策的制定契合现状，坚持科学合理的决策原则，紧随教育局面的发展与变化进度。为应对不断变化的教育局面，要推进教育治理现代化，就要使教育治理所包含的内容从传统的旧样态升级为适应发展的新样态。然而，当今教育治理改革还存在一些欠缺，应进一步提高教育政策制定的质量与水平。

（一）应加强相关制度建设

在治理事务范畴内，任何领域的治理工作推进都应以"立规矩"为先导，同样，教育治理也应首先建立完善、正式的治理制度，这也是教育治理的基础。教育相关制度是规范教育治理多元参与主体权力和行为的一套程序，保证参与治理的主体各司其职、各负其责，共同维护正常公共教育事务的有序进行，并为受教育者及教育工作者提供良好的教育公共服务。只有在确定作为规范公共秩序标准的制度之后，各参与治理主体才能各司其职地商讨、制定教育政策，进行接下来的一系列治理工作，才能使治理思想与治理理念进一步转化为实践。

教育治理相关法律法规的完善制定，是推进教育治理现代化的基础与前提，它不仅为教育治理的一系列工作提供合法的支持，也能够进一步调动教育治理各参与主体的主观能动性，为其提供行使自身权力与承担职责的空间。然而，在当前教育领域中，相关制度还存在建设不足、规范不清晰、权责不明确的问题。其一，对于由多元主体共同参与、平等协商处理教育事务的教育治理过程，在制度层面，仍然缺少对教育公共治理各主体的权利、职责与义务明确规定的法律法规以及相关规章制定。其二，制度模糊导致治理主体之间关系混乱，使政府、教育行政部门、学校、社会机构或团体以及第三方组织等多元主体之间存在权利重叠、交叉、分级受限，各个主体的责任意识模糊不清，治理主体之间难以平等协商治理原则，也影响到多元主体共同维护的民主、团结的合作伙伴关系，使其难以平等地商讨、制定相关的教育政策。例如，教育治理过程中，如果政府主体参与介入过多，就会打破各主体权力平等的局面；如果教育主管部门的行政权力过度介入治理，对学校进行行政性评比和评估，就会导致学校和社会等主体在诸多方面缺乏决定权，影响学校教学事务的正常运行。在学校内部治理制度上，政治、行政、学术、监督权力尚未有效实现"共治"局面。校党委和校长的权力边界模糊，可能出现校长为避免承担责任转让职权、校党委对校长权力干涉过多的情况。① 相关制度的缺失导致在教育治理的过程中制度协同作用未能充分凸显。

总之，教育治理中在制度层面仍存在问题，相关法律法规的制定应与时俱进，紧跟教育领域的发展与变化，及时进行教育治理制度的创新与完善，使改革教育治理的进程能够更加顺利，否则就会影响各治理主体对公共教育事务进行共同商讨和制定科学、完善的教育政策。

（二）应平衡治理主体权力

教育治理不仅包括制度层面的建设，执行主体的能力是否能有所提升也是教育治理工作的重点所在。教育领域的变化需要教育治理的现代化，教育治理现代化要求治理主体的现代化，也就是"人"的现代化。教育治理强调的是多元参与主体之间在平等基础上的协同共治。然而，由于我国的办学传统，如今在教育治理的过程中仍存在管制型政府状态下的思维模式和行政文化。② 对于教育政策的制定，各治理主体参与决策的话语权并不平等。除了居于治理核心位置的政府主体，一些拥有自主办学权力的学校主体以及各领域的专业社会组织或机构，往往习惯于传统管制型政府模式下的角色身份，仍保留着被管制的教育治理理念与文化。为适应教育发展新局面，教育治理现代化中对于参与治理主体的角色定位要求均是"管理者"，但在现实中，教育治理所坚持的多元主体共同参与事务协商的原则并未得到充分落实，各主体之间民主与合作有时也只停留在口号倡导阶段。

同时，教育治理体系中存在社会组织或机构缺席、缺位这一突出问题。教育治理的多元参与主体缺一不可，只有各主体都能积极地参与到教育事业的建设当

---

① 张德祥. 我国大学治理中的若干关系. 高等教育研究, 2018（7）: 1-8.

② 姚荣. 从政策思维走向法治思维: 我国高等教育治理现代化的核心要义. 重庆高教研究, 2019, 7（3）: 49-60.

中,才能最大限度地调动教育发展的活力,激发教育领域蕴含的潜能。成熟、独立的社会组织"缺位",就可能导致预期中社会组织或机构在教育治理工作中的价值与贡献难以达成。究其原因,一是我国社会组织发展起步较晚,政府对其培育远未完成,使得具有较高专业化和成熟度的社会组织数量有限,其广泛参与和提供优质教育公共服务的能力与资源相对有限。① 这些社会组织或机构的自身专业化能力建设不足,经营自身管理往往就占据其绝大部分的时间与精力,因此并没有多余的精力投入参与教育治理事业。二是当前我国的一些社会组织具有半官方性质,与政府存在依附性和顺从性,并有严重的行政化倾向。② 这就导致这些能够参与教育治理的社会组织或机构,往往与其他参与治理的主体处于不平等的地位,因此违背了教育治理强调的多元主体平等协商这一原则。

教育治理参与主体之间权力并未达到在平等地位上的互补互助,其权力关系间仍存在等级分化、附属现象。在教育政策制定过程中,应平衡各治理主体所拥有的话语权、参与教育政策制定的权力和影响力,以保证决策过程中各主体共同参与的平等性与民主性受到不良影响,从而保证决策结果的科学性。

(三)应进一步优化治理结构

教育治理体系由教育治理结构体系与教育治理制度体系两部分构成,治理主体之间以及各主体内部的结构建设对教育治理的实施效果具有不可忽视的作用。我国教育治理的路径和目标是:以转变政府职能为突破口,以构建政府、学校、社会新型关系为核心内容,旨在形成政府宏观管理、学校自主办学、社会广泛参与的格局,更好地调动中央政府和地方政府的积极性,更好地激发每所学校的活力,更好地发挥全社会的作用。③ 教育治理体系所涉及的国家、政府机关、社会组织或机构、公民等参与主体之间应该是合作共赢、平等共治的关系,教育治理体系的结构也应具有民主、法治、科学等特点。然而,目前教育治理体系的结构仍存在封闭、科层化问题,具体表现为政府宏观管理能力有待提高、政府内部权责关系有待进一步明晰,学校自主办学权力尚待增大、学校内部治理结构需进一步完善以及社会组织或机构的参与度不够等现象。

目前,我国的教育宏观调控体系仍未定型,政府宏观治理能力有待进一步提高,需要进行适度、合理的、纵向的对其他治理主体的放权、分权,以中央政府

① 张建. 教育治理体系的现代化:标准、困境及路径. 教育发展研究, 2014, 34 (9):27-33.
② 张建. 教育治理体系的现代化:标准、困境及路径. 教育发展研究, 2014, 34 (9):27-33.
③ 褚宏启. 教育治理:以共治求善治. 教育研究, 2014, 35 (10):4-11.

为核心的集中统筹工作还有待进一步完善。第一，政府各部门之间的分权问题。受政府内部的科层制结构影响，政府部门内部必然面临不同层级之间、同级政府部门之间的权责划分等问题。一方面，工作在不同层级政府部门之间的逐层传递可能导致效率低下；另一方面，同级政府部门以不平等的权力参与教育政策的制定时，决策结果易受到少部分决策者主观意识的影响，忽视客观证据的因素。长此以往，将会降低相关教育决策工作的科学性，进而影响政府部门的宏观治理。第二，受多方面因素影响，一些学校自主办学力量有所欠缺，在治理结构方面仍有待改善。目前，学校办学仍然以政府为主要管理者，有时存在过度行政干预的现象。在传统学校治理结构的基础上，坚持依法办学的原则，在实行学校自主管理的同时，虚心接受各方的民主监督，并且允许社会组织或机构以平等地位参与共同办学，这是学校应具有的内部治理结构。除了政府应对学校工作进一步放权之外，学校内部层面对于进一步的权力下放工作也存在缺失，未实现家长、教师以及学生共同参与的学校治理体系。第三，社会组织或机构在教育治理体系中仍处于较边缘的地位，其教育治理的参与度不高，难以满足教育高速发展的现代要求。在制定相关教育治理政策时，社会组织或结构与其他各参与治理主体的话语权尚未处于平等地位，导致一部分群体对于教育的需求与建议可能被忽视，从而影响教育治理总体的进程与发展。

教育治理体系的内部结构以及教育治理主体的内部结构存在封闭、"高耸式"的科层化现象。结构决定功能，以固有的教育治理结构制定教育政策，势必对科学决策、民主决策、精准决策产生不利影响。因此，优化教育治理体系的结构势在必行。

（四）应促进治理手段多元化

目前的教育治理手段较为单一，以教育决策"自上而下"的行政输出为主，教育政策的下达通常由居于治理主体核心位置的政府负责。教育治理体系中决策的质量是决定治理效果的关键所在。由于政府主体内部固有的科层制以及传统的逐级、逐层传达命令式的工作方式，决策内容在传达过程中有出现偏差的可能性，容易造成治理主体与治理对象之间消息传达不准确、信息流通不顺畅的问题。另外，依靠行政命令的教育治理手段存在单向性传递的问题，教育政策制定后通常由上至下传达给治理对象。然而，政策实施的预期与现实情况之间可能存在差异，在教育政策实施过程中，往往缺乏对于治理效果反馈情况的调查了解。政府的决策传达给治理对象后，尚需建立双向交流的治理桥梁，因此，在这样单向的政策制定程序中，提供给治理对象共享治理效果的途径相对有限。此外，信息传递平台的建设也会影响教育治理的实际效果。一些学校教育信息化平台建设存在粗放、分散等现象，易导致政策信息在传递过程中出现耗散、误传或空传的问题。① 由于治理手段主要依靠上行下效的教育政策传递，作为接收政策信息的教育治理决策主体，借助信息不对称优势，在拟定决策内容时容易依靠决策者的个体经验，在决策过程中容易受到其个人的惯性思维、喜好、意愿的影响，使决策内容缺乏坚实的实证性证据基础作为支撑。在制定教育决策的过程中，也存在缺乏科学、客观的决策方法与程序指导，忽视对数据等证据的科学分析，难以保证决策内容的科学性、合理性、可靠度等问题。

教育治理手段单一依靠教育政策的行政命令下达，在自上而下的传递过程中决策内容可能出现偏差以及消息流通并未实现双向共享，并且在实施过程中易受决策者经验化思维的影响，这些问题在推进教育治理现代化进程中亟待解决。

二、教育治理的发展方向

（一）基于证据的教育政策决策范式的提出

作为深化教育领域改革的核心，制定科学、合理的教育政策有助于促进教育治理更新与进步，这也是推进教育治理现代化的基础所在。因此，提升教育治理的关键在于着力提升教育政策制定的科学性、合理性、精准性，以保证教育决策的质量契合时代的要求。国家现代化的推进要求各领域逐步完成现代化的变革。随着社会的发展、物质生活水平与精神文化水平的提高，民众对教育方面的需求也更加丰富、多元，这一系列的变化都推动着教育整体适应未来需要的变革。总的来看，以往的教育治理体系与能力难以充分适应现在及未来的教育发展局面，因此，推进教育治理的现代化势在必行。推进现代化的关键步骤在于坚持多元主体平等参与、共同协商、民主商讨的现代教育治理原则，协调各参与主体之间的合作关系，尽可能地满足教育所涉及主体的利益需求，从而提升教育决策的科学性与合理性。这就需要在传统治理基础上采取一种新的政策制定方式——基于证据的政策。

基于证据的政策是指坚持以证据为基础，力求从科学研究中获取最佳证据，并以此作为教育政策制定与实施的核心依据，从而有效避免政策制定的随意性与

---

① 舒永久，李林玲. 高等教育治理体系现代化：逻辑、困境及路径. 现代教育管理，2020（6）：1-6.

主观性，提升政策的效力。传统的政策易受个人主观偏见与意愿的不利影响，以主观意见为基础的决策往往根据制定者的个人经验与意愿，容易出现个人主观上片面地趋利避害的问题。各参与制定政策的主体的主观性不尽相同，使其在制定过程中对政策选择不易达成共识。循证政策为教育政策的制定提供了一种兼具可行性与科学性的方法，以坚实的循证理论与客观证据作为决策支撑，在主观与客观共同影响的制定过程中坚守有理可依、有据可依的原则，力求制定政策的每一个环节都公平、公正。从循证医学逐步发展过来的基于证据的政策范式，同样适用于教育政策的制定过程，并且能够有效地提升政策制定的质量与水平。

（二）基于证据的教育政策决策范式的意义

第一，在教育政策制定的过程中，由于在相关制度建设方面缺乏明确权责关系的法律法规，决策者制定教育政策时易出现程序的缺失现象，例如并未提前深入调查和收集数据信息就直接进入决策，以及缺乏多方面、各领域对于某一教育事务态度与需求的探求与了解，造成制定程序的随意性与主观性强、对于教育事务的前瞻性与认识深度存在不足等问题。因此，要从改善制定教育政策的方法与程序入手，选择更加科学、客观，具有可操作性的基于证据的教育治理方式，确保政策制定基于客观证据，从而保证决策程序每一步的科学性与完整性。

第二，对于参与教育治理多元主体权力失衡这一问题，教育政策制定的决策者主体存在单一化现象，往往以精英决策为主要方式，忽略了作为教育所涉及的其他主体及其代表的意愿与需求。基于证据的教育治理方式和大数据信息技术有所关联，给科层制、信息孤岛化的传统政治体制带来冲击。基于证据的政策有助于传统的教育治理体制逐步"去科层化"，进一步实现权力下放，促进治理体系整体的信息畅通，提升决策的科学性、合理性与可行性。另外，单一、封闭的治理结构与体系易导致决策结果出现脱离实际、缺乏科学性和可行性，从而影响教育治理的实施，破坏治理主体的公共形象与公信力，进而阻碍教育治理现代化的进程。采取基于证据的教育政策制定方式，能够有效明确各主体之间的权责分工，调动多元主体参与治理的积极性，保证教育政策的制定基于平等民主、共同商讨的原则。基于证据的政策制定方式能够打破传统的治理结构，使原本处于决策外围的决策群体，例如媒体、社会组织、公众等有发声的权力与机会，使多方的决策信息可以顺利地向决策中心流通。

第三，关于治理手段单一这一问题，基于证据的政策制定方式能够借助互联网大数据信息的支持，基于大数据信息技术的引入，多重的教育证据使传统教育政策决策机制得以优化和提升。基于证据的政策带来的自上而下、自下而上的双向信息流通，第三方参与评估执行等多种治理手段，能够有效规避决策者个人经验主义、信息传递存在偏差等问题。因此，为避免缺乏证据导致的决策过程中主观性与随意性过强这一问题，采取基于证据的政策能够进一步保证教育政策制定过程的平等性与民主性，以及教育政策制定结果的科学性与可行性。

推进教育治理现代化面临着一系列问题，其中，最为关键的教育政策制定是教育治理现代化的基础，要想整体推进教育治理的现代化，就需要以完善的政策为先导，再一步步地落实到实践中，为稳定推进教育治理体系与能力现代化进程保驾护航。

第二节　教育政策决策范式变化的必然之举

提高教育政策决策科学化水平，是实现教育治理体系现代化、提高教育治理水平的必然之举。传统教育政策决策倾向于依靠决策群体的"经验"或"理论"，往往忽视对教育政策制定的环境分析，再加上受制于数据与信息技术水平落后等因素，很大程度上限制了教育政策决策专业技术能力发挥。从政策结构来看，当前教育决策主体、内外环境、决策结构、决策过程等教育决策机制的主要构成部分方面存在一些问题，教育政策制定的科学化、法治化和规范化水平还有待提高。伴随着互联网信息技术飞速发展与大数据技术应用支持，循证思维在教育政策制定过程中所占比重逐渐增大。教育决策者能够借助更为先进的技术手段与决策工具，广泛收集并细致分析教育决策证据，充分掌握各方客观情况基础上细致规划教育政策决策流程，制定切实有效的应对措施，规避教育政策决策失误，降低决策风险，节约教育资源。因此，基于当前教育决策问题与范式变化，借助互联网、教育数据挖掘与数据分析技术，强化教育政策证据在教育政策决策过程中的作用，将有助于提升教育政策制定水平与质量，缓解教育政策与教育研究之间的矛盾与冲突，推动教育政策的有效实施以及教育治理水平与治理能力的现代化。

一、现行教育政策决策机制面临的问题

教育决策机制可以理解为相关决策者与利益群体在相对开放的组织环境中，遵循特定的组织规则和流程形成的相互关联和相互作用的结构及形式。教育决策是一个极为复杂的过程，受到内外部环境的影响与制约。内部环境指影响教育政策决策的内部因素，包含决策者、决策组织结构、决策信息传递、决策资料收集处理、专家咨询、政策实施与信息反馈等；外部环境指影响教育政策决策的社会政治、经济等因素。当代政策学理论认为，政策行动需求产生于特定政治环境，政治环境又制约和限制着决策者的行为选择。基于教育政策的4个重要组成部分（决策主体、组织运行规则、决策环境、决策流程①）的分析和判断，可以充分审视和综合分析教育政策决策机制面临的困境与挑战，全面把握内外部环境对教育政策决策过程的影响，在此基础上，探究建立科学、有效的教育政策决策机制。

（一）教育政策决策主体的素质和能力限制

一项完整的政策决策包括方案选择、实施、监督、评估反馈等过程。教育政策决策主体的行为选择作用于整个教育组织系统，贯穿于教育政策制定、实施、监督与评价过程的始终，成为分析教育政策决策机制的首要因素。庄华峰等认为，政策决策主体通常指直接或者间接参与教育政策制定、实施、评价与监督的个人、团体或组织。② 因此可以认为，教育政策决策主体是指，在整个教育政策制定、实施、评价与监督等过程中，对教育政策产生直接或间接作用的个人、团体或组织。这一概念体现教育政策决策主体的3个基本特征：①教育政策决策主体是人或由人构成的团体和组织；②教育政策决策主体活动的影响贯穿整个教育过程；③教育政策决策主体借助直接或间接手段对教育政策决策产生影响。

教育政策决策主体的能力与素质直接影响着教育政策决策的质量。现实教育政策决策进程中存在政策决策主体的专业素质不高带来的多问题的状况。主要原因在于：①教育政策决策者的循证素养不足。教育改革深入推进，多元主体对决策科学化和民主化要求日益提高，教育证据在各级教育行政部门政策决策中的作用日益凸显。但具体工作人员的循证意识不强、循证的知识和技能欠缺，其循证素养亟待提高。教育政策决策极为复杂，决策主体与相关工作人员受到价值观、惯性思维、决策习惯、权力意识等因素影响，加之对基于证据的决策认识不足，

---

① 吴遵民. 关于建立我国科学的基础教育决策机制的思考. 教育发展研究，2002，22（12）：35-37.

② 庄华峰，杨钰侠，王先进. 社会政策导论. 合肥：合肥工业大学出版社，2005：85.

往往倾向于采取非理性决策，忽视对决策过程中客观情况调查，主观臆测和片面推论必然带来决策信息不对、教育政策决策失误等问题。另外，一些决策者虽然认识到基于教育证据展开教育政策决策的重要性，但受限于个人的知识储备、证据收集能力、数据处理能力、样本有限性和时限性等，难以借助问卷调查、数据分析等方法有效利用教育证据，实时、迅速地反映外部决策环境。②教育政策决策者对政策实施方案结果的预见能力有限。社会经济飞速发展，教育政策决策环境日趋复杂，要求决策者能够有效地预见决策方案实施的各种后果，提前将针对各种不可控因素的解决方案纳入教育决策规划之中，以确保教育政策方案顺利实施。然而，现实中，一些教育政策决策主体，专业知识有限，互联网信息技术与数据分析能力不足，难以对复杂多样的教育证据进行实时分析，限制了教育政策决策预测能力，影响了教育政策的实施效果。③教育政策决策的精英模式限制多元决策主体广泛参与。我国传统教育政策制定模式中，精英模式占据主导地位。教育政策方案拟定、评估与筛选，教育政策制定、执行、评价与终结，更多的是精英阶层的价值反映，社会大众处于决策系统边缘，对教育政策决策的影响力相对有限。精英阶层价值选择上具有一致性和相对稳定性，加之为维护自身既得利益考量，政策决策方式难有创新，而基于教育证据的教育政策决策要求民众广泛参与。

（二）教育政策决策环境的复杂性和影响

教育政策决策环境是影响教育政策方案选择、实施、评估反馈、修改的各种环境因素的总称，一般由内部环境和外部环境共同构成。伴随着社会迅速发展，教育决策内外环境日益复杂，教育环境变化对教育政策决策的影响凸显。

教育政策内部环境，侧重对决策相关信息的收集与处理，包括教育政策决策者在决策过程中所必需的保障性条件。例如教育政策资源、教育数据、教育信息、教育政策人力条件、教育政策执行手段与技术等。①当前互联网信息技术迅速发展并作用于教育领域，大数据的出现顺应信息技术革命要求，并在教育政策决策中扮演重要角色。教育政策决策主体面临的多重内在环境挑战主要表现在：①大数据内部异质性特征可能影响教育政策决策的精准性。大数据本身并非大量数据的简单堆叠，而是对社会活动的表征，其性质、特征复杂多样。从数据来源上看，大数据来源于网络、物理世界和人类社会三个特征各异的空间。从数据内

---

① 石火学. 教育政策创新的要求、障碍与实现：公共政策的视角. 首都师范大学学报（社会科学版），2015（4）：135-140.

部结构看，大数据有结构化与非结构化的区别。特征各异的大数据应用于教育政策决策增加了决策"干扰性"，深入分析将耗费大量的人力和时间，简单分析难以对教育实况、现象、现存问题全面把握剖析原因，影响教育政策决策解决问题的精准性。②教育政策决策主体借助互联网、教育证据进行决策的过程相当复杂，涉及数据收集、分析以及信息提取等。决策主体的数据能力和主观价值倾向都会影响教育政策决策的有效性和公正性。面对信息碎片化趋势显著，信息完整性、时效性受到冲击的当下，如何迅速、准确、高效地掌握有效证据，辨别干扰信息和有价值的决策信息，需要教育政策决策者对教育证据及其使用价值展开理性分析。③互联网信息技术应用于教育政策决策尚处于探索阶段。信息技术应用的技术规范有待完善、相关的规范建设还不成熟、数据应用边界规范缺失等因素，将影响教育政策决策科学性，可能引发决策风险。

　　教育政策决策的外部环境侧重对决策问题的区分和解决。西蒙借助决策过程的可描述性和结构化程度对决策问题进行划分，他认为决策问题包括结构化决策、半结构化决策、非结构化决策等。①随着云计算、虚拟现实技术、物联网等信息技术运用于课堂教学和智慧校园建设中，教育数据与信息量呈现爆炸式增长，教育政策决策者面对的决策问题更为复杂化，逐渐呈现出半结构化和非结构化特征，这增加了教育政策决策制定、实施和成效评估的难度。教育政策决策问题多样化、复杂化趋势显著，教育政策决策的科学性与实效性面临挑战。

（三）教育政策决策结构的僵化和阻滞

　　传统教育政策决策体制以科层制为主，纵向上不同层级等级管理，横向上相关部门分工协作，构成权力和信息纵向传递的指挥链条或等级体系。②这种教育政策决策结构在解决特定时期教育问题、协调各方利益、缓和社会矛盾、推动教育事业改革发展中意义重大。但教育决策内外环境日趋复杂，教育改革不断深入，科层制教育政策决策机制面临机构臃肿、决策成本过高、部门间协调沟通不畅、对社会诉求与信息提取反应迟钝、教育资源浪费等难题，传统教育政策决策机制的弊端凸显，主要表现在：①条块分割的教育管理机制，各部门内部体制差异明显，造成教育政策决策部门之间相互割裂、自成体系的局势，形成一个个"信息孤岛"。规模庞大且繁杂的信息分散在各个组织部门内部，一方面各个数据库的建构和运行缺乏统一的规划与标准；另一方面缺乏对信息统一监管和协调规

---

① 转引自胡天状. 数据挖掘技术在教育决策支持系统中的应用. 浙江师范大学硕士学位论文，2005.

② 徐琳. 机遇和挑战：大数据时代中国国家治理的双面境遇. 社会科学家，2015（5）：13-18.

制，导致不同信息系统之间兼容性差，难以做到教育政策决策信息共享，造成决策组织主体处理教育事件的效率低下和数据资源极大浪费。②传统教育政策决策以国家和政府为主导，政府自上而下地收集社会信息，对规模庞大的信息进行分析处理之后向社会输出教育政策决策。这种教育政策决策过程存在一些弊端：其一，借助传统科层制传递信息过程中难免存在信息失真问题，易造成教育政策决策的信息基础偏离科学性与公正性，可能导致教育政策决策应对教育问题的针对性不足、决策质量下降甚至决策失真等一系列问题，使政策实施困难重重；其二，教育政策决策过程中，社会组织、公众等多元主体参与和监督不足，可能导致教育政策决策偏离突出教育问题和真实社会需求，使社会利益失衡，降低政府教育政策决策公信力与政府权威，可能滋生腐败问题。③不断变化的教育政策环境与庞杂的决策信息，对教育政策决策的时效性提出了更高的要求。当前教育政策决策结构中普遍采取集中领导、垂直管理的方式，各下属部门主抓教育政策执行，普通成员的知识优势往往难以得到发挥，科层制模式可能导致教育决策独断、僵化。未来教育政策决策结构转型强调追求分散化、扁平化的教育政策决策结构。

（四）教育政策决策流程的封闭和滞后

根据西蒙的组织决策理论，教育政策决策过程是教育政策问题进入议程、形成政策方案、选择政策方案、实施政策方案、评估政策效果等一系列政策周期的总和。① 第一，在教育政策问题进入议程阶段，受有限理性的教育政策决策模式影响，决策过程易受决策者主观意志干扰。决策者对内外部环境影响、信息接收、有效信息提取和分析不足，同时面对信息过载和有效信息稀缺双重挑战，难以确保决策目标的合理制定，易出现教育政策决策目标模糊、政策决策过程中讨价还价现象频发、政策执行存在多样性和差异性甚至出现难以预测的后果。第二，教育政策方案形成与选择阶段，传统科层制组织结构造成各部门间信息传递相对闭塞，统筹多方利益主体意愿的机制建设尚不完善，在集中领导、垂直管理方式下，难免会出现受长官意志或主观经验影响而设计政策方案的状况；此外，教育政策决策方案的选择倾向于依赖经验积累和知识判断，有限的抽样调查受制于决策时间限制，难以对决策提供有效支持，决策方法使用不当、决策工具落后也导致政策方案选择相对被动。第三，在教育政策方案实施与评估阶段，教育政

---

① 薛澜，陈玲. 中国公共政策过程的研究：西方学者的视角及其启示. 中国行政管理，2005（7）：99-103.

策实施过程中各种不确定因素增加，受政策目标模糊、政策实施过程讨价还价、实时数据信息监控不足等因素的影响，政策执行过程中必然出现新问题，甚至可能偏离政策目标，出现各种难以预测的后果。对于政策决策方案的评估与总结，由于缺乏对决策实施效果展开量化、可视化分析，决策者借助方案执行反馈效果及时调整政策的能力不足，降低了教育政策决策方案的科学性与合理性。

二、有效解决教育政策决策问题的新范式

美国学者沙沃森·理查德和汤·丽萨认为，"当前教育政策决策中存在并非完全建立在科学研究之上的状况，受到某种意识形态或者社会公正与社会理想信念影响，教育政策决策科学性与合理性遭到质疑"[①]。教育政策决策过程并非在真空中展开，来自各方政治力量的博弈和相关既得利益群体的多方游说对政策制定过程产生重要影响。要降低"非理性"决策在教育政策决策与实施中的负面影响，就需要一种"基于证据"的教育决策。

（一）基于教育证据的教育政策决策含义

"基于教育证据的教育政策决策"的核心要义是借助证据的力量，将严谨、可靠的教育证据纳入教育政策制定与评估的全过程，并结合实际情况和社会大众教育需求，制定切实可行的教育政策，减少政策制定者的主观随意性，确保教育政策制定科学、合理、有效。因此，作为教育政策决策关键的教育证据必须真实可靠，具有较强的可获得性、真实性、有效性。

基于教育证据的教育政策决策与传统教育政策决策模式相比，在决策依据与运行机制方面存在极大区别。从决策依据来看，传统的教育政策决策路径倾向于依赖经验、理论、信息等做出决策，往往忽略科学证据。由于经验和信息的零散性、随意性、主观性等特性，容易影响教育决策者做出理性判断，易造成教育政策决策被动化、盲目化和符号化，这样的政策决策带来的危害不言而喻。在决策运行机制方面，传统教育决策基于个人经验蕴含归纳推理的决策逻辑。归纳推理强调从特定事件或事实向一般事件或事实展开推论的过程，注重从特殊到一般，将有限经验或小概率事件上升为普遍规律。科学归纳一般借助已经掌握事物的某

---

① 沙沃森·理查德，汤·丽萨. 教育的科学研究. 曹晓南，程宝燕，刘莉萍等译. 北京：教育科学出版社，2006：16.

些属性展开推理，不可能穷尽同类事物的所有属性。所以做出的结论并非完全可靠，带有偶然性，甚至有可能出现同客观事物相矛盾的情况。此外，基于归纳推理进行决策实践所具备的某种条件，在另一情景中不一定具备，因而基于归纳推理的传统教育决策重复性较差。① 而基于"理论"展开教育政策决策蕴含演绎推理的决策逻辑，强调在某些前提成立的条件下推测必然出现的特定结论，是从一般到特殊的推理。它虽然具有一定的外部效度，但也要考虑具体政策决策环境，一味地照抄照搬必然导致政策决策失误。此外，再好的"理论"都有明确的边界与适应情景，不可能放之四海而皆准，在具体决策中如果忽视理论的适用边界照搬理论，再好的"理论"也将无效。

基于教育证据的教育政策决策更重视"研究证据"，强调在一定社会与教育情境下，借助专家的专业知识支持，遵循一定的教育规律，将科学研究与教育实践紧密结合，在获得严谨、可靠、高效的研究证据的基础上进行教育政策决策。它将教育证据贯穿于教育政策制定、实施、评价与反馈、改进与终结的全过程。

（二）基于教育证据的教育政策决策特点

第一，多元性与复杂性相结合。面对复杂化教育政策制定环境，基于教育证据的教育政策决策符合教育政策制定过程采取多元分析方式的要求，它对传统决策模式进行了改革，专注对现实进行调查、分析。考虑到政府进行教育政策制定的现实行政环境，在将现实与客观相联结的基础上制定相应的策略，并非依靠个人主观意志或经验。在具体教育政策执行过程中，结合政府职能转变与创新社会治理模式现状，针对客观条件与特定情况，灵活地采取合理、有效的措施，优化社会治理。

第二，分析性。它是基于教育证据的教育政策决策的核心特征。当代公共教育政策面临的信息环境更为复杂多样，信息量爆炸式增长。面对如此大体量且繁杂的现实数据环境，必须优化、转变教育决策思维，对各种现象与数据进行深入剖析、处理，制定更为科学、有效的教育政策，以应对复杂变化社会环境。区别于传统教育决策思维，基于教育证据的教育政策决策方式借助当代大数据工具对行政问题展开全面、深层分析，对现实行政环境和现实问题进行深层思考，依据问题成因，采取合理、有效的政策决策模式，选择最优路径解决现实教育问题。

第三，法治性。它是基于教育证据的教育政策决策过程的基本特征。基于教

---

① 张秀兰，胡晓江，屈智勇. 关于教育决策机制与决策模式的思考——基于三十年教育发展与政策的回顾. 清华大学学报（哲学社会科学版），2009（5）：138-160.

育证据的教育政策决策必定在遵循相关规章制度基础上，对公共现实环境展开深入分析，从而制定科学、有效的公共教育政策。必须不断完善此决策过程中的各个环节，包括对现实问题及环境的数据分析处理，对当前行政问题充分调研与讨论等，以促进形成科学、合理的教育政策。因此，一旦违背教育政策流程制定的正确性，必然影响公共教育决策科学性。基于教育证据的公共决策试图从法治思维出发，强化对教育政策决策流程合法性与合理性的平衡，促进政策行为科学化，帮助政府和组织避免"潜在"的社会、经济风险，推动教育政策决策现代化与科学化进程。①

教育政策决策本身具有内在情境性、价值性与开放性特征。基于教育证据的教育政策决策既要遵循公共政策过程的一般规律，又要考虑教育政策决策的特殊性；既要注重理论与实践相结合，强调科学研究在实践中的重要性，又要关注教育证据，充分、有效地利用最佳证据；既要强调教育的情境性与价值性，明确教育背景特征和社会情境条件，又要重视多元主体参与，打造多元合作体系，包括政策既得利益者、社会大众、相关科学研究人员与社会组织机构等。

三、基于教育证据的未来教育政策决策范式及趋势

相较传统教育政策决策范式，基于教育证据的教育政策决策范式关注对教育决策内外环境进行量化分析，对庞杂的信息进行结构化处理，强化不同教育政策决策环节间的衔接性，提高对教育政策决策相关信息掌握程度和利用率，以及对政策实施过程中的新问题、新情况应对处理以及对政策实施效果评估与反馈的效率，从而促使教育政策决策在前瞻性、精准性、时效性等方面产生质的飞跃，推动实现教育政策决策科学化、法治化。相较传统教育政策决策范式，基于教育证据的教育决策范式在未来将有以下重要发展趋势。

（一）教育政策决策主体专业化、多元化

基于教育证据展开政策决策，不仅增加了证据的体量和种类，更加重视对多样化教育证据展开新型分析与利用，转变解决教育问题的观念与视角。互联网大数据技术迅猛发展对基于传统教育决策范式下的教育政策决策者产生了巨大冲击，面对飞速变化的教育证据，教育政策决策者应提高专业素养，强化对复杂化

---

① 罗爱华. 循证思维在公共政策制定中的有效运用. 湖南科技学院学报, 2019（7）：56-58.

教育证据的敏锐洞察、对庞杂信息的分析处理、对新型处理方式的掌握、运用，促成更强的教育政策决策敏锐性、洞察力与信息优化处理能力等。[①] 要使纷繁复杂的教育证据成为教育政策决策者的助力，就必须对庞杂的半结构化、非结构化证据展开梳理和分析，将其转化为结构化、规范化、易参考的证据。由于计算机本身存在各种局限性，这种大体量教育证据的甄别、清理、统计、结果分析等工作，还需要大量的人力资源支持。为避免人力资源浪费，提升对教育证据分析的专业化程度，在未来学校或相关教育机构中需要设置专门数据信息分析部门，大力引入相关技术分析人才，为教育政策决策者借助教育证据开展决策提供有效的技术支撑。教育决策主体自身也要细致规划、积极主动参加各类相关的技术培训，以提高自身专业素养。

教育政策决策主体多元化发展体现在教育政策决策主体多元共治、协商合作，即直接或者间接参与教育政策制定、实施、评价与监督的个人、团体或组织，以民主决策机制为政策决策程序内核，以教育证据、大数据、互联网信息化为依托，不断提升教育政策决策参与主体的多样性、政策决策科学性。通过开展对各类教育证据的分析，有助于打破各政策决策部门之间的信息壁垒，促进对各类教育资源的有效整合。各决策部门之间既能信息共享、资源互通，又能够保持各自的独立性，形成一种多中心、分散化、随时共享并整合教育资源的结构布局，优化教育资源配置，提升解决教育问题的灵活性与针对性，为教育多元共治创造条件。

（二）教育政策决策环境可预测、可量化

以大数据和人工智能为依托，展开教育证据采集、挖掘、数据处理、统计分析等一系列流程，教育政策决策分析方法愈加先进、科学。面对教育政策决策的外部环境，基于教育证据的数据挖掘能为教育政策决策提供了完整、实时更新且庞大的数据支撑。教育政策决策主体借助数据支撑能够对影响决策的环境因素进行量化分析，并对未来可能的外部环境变化做出科学预估，从而提高教育政策实施过程中对复杂多变环境的适应性。针对日趋复杂化的内部环境，基于教育证据的教育政策决策范式相较于传统教育决策范式，在方法的开放、灵活与统筹整合方面的优势突出。以教育证据和大数据为基础，教育政策决策者能对碎片化信息进行统筹、整合，发掘其内在关联性，对决策信息进行及时、有效的处理。此外，教育政策决策者可以对来自各类教育机构、教师和学生的多方信息进行整合，

---

① 李福华. 一种教育决策的新范式：基于研究证据的决策. 学术论坛，2013，36（4）：202-205.

选择或建立合适的分析模型，提高分析结果的科学性，进而推动教育政策决策科学化发展。

（三）教育政策决策组织结构扁平化、分散化

当前教育政策决策结构中普遍采取集中垂直管理的方式，各下属部门主抓教育政策执行，普通成员的知识优势往往难以发挥。此外，各级部门管理信息系统的条块分割、缺乏业务协调和资源共享机制。基于教育证据展开教育政策决策促使未来教育政策决策结构转型，强调改革依赖经验的长官意志式决策，追求分散化、扁平化的教育政策决策结构，促进资源共享。[①] 随着庞杂、巨量教育证据信息的流入，教育政策决策所需的知识和信息无法被单一决策主体完全掌握，因此，必须将单一决策转变为群体决策，以应对教育政策决策所需证据信息分散化的发展趋势。教育政策决策组织结构趋于分散化、扁平化，能够促进多元共治。教育政策决策组织结构多元共治的优势在于，发挥多元决策主体优势、分散降低政策决策风险、广泛吸纳社会各界意见反馈、及时并有针对性地调整政策不足，结合大数据分析方法对庞杂的教育证据进行可视化处理，实时把握教育问题、教育热点，更好地发挥基于教育证据展开教育政策决策的优势。

（四）教育政策决策方案灵活化、前瞻性

传统教育政策决策方案倾向于依赖经验积累和知识判断，有限的抽样调查受制于决策时间限制，难以为决策提供有效支持。决策方法使用不当、决策工具落后也导致政策方案选择相对被动。相较于依靠传统教育政策决策范式，基于教育证据分析的教育政策决策范式的优点在于，有助于提升各类分析方法在教育政策决策过程中的运用，将受个人经验与主观意志影响下的决策风险降到极低。在政策决策方案执行与反馈阶段，面对日益更新、多样化、多层次、多角度的教育证据，在教育政策决策的技术手段和人工智能加持下，展开快速实时的分析，与教育相关的任何新变化都可以及时进入决策者的视野，有助于政策决策者较为全面地把握政策执行过程中的多方信息，灵活解决出现的问题。此外，专业化水平较高的教育决策者也能借助教育证据，对可能出现的教育问题进行及时预测，并及时修改教育政策方案，提高教育政策决策的前瞻性，进而提升教育决策流程的科学化水平。

---

① 钟婉娟，侯浩翔. 大数据视角下教育决策机制优化及实现路径. 教育发展研究，2016，36（3）：8-14.

第三节　教育政策决策者的必然诉求

在多元化发展的知识经济时代，教育改革进入攻坚期、深水区，教育政策决策内外环境复杂多变，对教育政策决策科学化、透明度、客观独立性、时效性提出了更高的要求，传统教育政策决策模式难以应对急剧变化带来的危机与挑战。党的十九届四中全会指出："健全决策机制，加强重大决策的调查研究、科学论证、风险评估，强化决策执行、评估、监督。"[①]面对教育改革中的实际教育政策决策服务需求和教育决策人员向"研究型决策者"角色转变的必然趋势，基于教育证据的教育政策决策的方法和理念成为一种可行的转变方向进入研究者视野。

基于研究证据展开决策，其思想主要来源于：①一些具有社会责任感的管理学者对管理与决策科学化展开思考和追问；②医学、教育、政治、法律等领域基于研究证据进行决策的启发。[②]基于教育证据的政策决策重视"证据"的力量，通过对庞杂教育信息收集、筛选、分析，提炼出严谨、可靠的教育证据，并结合现实教育问题和多元教育主体的迫切需求，将多样化的教育证据融入教育政策制定与评估全过程，减少政策制定者的主观随意性，提高教育政策制定科学性、合理性、针对性、有效性。[③]在实际决策过程中，多数决策者往往通过咨询其他决策者或决策顾问来获取信息，借助专业知识与研究证据展开教育政策决策的较少。在为管理者和决策者提供思想、参考和建议方面，研究人员的学术研究影响力尚待彰显。在教育政策决策领域，教育研究、教育政策决策者与教育政策决策实践的鸿沟普遍存在。当前实施基于教育证据的决策关键在于实现"教育决策科学知识"和"教育证据"向"教育决策者"的有效转移，教育政策决策模式由相对单一走向开放、多元。

一、教育决策者基于教育证据展开决策的可行性

教育决策指教育决策者为解决现实的或将面临的问题，对可能采取的行动目

[①] 中共中央关于坚持和完善中国特色社会主义制度推进国家治理体系和治理能力现代化若干重大问题的决定. http://www.gov.cn/zhengce/2019-11/05/content_5449023.htm.（2019-10-31）[2020-07-16].

[②] 李福华. 一种教育决策的新范式：基于研究证据的决策. 学术论坛，2013，36（4）：202-205.

[③] 杨烁，余凯. 我国教育政策循证决策的困境及突破. 国家教育行政学院学报，2019（10）：51-58.

标和达到目标的方式等做出规划与选择，以期采取最佳行动方案，节约政策成本，获取最优决策效果。广义上，决策者包括决策机构、具有决策权的群体或对决策产生较大影响的群体等；狭义上，决策者指法律规范约束下在政府机构中行使决策权力的相关人员。决策者具备法律规定的政策制定权，并参与政策制定全过程。教育政策决策者就是指拥有政策决策权的人，通常指各级政府教育行政机关首脑。政策决策权作为占据社会资源的群体制定和采取行动的基础权利，影响当事人决策制定的有效性。[①]"决策"既包括动态层面确定策略或办法的过程，又涵盖静态层面确定的策略或办法。当前社会飞速发展，各方信息呈现爆炸式增长，教育政策决策主体面临着海量数据与复杂化决策环境，仅凭个体的有限先验知识难以适应大数据时代科学决策发展需求。大数据与教育结合、教育证据与教育政策决策结合已成为必然趋势，关于教育政策决策者基于教育证据展开决策合理性与可行性体现在以下几个方面。

（一）教育决策的科学化驱使教育证据应用于政策决策

逐步提高教育政策决策科学化水平成为助力深化教育改革的必然之举，也是推动提高教育治理能力、治理体系现代化的关键力量。教育政策决策科学化要求决策者借助先进技术手段和工具，在对教育证据及其利用价值展开理性分析和对客观状况进行全面把握基础上，规范教育政策决策流程，制定符合现实需求、针对性解决实际问题的应对措施，避免决策失误，提高教育资源利用率。一方面，教育证据对具体事实和现实需求进行表征。基于教育证据的教育政策决策使各类证据成为决策的重要依据来源，迎合了未来政策决策发展趋势，满足了教育政策决策科学化需求。另一方面，教育政策决策科学化也成为教育证据应用于教育政策决策的外在驱动力。教育政策决策科学化强调以政策可行性作为事实评判标准，以政策合理性作为价值评判标准。因此，教育政策决策者以保证决策可行性、合理性为基本价值追求。其一，为保障教育政策决策科学化和提高教育政策可行性，决策者在有关议程进入决策程序之前，必须充分了解议程指向，综合考虑投入成本与执行成本等，在多种方案中选取最佳方案。教育政策决策者为最大程度确保决策执行可行性，将复杂多样的教育证据作为决策可行性推演的重要依据，推动基于教育证据的教育政策决策模式发展。其二，教育政策决策合理性是

---

① 朱鸿章. 教育政策决策者研究. 科教导刊, 2010（35）: 1-2.

对教育政策决策价值属性的判断。教育政策决策合理性程度取决于某项具体教育政策满足主体教育需求的程度。教育政策决策者在决策过程中需要掌握大量教育证据，以准确把握教育主体需求。教育证据的重要表征对象之一——主体行为，是教育主体需求的重要反映。教育政策决策者可以借助互联网信息技术对多种教育证据展开精确分析，更为深入、全面地了解教育政策主体多种需求，针对相关问题"对症下药"。因此，教育证据成为教育决策者把握多方主体需求的重要信息来源，基于教育证据的教育政策决策模式也逐渐进入教育决策者视野。

（二）教育证据应用于教育政策决策的内在耦合性

教育证据本身的特质与教育政策决策内容具备内在一致性，将教育证据应用于教育政策决策具有内在耦合性。教育证据既是一种社会资源，也是一种对社会教育状况的表征方式，它较为清晰地呈现了教育层面的社会资源在不同领域、不同阶层之间的分配现状。例如，教育大数据不仅全方位地呈现不同地区、不同阶段、不同家庭背景学生发展的总体状况，还能借助数据详细地呈现学生的多样化需求、具体学习情况等。教育政策决策是对社会资源和教育资源在教育领域合理分配的方案选择，并对其可能产生的后果进行预判，其核心在于如何合理分配社会资源，如何确定多元决策主体应该做什么或不该做什么。[①] 教育政策决策科学与否直接影响着政策的执行成效，进而影响社会生活多元主体的教育需求满足程度。教育政策决策科学化要求决策者充分把握社会资源、教育资源等的分配状况。教育证据所呈现的教育价值、教育资源在不同阶段、不同社会背景的学生的分配状况、教育对象的实际需求、家庭状况等成为教育政策决策方案制定的重要参考。教育证据所体现的教育现状、教育热点、教育难点、教育问题等为教育决策指明了政策导向。基于教育证据展开教育政策决策，将自下而上与自上而下的议程制定途径有效结合，将社会公众的需求与政策发展目标有机结合，保障了教育政策决策"对症下药"，发挥了有限教育资源的最大价值，追求整个社会最大限度的公平、正义。

二、"教育证据"引入带来教育政策者决策方式"新变化"

传统的教育政策决策侧重描述型分析，政策决策前瞻性、时效性较低，所依

---

① 刘金松. 大数据应用于教育决策的可行性与潜在问题研究. 电化教育研究, 2017, 38（11）: 38-42, 74.

据的数据主要来自各教育部门内部且结构性较好，教育政策决策者工作量小。在相当长的一段时间内，教育政策决策者主要借助这种渐进式教育政策决策方式进行政策决策。然而这种渐进式政策决策模式下，整个教育决策流程相对封闭，政策决策科学性往往难以得到保障。①教育证据、信息技术等的逐渐引入，给传统渐进式教育政策决策模式带来了新的机遇和挑战。

第一，从"幕后"到"台前"，教育政策决策者的专业化水平需要不断提升。传统教育政策决策过程中，决策者在相对封闭的机构内部展开决策，呈现给社会公众的往往是决策制定以后的决策文本，决策主体和整个决策过程都处于政策方案文本"幕后"。这种相对封闭的传统政策决策方式易带来政策决策过程中的"信息不对称"，往往削弱政策决策针对性，甚至导致政策决策失误。教育政策决策主体的专业化水平是直接影响政策决策质量的关键因素。传统教育政策决策受制于政策决策主体专业素质与能力，依赖以经验为主的决策模式，受主观经验和推理影响较大，而客观的教育证据和科学性研究方法运用不足，容易造成政策决策失误。另外，教育政策决策者的专业素质能力缺失也容易导致政策决策方案的预见性不足。互联网信息技术飞速发展，教育领域会出现新问题、新状况，教育形势也日趋复杂化。教育政策决策主体如何对复杂多样的教育信息进行高效对接与分析，提前把各种不可控因素纳入规划方案，提高政策决策预见性，保障决策方案的顺利实行，是其专业化能力发展的关键。教育证据与大数据信息技术引入后，教育政策决策流程在更加开放的"大环境"下展开。教育政策决策者需要多方面收集教育证据，精细化分析处理数据，自身言论和主张也将接受公众监督；教育政策决策主体趋于多元化，社会各界的呼声和意见也能被看到；教育政策决策者的专业化技术得到很大提升，传统的过于依赖经验和推论决策方式难以维持，教育政策决策者应逐渐由"幕后"走向"台前"。

第二，由于大量教育证据的引入，教育政策决策的数据来源从体量较小、结构化的数据逐渐演变成为复杂化、非结构化的数据。传统教育政策决策模式下，教育政策决策者只能通过有限的渠道获取体量较小的结构化教育数据，这些教育数据信息往往集中于某一个领域，难以全面地反映教育领域现实状况。但在互联网大数据时代，大量来自互联网和媒体等的教育证据被引入，打乱了原有的信息获取结构，越来越多的教育数据信息属于半结构化和非结构化数据。这种半结构化与非结构化数据与结构化数据之间存在较大异质性，问题表征方式差异较大，

---

① 蔡剑桥. 基于大数据的教育决策模式演进与趋势研究. 教育科学研究，2018（2）：35-41.

对这种庞杂的非专业化数据进行分析，不仅需要花大量的时间、财力、精力，还会使教育政策决策者的专业化数据分析能力面临新的挑战。此外，对这些非结构化数据分析的深度和广度会直接影响教育政策决策者对教育问题、教育现状等的体察、分析与判断，影响对教育问题和成因剖析，最终影响教育政策决策方案实施的效果、精准性与科学性。

第三，教育政策决策所依靠的决策工具和技术手段更加专业化，更具技术性。教育政策决策科学化发展要求决策者广泛收集教育政策决策所依赖的多方教育证据，包括各类资料、教育教学状况、教学资源使用情况等，从这些繁杂的教育证据中提取出可以为教育政策决策提供支撑和帮助的有效数据信息，并借助专业化技术手段进行科学分析、处理。互联网信息时代，教育证据信息庞杂，且流传和更新速度极快，要从数据流中整合出有参考价值的数据信息，教育政策决策者的数据分析处理的专业化水平同样面临挑战，其所需的工具和技术手段也更专业化、科技化。

第四，教育政策决策方案科学性、相关数据接收与方案实施效果评估、反馈的速度提升。传统教育政策决策模式缺乏对大体量、数据化教育证据的全面分析，分析工具、分析方法、沟通技巧专业化水平不高，导致对新信息、新问题、新状况反应迟缓，降低了各组织部门间沟通协调、分工合作的效率。当前，教育政策决策结构中普遍采取集中垂直管理的方式，各下属部门主抓教育政策执行，科层制模式难以灵活应对复杂多变的教育问题。此外，教育政策方案实施效果评估如果缺乏有效的工具支撑，就会导致决策者对政策实施问题信息反馈处理迟缓，难以"对症下药"。长此以往，必然导致教育政策实施过程中问题积弊凸显，甚至背离最初政策目标。[1] 多方教育证据的引入，加之互联网信息技术的支撑，在教育政策决策与政策执行过程中渗透现代化信息技术的高效、信息量大、专业性强、科学化程度高等优势，使得相关数据接收与方案实施效果评估、反馈的速度显著提升，推动了教育政策决策方案科学化。未来教育政策决策结构转型也将改革依赖经验的决策，追求分散化、扁平化的教育政策决策结构。

三、"教育证据"的引入推动教育政策者角色自身加快转型

我国深化教育领域改革进入攻坚期、深水区，教育政策决策的内外环境复杂

---

[1] 孙元涛，高雅. 基于证据的教育决策：理念、标准与潜在风险. 教育发展研究，2019（6）：23-27.

多变，对教育政策决策的科学化、透明度、客观独立性、时效性提出了更高的要求，科学化教育政策决策难度日益倍增。传统渐进式教育政策模式难以应对当下复杂多样的现实需求。庞杂多样的教育证据引入教育政策决策，推动了教育政策决策者思想转变，也给教育政策决策科学化发展带来机遇与挑战。推动基于教育证据的教育政策决策模式发展，提高政策科学性、时效性，推动教育政策决策者的角色转型也势在必行。

第一，教育政策决策者的决策理念需要不断更新，树立基于教育证据开展教育政策决策的理念，提高政策决策素养。要摒弃倾向于依靠主观经验、个人好恶、意识形态等的渐进式政策决策方式，营造"教育证据为本，教育经验为辅"的组织文化氛围。一方面，要设置专门培训机制。在理论层面，对教育政策决策主体和政策执行者开展基于教育证据的政策决策理念、实施路径、注意事项等的培训。在实际操作层面，开展研究工具应用，教育证据搜集、筛选，数据统计分析、应用能力的相关拓展培训，不断提升政策决策主体的素养。另一方面，不断优化公务员队伍，逐步改革其晋升和评价机制，加强政策监督评估，推动教育政策决策程序科学化。教育政策决策部门也应该重视第三方组织力量，开拓多元主体参与，听取多方意见。例如：政策决策部门可以委托教育智库进行政策评估，发挥其专业优势和咨询功能，及时发现问题，及时采取有效应对措施。

第二，教育决策者要加快构建决策共同体，加强教育研究与教育实践之间的联系，有效推动教育研究知识转移。其一，要大力加强教育实证研究，提高教育研究成果对于教育政策决策者的实用性。要重视社会政策研究的经验性基础。基于教育证据的政策决策根本特征在于将系统教育研究获取的多方证据与教育政策决策过程相结合。教育政策研究者要明确决策者的现实需求和政策目标，不断提高质性、量化、混合研究等多种研究方式在教育研究中的运用，多角度深挖教育问题的实质。针对一些突出的教育问题，也可以鼓励教育研究者进行微观追踪研究。研究过程要严格遵守规范要求，积极寻求与教育政策决策者互动交流，努力确保研究设计严谨、研究方法适切、研究工具灵活、研究结果可重复。此外，教育政策研究者也要灵活运用学术语言和政策语言，与决策者建立任务导向的密切合作，将高质量研究成果纳入政策决策机制，实现"教育政策研究知识"向"教育政策决策者"的转移，提高教育政策决策科学性。[①] 其二，教育政策决策者要不断增强决策研究意识，提高教育研究成果运用能力。当下教育政策决策从之前

① 李刚. 走向教育的循证治理. 教育发展研究，2015，35（23）：26-30.

依靠经验、理论、价值信念决策的传统方式转变趋于科学化、法治化、民主化，所以需要不断增强研究型决策意识，更好地运用现代化信息技术与教育实证研究成果，实现基于教育证据的教育政策决策模式。一方面，加强教育行政组织、科研机构、社会大众、互联网媒体等多元主体互动合作，提高教育证据研究向教育政策决策转化能力。原始研究资料转化为教育证据的过程相当烦琐，涉及庞杂数据信息筛选、处理、分析、归纳等。如果教育行政人员能力有限，就难以在有限时间内对教育研究成果进行专业化解读，影响教育证据时效性、准确性和可靠性。教育政策决策者必须依托多元主体协助，将多类型、多领域研究型人才纳入教育政策决策体系，提升其教育证据搜集、处理、分析和运用能力，及时为决策主体提供可靠的教育决策依据。此外，政府也能借助媒体力量多方收集实时证据和公众意见，保持教育政策决策过程透明公开，增强公众对决策依据的了解和信服，提供有效反馈意见，不断完善教育政策决策咨询机制。另一方面，要尽量避免或减少教育政策决策者对教育研究者所得"研究证据"的不合理期待。教育政策决策者要对研究者能"提供什么教育证据"有理性的认知。教育研究能为解决各类教育问题提供理论基础；能提出问题、鉴别问题，能使人们关注到当前被忽略的教育事实。但教育研究难以提供关于某个问题的确定的解决标准，也无法立刻满足教育政策决策者和执行者的现实需求，更无法给每一个具体教育问题都罗列出高效解决方案，教育政策决策者要能够理性地评估教育研究者的能力限度。

第三，教育决策者要形成对数据的敏感意识，注重甄别和分析能力提升。基于证据的教育政策制定，是由政府主导、多元主体广泛参与的，可对整个教育体系的治理结构改革起到积极作用。基于教育证据的教育政策决策模式中，教育证据是核心，关系到政策制定与执行的成效，因此，必须对教育证据的科学性、真实性、有效性进行充分论证。①要关注对现实问题的筛选和对数据的有效收集。本质上，基于教育证据的教育政策决策是对基础数据和教育现实的分析，这意味着一手数据的质量必然影响教育政策决策方案拟定的运用效果。尤其关于教育证据来源的甄别与筛选等，直接关系到基于教育证据的政策决策模式实际运用成效。①因此，关于采集对象选取、教育问题与教育现实的数据收集方式、数据信息来源甄别等过程，必须借助专业化信息技术手段，由优秀的数据采集与处理团队完成。政策决策者要有宽广的胸怀，接纳不同主体的观点和意见，对教育问题进行全面把握、深入分析，筛选出更科学、高效的教育证据，为基于教育证据的

---

① 罗爱华. 循证思维在公共政策制定中的有效运用. 湖南科技学院学报，2019（7）：56-58.

政策决策奠定更加坚实的基础。②优化对多种教育证据的加工与处理。基于教育证据的教育政策决策需要对原始数据和二次教育证据展开进一步分析和应用①，需要借助现代化分析技术和工具，对多种教育现象、教育问题进行全方位的剖析，并借助归类分析方法，筛选出优质的教育证据，分类、分级进行推荐，为教育政策决策者提供证据参考。这也要求教育证据的采集与处理团队具备对教育现象敏感度和对教育信息敏锐的捕捉能力，教育政策决策者要有专业的教育信息提取和运用能力。③在后期政策执行评估过程中，注重对教育证据的再评价。教育政策的制定与实施是一个不断循环上升的过程，只有对教育政策执行效果及时进行评估、反思，才能回溯教育证据和数据信息的真实性、有效性，调整分析方法和执行方式，为新一轮教育政策决策提供更好的依据。基于教育证据的教育政策决策包含对教育政策执行效果的评估、对教育问题是否解决的评析、对新出现问题的再次甄别、对教育证据的不断收集和分析，因此，在后期政策执行评估过程中，注重对所收集教育证据的再评价，不但有助于教育政策决策者不断提升对教育证据的优选、分析、评估能力，而且有助于在优质教育证据基础上，不断推动教育政策决策科学化发展。

---

① 方巍，王宇婷. 循证实践及其对新时代社会政策建设与研究的启示. 社会工作与管理，2019，19（3）：89-95.

第二章 教育政策证据的学理研究

第一节 教育循证决策的证据基础

一、循证的含义

从词源来说，循证的"循"本义是"顺着，沿着"，又有"遵循""遵守""按照""循环"的意思；"证"的本义有两个，一是"用人物、事实来表明或断定"，二是"证据，帮助断定事理的东西"。循证本义是"基于证据""遵循证据"。复旦大学教授王吉耀在1996年正式将其译为"循证"，并得到学界的广泛认同，使其成为一个流行的新词。[①]

二、教育循证理念的演变

循证的概念源自循证医学，意为"遵循证据的医学"（evidence-based medicine，EBM），即应用现有的最佳证据，结合医生个人的专业经验，考虑患者的权利、价值和愿望，将证据、专业经验和患者情况结合起来进行医疗决策。[②]一般认为，"循证"理念的发展和演变大致经历了三个时期。[③]

第一个时期：1992年以前循证医学理念的萌芽。

20世纪七八十年代，西方发达国家普遍存在医疗资源浪费严重、医疗质量下

---

① 田新民，段晓东，刘重兴等. 顽危犯教育转化与循证矫正的理论与实践. 北京：中国法制出版社，2017：247.

② Sackett D L，Rosenberg W M，Gray J A，et al. Evidence based medicine：What it is and what it isn't. British Medical Journal，1996，312（7023）：71-72.

③ 杨平生. 政策制定理论中的循证决策研究. 上海师范大学硕士学位论文，2018.

降、医疗效率低下而医疗费用却持续上升的突出问题，主要是因为当时的医生为了利润而向患者提供了许多明显缺乏证据的不必要或不恰当的，甚至是错误的诊疗措施和医疗服务。1972年，英国威尔士的医学研究委员会流行病研究分会主任科克伦（Archibald Leman Cochrane）出版的《效果和效率：健康服务中随机问题的思考》（Effectiveness and Efficiency: Random Reflections on Health Services）一书中曾对当时的医学实践提出了尖锐批评，指责当时医学实践中的许多诊治措施缺乏足够的证据，提出应该让医生在临床医疗活动中改变这一现状，为遵循已有的"最佳证据"以进行"最好的实践"的主张。1987年，科克伦根据妊娠与分娩的随机对照试验（randomized controlled trial，RCT）结果撰写的系统评价，成为RCT和系统评价的里程碑。

第二个时期：1992—2000年，循证医学理论体系逐渐形成。

EMB的概念、理论内涵和研究方法在这一时期被正式提出并逐步完善。1992年，国际著名的临床流行病学家加拿大麦克马斯特大学的David Sackett教授正式提出"循证医学"的概念。Sackett等在1996年提出循证医学是个人临床经验和最佳外部证据的合成，并对循证医学的内容进行了详细描述。[①] Rosenberg和Donald认为，循证医学是系统定位、评价和利用已有的成果作为基础去决策，是解决临床问题的方法，它可以减少医生之间的沟通障碍，帮助医生自我指导学习和团队合作。[②]

与传统经验医学相比，循证医学不仅看重临床知识和经验，还看重最佳证据和患者诉求。其有如下特点：①在证据的来源上，经验医学的证据源自动物实验、实验室研究、零散的临床研究或者过时的教科书，循证医学的证据却来源于符合临床科研方法学的临床研究；②在证据的收集上，经验医学则对证据的收集比较零散，循证医学却要求全面系统地搜集相关证据；③在证据的评价方面，经验医学对证据评价的要求则不高，循证医学要求所收集的证据是当前经过严格评价的最佳证据；④在结果评价的指标方面，经验医学以替代疗效指标，如症状的改善、仪器或影像学检测结果为主，循证医学却以结局终点指标为主要观察指标，如病死率、致残率、生存质量和卫生经济学指标等。[③] 循证医学实践的方

---

① Sackett D L，Rosenberg W M C，Gray J A M，et al. Evidence based medicine: What it is and what it isn't: It's about integrating individual clinical expertise and the best external evidence. British Medical Journal，1996，312（7032）：71-72.

② Rosenberg W，Donald A. Evidence based medicine: An approach to clinical problem-solving. British Medicine Journal，1995，310（6987）：1122-1126.

③ 眭建. 临床医学导论. 2版. 南京：江苏凤凰科学技术出版社，2017：112.

法，可以归纳为"五部曲"，即提出问题—检索证据—评价证据—应用证据—后效评价。每一步骤都有丰富的内涵和科学的方法，形成互相联系的、完整的研究环节。

循证医学极力主张将最好的研究证据、技术和经验以及患者的价值观和意愿结合起来，制定治疗措施并加以实施，充分考虑了各方面的利益，迅速受到了多方的肯定和推崇，并很快发展起来。1992 年底，英国国家卫生服务中心在牛津成立科克伦协作网（Cochrane Collaboration），旨在促进和协调医疗保健方面 RCT 系统评价的生产和保存，以便依据最好的科学进展和研究结果服务于临床医学、卫生管理和高层决策。2001 年，已有 13 个国家成立了 Cochrane 中心，包括英国、荷兰、法国、意大利、挪威、加拿大、澳大利亚、巴西、南非、西班牙、德国、中国和美国。1999 年 3 月，中国 Cochrane 中心在四川大学华西医院成立。科克伦协作网产生的系统评价，在临床医学界具有重大影响，主要表现在：①肯定一些有效的疗法并加以推广和应用；②否定一些无效甚至有害的疗法并竭力予以抛弃；③发现那些有希望的却缺乏足够依据的疗法，建议开展进一步研究，以促进某些重大课题的实施。科克伦系统评价的结果被许多发达国家采用，作为其卫生方面决策的依据，促进了医学从经验医学向循证医学方面的转化。

第三个时期：2000 年以后，循证实践迅速向其他领域扩散。

经过多年的发展，循证思想与实践在医学界取得了广泛的成功。其所倡导的遵循证据科学决策的原则、实事求是的态度以及严谨精细的研究设计在 21 世纪之后迅速被决策者、研究者、从业者等尤其是政府组织认可，并将其推广到教育、科技、公共卫生、心理学、社会和管理等领域，形成了循证管理学、循证教育学等。由此，发轫于医学的循证实践，在世界范围迅速掀起了一场声势浩大的循证实践运动。循证实践被认为是"基于证据进行科学实践"的总称，主要是指遵循证据进行的实践，是实践者针对服务对象的具体问题，在服务对象的参与和配合下，根据研究者提供的最佳证据，在管理者的规划与协调下，参考相关的指南、标准或手册所进行的实践。[①] 它由研究者、实践者、服务对象和管理者四方行动主体构成。

例如，在特殊儿童的教育干预方面，美国于 2001 年颁布的《不让一个孩子掉队法案》（No Child Left Behind）和于 2004 年颁布的《身心障碍者教育法》（Individuals with Disabilities Education Improvement Act）均向教育者和家长介绍

---

① 杨文登. 循证实践：一种新的实践形态. 自然辩证法研究，2010（4）：106-110.

了循证实践，目的在于需鉴别出被清楚界定和鉴定为有效的干预方法。法律对证据的要求主要催生了对两个问题的研究：①建立了标准，从而干预方法可根据其有效性的支持力度进行分类，例如，应用行为分析（applied behavior analysis，ABA）被不同国家的不同实证研究广泛证实。相反，使用维生素B12的干预方法缺乏足够的实证支持，且其可信度低于给予ABA原则的干预方法。②研究者开始广泛总结和综述现有文献，明确声明哪些干预方法具有大量证据支持和可被划分为循证实践。这些荟萃研究切实对这些研究进行分析，从而得以表明这些干预方法符合法律规定。[①]

再如，在监狱罪犯管理方面使用的循证矫正（evidence-based correction）。循证矫正是指运用科学的方法对监狱的罪犯进行评估和分类，根据罪犯的需求，系统地选择最直接、最有力、最佳的证据，并结合罪犯的特点和意愿来实施的矫正活动。简而言之，就是遵循最佳的证据，开展有效果的矫正。与社会其他系统采用循证方法的来源相似，循证教育来源于人们对矫正系统有效性的质疑，认为原来对罪犯实施的众多矫正项目和干预措施效果不理想。特别是1974年美国著名社会学家Martinson等发表的题为《有什么效果？关于监狱改革的问题与答案》（What Works? Questions and Answers about Prison Reform）的报告中，提出了监狱"矫正罪犯无效"的结论，像炸弹一样使得监狱矫正界不得不重新审视以往的矫正实践和干预措施。1998年，马里兰大学Sherman教授发表了题为《预防犯罪：哪些有效？哪些无效？哪些还在进行中？》（Preventing Crime：What Works，What Doesn't，What's Promising？）的研究报告，使人们越来越认识到，矫正实践中要尽可能采用那些经过实践研究证明有效的矫正项目和干预措施，只有这样才能优化矫正效果，实现矫正资源的效益最大化。作为一种崭新的理论体系和实践模式，循证矫正目前已经成为西方发达国家普遍认可的罪犯改造趋向。2012年4月22日，司法部副部长张苏军在全国监狱局长、监狱长培训班上首次提出循证矫正的工作要求，其后在全国监狱系统进行试点和推广。[②]

循证教育（evidence-based education）的开展更是如火如荼，发展为循证教育学。1996年，剑桥大学Hargreaves教授在年度教师培训机构讲座上公布了题为《教学作为基于研究专业的可能性和前景》（Teaching as a Research-Based Profession：

---

① E. 阿曼达·布托，布兰达·史密斯·迈尔斯. 如何有效教育自闭症谱系障碍学生. 贺荟中等译. 上海：上海人民出版社，2016：74.

② 田新民，段晓东，刘重兴等. 顽危犯教育转化与循证矫正的理论与实践. 北京：中国法制出版社，2017：245.

Possibilities and Prospects）的研究报告，首次提出了"循证教育"的概念，主张教育必须基于严格的科学证据，在教育过程中，教师务必要将个人的专业智慧与最佳的经验证据有效整合起来进行科学合理的教学决策。现在，循证教育学已经发展得相当成熟，有明确的证据分级标准和具体的实施步骤，有指南、手册以及成熟的系统评价等指导性文献，均收录于教育学数据库中，供研究者和决策者参考。目前较有影响的大型循证数据库有Campbell协作网、有效教育策略资料中心（What Works Clearinghouse，WWC）、教育资源信息中心（Educational Resource Information Center）等。

循证教育学是一种全新的教育理念，其优点包括：①循证教育学强调严格的科学研究，可操作性强，能提高教育教学的效果；②循证教育学将研究者、教育者、受教育者和管理者等各方的利益平衡建立在科学、理性的研究基础之上，能够形成合力，共同推动教育事业的健康发展；③循证教育学主张在教育改革决策时，要综合考虑各种理论取向，使其更具科学性。

现在，循证研究和循证实践逐步发展成为热门的方法论学科，影响到实践领域的许多方面。公共政策领域也受其影响，逐渐形成了循证决策，循证决策强调根据科学的证据制定公共政策。

三、教育循证决策实践的开展

20世纪70年代，发达国家经济出现滞胀危机，社会保障和福利开支领域的问题日增，关于福利国家建设及普遍性福利的争论成为政治议程的重要问题。在反思福利国家建设过程中形成了两种逻辑：一是"应然"的，从规范的层面探讨"国家应该如何行动"，即探讨福利国家行动的规范性前提；二是"实然"的，从经验层面探讨"国家能够做些什么"，即探讨政策执行研究的问题。其意图在福利开支紧张的情况下，通过对国家政策执行的经验研究来减少决策失误，实现决策的科学合理，避免社会福利领域开支的浪费，赢得选票。在这个大背景下，结合循证医学发展的良好经验，西方国家政府开始逐步重视社会科学研究在政策建议与决策中的作用，强调证据在决策中的重要性。

一般认为，最早在官方倡导循证决策理念的是由英国布莱尔政府在其1997年的政党宣言中提出的。1999年3月，英国政府发布了《政府现代化》（Modernizing Government）白皮书，明确提出了可采用循证政策作为其行为的准则："本届政府对政策制定者有更多的期望。期望有更多的新思维，更主动地质疑传统的行为方式，更好地利用证据和研究的方法来制定政策，更多地专注于能产生长期影响的政策。"①在明确政府的未来愿景和核心目标的基础上，提出了4项关键承诺，也是政府现代化的4个着力点，突出了公共政策的战略性和前瞻性：提高公共服务的回应性，服务供给应立足于满足公民的需要，而非供给者的便利；提升公共服务质量，提供高效、高质量的服务，不能容忍平庸和无为；信息时代的政府，利用新技术满足公民和企业的需要，而不是落后于技术的发展；强化公共服务的信念，通过评估和创新等提高公共服务的地位，而非贬损它。围绕现代化4个着力点的第一项，白皮书提出了确保公共政策的战略性和前瞻性的7条核心原则：其中最后一条是"从经验中学习，将政策制定视为一个持续的学习过程，改进理论研究成果和证据的使用，强化改革创新试点的评估、反馈和应用"②。

如果说《政府现代化》白皮书中提到的"改进证据的使用"体现了循证政策的思想，那么随后不久英国政府内阁办公室同年发布的《21世纪的专业政策制定》（Professional Policy Making for the Twenty First Century），则明确使用了循证政策的概念。该文件指出，循证政策意味着：政策制定者的决策（倡议）是建立在最佳的、可利用的证据的基础上，这些证据来自一系列广泛资源；所有关键利益相关者都能够在政策发展的初始阶段就参与进来并且经历整个政策过程；所有相关的证据，包括那些来自专家的，都会以一种重要的且通俗的格式提交给政策制定者。此后，循证政策理念在各国开始流行并迅速发展起来，所涉国家有美国、加拿大、爱尔兰、澳大利亚、新西兰、中国等。

美国《不让一个孩子掉队法案》于2002年正式颁布，该法案强调教育科学研究的重要性，要求联邦政府将更多经费投入以证据为本的研究和项目中，同时明确要求联邦政府资助的教育项目和实践必须以科学研究为基础。在该法案中，多达110处提到"基于科学的研究"（science-based research），在法律层面强化了循证理念在美国教育政策制定中的地位。2008年，澳大利亚总理陆克文宣称"循证决策居于创新型政府的核心"，并指出"决策需要有效的方法、高质量的数据、经得住检验的证据，而这些又需要时间、高素质和独立品格的决策者以及宽松的决策环境"。③欧盟于2008年发布的《政策制定中的科学证据》报告中指出，欧盟有责任推动欧洲在政策制定中使用科学的证据。新西兰政府于2013年推出的《证据在政策形成和实施中的作用：首相首席科学顾问的报告》（The Role of Evidence

---

① 转引自拜争刚. 循证社会科学. 上海：华东理工大学出版社，2019：154-155.
② 转引自拜争刚. 循证社会科学. 上海：华东理工大学出版社，2019：154-155.
③ 转引自周志忍，李乐. 循证决策：国际实践、理论渊源与学术定位. 中国行政管理，2013（12）：23-27，43.

in Policy Formation and Implementation: A Report from the Prime Minister's Chief Science Advisor）中提出，要确保政策形成过程中使用高质量的研究证据。

2016年12月，由中国人民大学公共管理学院和中国人民大学循证治理研究中心联合举办的"治理现代化与循证决策"学术论坛，分别就医学领域、科技领域、管理领域、政策领域、教育领域、人力资源领域和社会领域的循证研究进行了深入探讨。

各国不仅倡导循证决策的理念，而且为此提供了组织保障，如英国建立了诸如实践和信息证据协调中心（Evidence for Policy and Practice Information and Co-ordinating Center，EPPI）、坎贝尔协作中心（Campell Cochrane）英国分中心等服务于循证决策的证据支撑机构。美国教育部于2002年建立了WWC，主要目的是推动教育研究的证据科学化，在教育领域为教育者、政策制定者、研究者和公众提供中央级别的科学而可靠的证据资源。

为促进不同政策领域的最佳实践以及部门之间的数据分享，许多国家建立了相应的数据分享机构，比如欧洲国家设立了国家调查数据档案馆等。[①] 至此，"循证决策"不仅是一个具有特定内涵和外延的专门术语，还变成了一种政府的政策主张，成为旨在提升政策有效性的"实践运动"和当代公共政策创新的重要路径。以美国两党循证决策委员会提出的建议为基础，旨在将更多科学证据引入项目的《2018循证决策基础法案》（Evidence-Based Policymaking Act of 2018）通过，表明不少立法者逐渐意识到，在设计和资助项目时，严格的评估更重要。这项新法案主张重视数据隐私；相关机构要实施与建立证据体相关的学习计划、设立可用信息的详细清单，以降低政府和学术研究者获取数据的难度；方便公众了解数据的获得三个方面帮助联邦机构进行更多、更好的项目评估。[②]

四、教育循证决策的灵魂

教育循证决策是指以证据为基础来进行的教育决策，教育循证决策的灵魂是科学的证据。2019年10月，党的十九届四中全会在北京召开，重点讨论了推进国家治理体系和治理能力现代化的若干问题。其中，为提高党的科学执政水平，强调要"健全决策机制，加强重大决策的调查研究、科学论证、风险评估，强化决策执行、评估、监督"，突出了"证据"对于科学决策的重要性。

①　周志忍，李乐. 循证决策：国际实践、理论渊源与学术定位. 中国行政管理，2013（12）：23-27，43.
②　夏冰. 建立循证政策的基础. 世界科学，2019（8）：55-56.

　　中国基层传统社会呈现明显的乡土性。乡土社会的基层结构是"一根根私人联系所构成的网络"，费孝通先生由此提出著名的"差序格局"。在这样的乡土社会中，更多依靠的是"依礼而治""长老统治"，决策标准更看重的是礼与德。与传统的决策方式相比，教育循证决策倡导更为科学、理性、严密、系统的方法，强调将经过验证的证据植入教育政策的全过程。循证决策的内容主要有两点：一是强调社会科学研究应当与公共政策制定紧密结合，即研究的应用；二是在政策制定过程中要有强有力证据的支持，即政策的基础。其流程可归纳为五个步骤：提出问题、收集证据、证据评估、证据实践、效果及反馈改进。由此可以看出，证据在循证决策中居关键地位，可谓循证决策的灵魂。循证决策的教育研究范式有两个操作层面：一是利用世界范围内的研究已得出的证据以及教育及相关学科的文献证据；二是在已有的证据缺乏或存在疑问、具有不确定性及薄弱性的地方建立好的证据。

　　循证决策是对传统决策方式的超越。相较于其他理论，循证决策理论的重点在于强调证据（尤其是科学知识）与政策之间的关系，增进政治环境中证据与政策之间的互动，让证据为政策制定提供更为准确的依据。

　　实际上，公共政策制定从来都依赖信息和证据，只不过这些证据在过去往往来自政治家与公务人员的观察与判断，以及利益相关方的意见与表达，自然与社会科学知识在政策制定过程中极少使用。正如美国学者提到的，"教育的决策有时完全不是建立在科学研究的基础上，而是来源于某种意识形态的直接演绎或者社会公正与社会理想的根深蒂固的信念"[①]。

　　为了尽可能地降低非理性因素在决策中可能产生的负面影响，那些可以帮助决策者理性思考、科学审视、谨慎权衡从而提升决策效果的资料和信息就成了要去追求的证据。这些证据能更好地启发和影响决策者，使决策环境更加健康，避免让那些着力推行的政策偏离轨道。因此，循证决策将科学证据强势纳入公共政策制定过程，并且不排斥原有证据在政策过程中发挥作用，鼓励更多类型的证据进入政策过程。高质量的证据不仅应从传统的社会研究和政策评估中获取，还应从行为实验、模拟仿真和预测研究中获取，特别是曾经模糊的证据术语，如随机对照试验、系统评价和元分析等变得司空见惯，甚至成为证据的黄金标准或最高等级。因此，政策研究者的地位凸显。

---

①　理查德·沙沃森，丽萨·汤. 教育的科学研究. 曹晓南，程宝燕，刘莉萍等译. 北京：教育科学出版社，2006：16.

五、教育循证决策的争议

循证决策的浪潮席卷世界，在提倡决策科学化的当今，带有强烈工具价值的科学研究的功效备受学术界和政界推崇，但人们并没有就此迷失，仍对教育循证决策时有批判和质疑，为人们的理性认识提供思想养料。"基于证据"的思想最初见于循证医学，但教育实践领域是与医学领域不一样的存在。

第一，教育是师生双方以象征性符号为中介的交互过程，是以人格的完善和灵魂的触动为目的的对话活动，只有通过双方的共同诠释，教育才可能实现。此外，教育的影响因素不是线性的，教育者的发展受遗传、环境、教育及自身的主观能动性等多种因素的影响，很多事情不能简单以因果关系简单定论。然而，很多在实验中或在准实验设计中得出的定量数据常常是单向度的，没有考虑到教育问题的复杂性，可能导致复杂情景和问题简约化。

第二，教育活动是一种德性实践而不是技术实践。德性实践既是价值负载的，又是价值优先的。试图割裂目的与手段的内在关联，可能有损教育决策和实践的合理性基础。[①] 例如，即便实验研究揭示体罚有助于降低学生的不良行为，教育决策也不应该将体罚作为一种值得优选的教育行为。这意味着，在医学领域中富有成效性的基于证据的理念，未必完全适用于教育决策领域。[②]

2000 年以来，国内学术界对教育研究及教育学科的科学性一直存在较大争议。曾荣光等认为，当今的科学研究在以"证据为本"的实证主义主导下，已然被所谓的"实证的、可观察的、可验证的、可重复的"概念捆绑，而教育这门社会学科的"科学性"受到了极大的质疑和挑战。曾荣光等基于"历史-比较"视域，通过整理 19 世纪以来英美国家对教育科学发展的追求历程，认为教育学科的人文性规定了教育知识不可能像自然科学知识那样声称的"放诸四海而皆准"或"历久而常真"[③]，进而试图启迪和引导人们理性看待教育领域的科学研究，关注教育实践本身，推动教育活动艺术化发展。

比斯塔较早提出，应反对基于证据的教育，提倡基于价值的教育。他认为，基于证据的教育实践具有三种缺失：知识缺失、功效缺失和应用缺失。这三种缺失已经对基于证据的实践"工程"及其通常呈现的方式提出了严肃疑问。教育是

---

① 孙元涛，高雅. 基于证据的教育决策：理念、标准与潜在风险. 教育发展研究，2019（6）：23-27.

② Biesta G. Why 'what works' won't work: Evidence-based practice and the democratic deficit in educational research. Educational Theory，2007（57）：1-22.

③ 曾荣光，叶菊艳，罗云. 教育科学的追求：教育研究工作者的百年朝圣之旅. 北京大学教育评论，2020，18（1）：134-176.

有目的性的，可是证据至多只能提供给人们行动和结果之间的可能性联系的信息，这就说明基于证据的实践的理念是有问题的。这是因为如果证据是教育实践的唯一基础，教育实践就会没有方向。这就是为什么在教育中价值是首要的。[①] 即便我们希望使用有关行动和结果之间可能性关系的任何知识，也仍然需要做出一个重要判断，即我们希望应用哪些知识，而这依然是一个价值判断。

第二节　教育政策证据的概念

一、证据的定义

（一）广义的证据

证据在人们的生活中无所不在。最早的证据概念可以追溯到古希腊时代，只不过人们在谈及证据性质时会借用符号/记号一词来表述，奥古斯丁把符号当作带有特殊意义的一种"表征"，西塞罗首次引入术语"evidentia"，意为显见的性质，可以说，证据的历史渊源即为符号证据。[②]《现代汉语词典（第5版）》将证据定义为"能够证明某事物的真实性的有关事实或材料"[③]。张保生认为，广义上，证据是与待证事实相关的信息，信息减小或消除了人们对事物了解的不确定性。证明则试图通过证据推理消除人们在知识领域的不确定性。[④] 因此，证据是使争议中的事实或论点得到证明、变得清晰或被确定为真相的根据，简单地说，就是证明的根据。

第一，证据是获取知识的必要条件。人类知识疆域的开拓离不开以证据或数据为基础的科学研究，即基于证据的猜想、证明和反驳，也就是说，任何知识的获得都依赖证据推理。关于证据与知识的关系，边沁认为"证据领域不过是知识领域"[⑤]。知识是人们在改造世界的实践中所获得的认识和经验的总和。知识可

---

① 格特·比斯塔，赵康. 教育研究和教育实践中的证据和价值. 北京大学教育评论，2011，9（1）：123-135.

② 陈莹，丛杭青. 证据概念的历史演变及其认识论重构. 厦门大学学报（哲学社会科学版），2011（2）：93-100.

③ 中国社会科学院语言研究所词典编辑室. 现代汉语词典. 5版. 北京：商务印书馆，2005：1741.

④ 张保生. 广义证据科学导论. 证据科学，2019，27（2）：133-151.

⑤ 转引自特伦斯·安德森，戴维·舒母，威廉·特文宁. 证据分析. 2版. 张保生，朱婷，张月波等译. 北京：中国人民大学出版社，2012：63.

以分为直接知识和间接知识，证据既可以是直接知识，也可以是间接知识。通过直接接触所获得的感性知识源于人们在探索和改造世界的过程中体悟、感知和概括出来的经验，是基于证据的。人生有涯，而知无涯。人们不可能事事体验，人们所获得的许多知识来自间接知识，这些间接知识是人类在文明史的演进历程中所积累的人类的一切经验。在论证过程中，证据也是我们相信某一结论的基础或前提。证据是人们选择相信某一论点或主张正确或很可能正确的原因。证据可以来源于亲身体验，也可以来源于其他途径。只要没有反面的证据，以自身经验为可靠的证据去相信某一论断就是合理的。同样，如果某一论断与自己的亲身经验相冲突，人们就有理由去质疑它。基于此，人类的这些认识和经验都是以某种方式建立在证据基础之上的。

第二，证据是做出决策的判断依据。事实上，证据存在的目的就是证明，证明则需要判断推理，人类所有决策活动均需要证据推理，需要通过使用相关、可靠的证据来进行逻辑推理和论证决策。即便是在日常生活中，使用证据的例子也随处可见，无论是为亲朋好友买一件生日礼物，还是给自己选一件衣服等，即使是最微小的决定，人们也会无意识地使用证据来支撑自己的行为。特文宁认为，在核心问题上，证据是一个关于推理的跨学科科目，其共同基础是某些关于逻辑、概率、真相和知识的一般哲学问题。"证据"是用于辩论背景下的关于关系的词语（A是关于B的证据）。在这样的语境下，如果信息倾向于直接（或间接）支持（或否定）某个假设（或待证事项），就具有相关证据的潜在作用。人们根据证据进行推理，是为了证明或证伪某个假设或者待证事项。其框架是辩论，其过程是证明，其引擎是根据信息进行的推理。[①] 他还认为，每个人都可以从证据中得出推论，推论性推理是人类的基本技能。西蒙认为，决策过程一般分为情报、设计、抉择和评价4个阶段。第一阶段的情报活动，实际上就是搜集和分析证据的活动，这是正确决策的前提。《孙子兵法》载，"知己知彼百战不殆"。人们生活在现实之中，信息杂乱无章，情报真假难辨。对于决策者来说，辨别证据真假的证据分析能力和推理能力甚至比获取证据的能力更重要。所以，西蒙认为，今天的稀有资源不是信息，而是处理信息的能力。[②]

第三，证据是解决争端的理性依据。我们在辩证地看待问题时，常提及"感性看待问题，理性解决问题"。证据具有极强的客观性和证明性，人类社会一切

① Twining W. 证据：跨学科的科目. 王进喜译//何家弘. 证据学论坛. 第13卷：前沿·实务·文摘. 北京：法制出版社，2007：269.

② 郝伯特·A. 西蒙. 管理决策新科学. 李柱流，汤俊澄等译. 北京：中国社会科学出版社，1982：34.

争端的理性解决都必须依据证据进行裁判。英国经济学家亚当·斯密提出的"经济人"假设认为，为了满足自身实际需求，人们往往追求利益最大化，因此在逐利的过程中不可避免地会产生冲突和争端。证据的概念和应用反映了社会的文明程度，原始社会处理争端的方式为武力解决、以威服众；进入文明社会，解决争端的方式不再野蛮、随意，而是通过司法活动，以证据为基础，在人人平等的理念下公平解决，表现为以证据为裁判的方式理性解决。这奠定了现代司法制度的基础，即现代司法制度的特点体现在"证据是正义之基"。基于对证据制度的研究，学界已经形成了证据学或证据法学专门学科。

（二）法律实践中的证据

"证据"是法律实践中一个常见的词语。人们看到"证据"二字的时候，很容易联想到法律实践，尤其是司法领域。

在法律实践中，许多国家的证据学界对证据一词的理解有多种角度。在《牛津法律大辞典》中，证据指事实、事实推论或陈述。这些事实、事实推论和陈述有助于使法院或其他调查主体确信特定事实，即某些尚不明确但正在调查的状态所导致的特定结果。[①]《美国联邦刑事诉讼规则和证据规则》对证据的解释是：证据是用来证明或反驳某项争议事实的工具，包括证言、书证、物证和其他任何展示在陪审团或法庭面前用以证明争议中的事实存在或不存在的事物。证据要被允许在诉讼中出示，用以证明争议事实并被法院采纳，必须既具有相关性又具有可采性。[②]《美国加利福尼亚州证据法典》对证据的定义是"出示并用于证明某一事实存在或不存在的证人证言、书面文件、实质性物体或其他事务"[③]。因此，英美学者一般对证据的理解较为广义，只要能够对案件或要证事实存在的可能性有影响，就被视为证据。

我国学者对证据概念的探讨也颇为丰富，大致有"原因说""证明说""资料说""方法说""内容与形式统一说"等观点。其中以立法采用的"事实说"最具影响力。我国于 2018 年通过的《刑事诉讼法》第五十条规定：可以用于证明案件事实的材料，都是证据。证据有下列 8 种：①物证；②书证；③证人证言；④被害人陈述；⑤犯罪嫌疑人、被告人供述和辩解；⑥鉴定意见；⑦勘验、检查、辨认、侦查实验等笔录；⑧视听资料、电子证据。"事实说"揭示了证据所

---

① 戴维·M. 沃克. 牛津法律大辞典. 李双元等译. 北京：法律出版社，2003：399.

② 本书编写组. 美国联邦刑事诉讼规则和证据规则. 卞建林译. 北京：中国政法大学出版社，1996：16-17.

③ 转引自易延友. 证据法学：原则 规则 案例. 北京：法律出版社，2017：4.

能发挥作用的其中一个条件，即证据必须是真实的，并因此陷入一个循环论证的缺陷："事实"始终处于未知的领域——证据是事实，事实却未知。对此，何家弘曾指出，"证据"一词本为中性，并无真假之分，它可真可假，也可能半真半假，但"事实"却是客观和真实的。①

在对"事实说"批判的基础上，人们提出了证据概念界定的功能视角说。认为，证据最适合功用定义的方式，通过回答证据能干什么来进行定义。众所周知，证据的基本功能就是证明。从这个角度看，证据具有最强的包容力：凡是用于支持自己主张的一切材料都可被视为证据。证据与证明密切联系，形影相随；离开证据，无以证明；离开证明，证据毫无用处。证明就是这样一种思维活动，它需要以若干证据为基础，以科学的逻辑思维方法为媒介。其中证据本身是一种已知现象或已被证实的事实或定理，一现象的存在能够说明或有助于说明未知现象的存在与否。证明的过程就是对所有作为证据的资料进行筛选甄别的过程，只有真实可靠且有较强证明力的证据才能对证明的论题发挥最终的证明作用，那些具有证据之名或只具有表面特征但不具实力的资料或干脆是虚假的证据，将在这一过程中被发现和剔除，完全或基本不起证明的作用。这和《牛津英语词典》中对证据的定义相像，即"可获得的事实与信息的一个集合，（用来）表明一个信念或论点是否为真或令人信服"②。因此，证据的本质特性在于其相关性和证明力。

证据的相关性（又称关联性、证明性）是一个几乎被所有人认同的证据属性。关联性可以解释为一件事实，即所谓证据性事实，如果能使另一件事实的存在成为很可能或很不可能的，对后一件事实就有关联性，也就是事物之间要彼此关联、彼此联系，具备相互作用和相互影响的性质。美国学者戴维斯强调，无论是量化研究还是质性研究，证据必须满足相关性原则，即所选证据必须与特定命题相关，能够支持或拒绝某一命题。③ 一个证据与正在考虑的议题如果没有关联，就不值得考虑，无论它在其他方面多么出色。相关性证据指的是某证据的存在会使确定某项事实存在的可能性（或不存在的可能性）要比没有该证据时更大，即对于特定案件事实具有实质性的证明意义。这里有一个采用不相关证据而严重混淆议题的实例：许多大学行政管理者拒绝教师提出的缩小诸如写作、口语和批判性思考课程班级规模的要求。这些管理者引用表明教学效果与班级规模没有关联的学术研究成果——教师教 50 人一班和教 15 人一班的效果一样。但是，

---

① 何家弘. 新编证据法学. 北京：法律出版社，2000：95.

② 转引自周加仙等. 教育神经科学视野中的循证教育决策与实践. 北京：教育科学出版社，2016：17.

③ Davies P. What is evidence-based education? British Journal of Educational Studies，1999，（2）：108-121.

这里引用的学术研究成果只考虑了传递信息的课程，而没有考虑那些培养技巧的课程。对于后者，该证据并不相关。[①]

证据的证明力是指作为证据的材料在为证明某个事实或定理上体现出来的价值大小与强弱程度，是对可以用作证据的材料的立证价值大小的判断，它体现在证据的客观性与关联性。也就是说，如果可以用作证据的材料的可靠性与正当性都有保证的话，相关性就成为衡量证明力大小的指标，因此，相关性又可以成为证明力的代名词。在法律实践领域，对证据证明力的判断，学者常以三个"R"来概述，即相关性（relevancy）、可靠性（reliability）和正当性（rightness）。相关性前已述及。可靠性意指可靠的性质，继而指可以依靠的、可以寄托信赖或信心的、值得信任的、安全的、确定的，作为科学和统计学中的术语，主要指数据的可重复性，即一个可靠的测试能够在相同的条件下反复进行并产生同样的结果。正当性，即证据的合法性，包含两个方面的含义：一是证据必须具备法定的形式要件。二是证据的取得必须符合法定的要件，即证据材料的收集与提供必须符合法律的规定，应由合法的主体遵循法定的程序、以合法的手段调查收集证据的材料，否则不得成为定案根据的证据；质证和认证必须符合法律规定的方法和程序，未经质证的证据材料最后不得作为证据使用。

（三）历史研究中的证据

除法学界外，史学界历来极为重视对证据的研究。史由证来，证史一致。历史学是一门以证据铺路的学科，在学科发展的过程中不断探索科学翔实的、可以支撑历史论点的相关证据，关注证据的运用和评价。英国史学家柯林武德认为，"所有的历史都是对证据或多或少进行批判性和科学性解释的结果"[②]。历史研究始于史料收集，即历史论述的依据或历史论点的信息支撑。史料对于历史研究来说，相当于食材与厨师的关系，常言道，"巧妇难为无米之炊"。在论述史料的重要性时，梁启超曾说："史料为史之组织细胞，史料不具或不确，则无复史之可言。史料者何？过去人类思想行事所留之痕迹，有证据传留至今日者也。"[③]傅斯年认为，历史的对象是史料，离开史料，也许成为很好的哲学和文学，究其实与

---

① 文森特·鲁吉罗. 超越感觉批判性思维指南. 9版. 顾肃，董玉荣译. 上海：复旦大学出版社，2015：91-92.

② Collingwood R G. The limits of historical knowledge. Journal of Philosophical Studies，1928，3（10）：213-222.

③ 梁启超. 中国历史研究法. 上海：上海古籍出版社，1998：40.

历史无关。①

对于历史学家在研究中所使用的证据，英国历史学家迈克尔·斯坦福在其著作《历史研究导论》中将证据类型划分为一手证据和二手证据、硬性证据与软性证据、刻意证据与非刻意证据。②

第一，根据证据来源不同，可分为一手证据（史料）和二手证据（史料）：一手证据指的是与问题相关的，从当时的时代直接保留下来的相关证据。二手证据则指他人基于一手材料进行再次加工、诠释的相关资料，大多是由后世的历史学家编撰完成的。由于历史资料兼具人文性和价值性，相较而言，一手证据的可信度要比二手证据的可信度高得多，高权威的历史研究必须基于一手证据，并且我国的史料大多指的是一手资料。一般来说，一手证据与二手证据之间的界限并不总是清晰可辨的，一手资料除了要保证资料是从现场/同一时代直接保存下来的，同时也需要满足无人整理的条件。

第二，根据证据表述程度不同，可分为硬性证据和软性证据：硬性证据（hard evidence）表现为符号和数字的组合，经过量化的统计整理使之直观具体化，比如历史人口统计资料。软性证据（soft evidence）则为借由文字和语句而非数字化进行表述的历史资料。软性证据由于需要借助文字语言来呈现，会受到理解、翻译、语境等因素的影响，因此其客观性通常容易受到质疑和引起争论。

第三，根据证据生产不同，可分为刻意证据和非刻意证据：两者最大的区别在于证据是可以营造以备未来诘问的人观察的还是非刻意而为之。欲保证历史论点的真实性，历史学家必须具备较高的鉴别能力和专业素养，能够准确地区分刻意证据和非刻意证据。

在历史研究中，还有另一种独特的证据——口述证据。口述证据产生于历史研究者和受访者之间，主要形式为历史研究者经过田野调查得到的相关磁带、录音、录像等资料，若是文字资料则必须有录音材料的支持。口述证据的形式多样，来源广泛，口述证据的价值在于它能够更大限度地丰富所收集的资料。历史研究中搜集口述证据的过程相当于我国在制定政策前或实施政策中广泛收集民意的过程，口述证据的运用拓宽了研究和受访主体范围，使得不同阶层的社会群体或个体有机会受到研究者的关注。英国史学家汤普逊非常重视历史研究中口述证据的重要价值，认为"如果口头资料来源确实可以传达'可靠的'信息，那么，将它们当作'另一种文献'来对待，就是忽视它们作为主观的、言谈的证据

---

① 傅斯年. 史学方法导论. 北京：中国人民大学出版社，2011：187.
② 迈克尔·斯坦福. 历史研究导论. 刘世安译. 北京：世界图书出版公司，2012：126.

所具有的特殊价值"①。

二、教育政策证据的定义

在教育政策领域，证据就是制定教育政策的依据，是做出教育决策的判断基准，是支撑或证明某种特定结论的客观事实、理论、政策文本、相关研究、观点、例证和迹象等的总称。随着大数据概念的提出和数据化时代的发展，各种海量数据在一定程度上也充当了证据的角色，有助于更好地做出基于证据的教育决策，但是，之所以说在一定程度上，是因为数据并不等同于证据，尤其在教育领域中，由数据到证据必须经历转化的阶段才可协助决策的产生。充当教育政策的证据范畴较为广泛，教育决策的做出和教育政策的生成都需要建立在充分可靠的证据的基础上，当然，这里并不是说"基于证据"是制定教育政策的唯一考量因素。证据是客观的、标准化的，面对更具价值性、人文性和复杂性的教育领域，其关注的重点不应该放在政策制定是否以证据为依据上，而要明确所需证据的角色定位，即某一客观事实、学术观点、研究成果等形式的证据在具体政策情境中应当扮演何种角色和发挥何种价值。

英国政府在1999年发布的《21世纪的专业性政策制定》中指出，专业知识、发布的研究、既有的研究、利益相关者的协商、已有的政策评估、网络信息、协商的结果、政策选择的成本、经济和统计模型的结果都可作为制定政策的证据。美国政府在《不让一个孩子掉队法案》的推动下，自21世纪初就创办众多教育研究机构和科研所，期望通过开展教育准实验和随机控制实验，探索教育领域中的科学证据，以为提高学生成绩和教师专业发展服务。②

塞贡担任过联合国儿童基金会高级区域监测和评价顾问，他认为，构成教育决策科学基础的证据是多元复合的，它至少包含三种形式：一是由科学研究和评估等方法获得的硬性数据，包括事实、趋势、调查信息等；二是对将数据放在一个更大背景下进行的分析推理和论证；三是将利益相关者观点包括在内的证据基础。③在这样一个三分模式的基础上，如果哪一形式的证据存在缺陷，教育决策者还可以借鉴参照其他两种形式的证据做出分析和判断。

① 保尔·汤普逊. 过去的声音：口述史. 覃方明，渠东，张旅平译. 沈阳：辽宁教育出版社，2000：125.

② 陈秋怡. 基于证据——教育政策研究的新趋势. 现代教育管理，2017（6）：53-58.

③ Segone M. Bridging the Gap: The Role of Monitoring and Evaluation in Evidence-based Policy Making. UNICEF Regional Office for CEE/CIS Palsis des Nations CH 1211 Geneva 10 Switzerland，2008：35.

可见，人们对教育政策证据的认识有广义和狭义之分。广义上，只要是教育研究或与教育政策运行、评估等相关的知识都可被视为证据。狭义上，教育政策证据被定义为依靠科学的方法和工具，通过个人经验、专家知识、政治判断、信念和价值观的梳理和总结得到的系统研究成果。

本书倾向广义的观点，认为教育政策证据指教育政策的制定或改变时的依据，包括常识、个人经验、科学调查的发现、专家的知识、实验结果、政策、政府监管与评估结果、政府内部的科研机构报告、NGO研究报告、国际规定、现有的国内外研究、现有的统计资料、利益相关者的咨询意见、以前的政策评价、网络资源、咨询结果、多种政策方案的成本估算、由经济学和统计学模型推算的结果等。总体来说，教育证据类型多样，内容广泛。具体来看，其包含多种层次：教育证据的硬数据，如有关教育事实、趋势、调查信息、现有统计资料、多种教育政策方案的成本估算等；基于经济学和统计学模型的分析与推算结果；相关观点与经验，既包括利于理解问题的教育证据，也有提供高效解决方式的教育证据，如专家知识、国内外研究、利益相关群体咨询意见、教育政策评价等。

三、教育政策证据的特点

（一）教育政策证据的证明性

作为证明问题的根据，教育政策证据存在的目的是证明某项政策主张。证明是一种人们寻找、判断、确认事物或其真实性的活动。教育政策的证明活动是人的认识活动的一种，是证明主体因证明需求的推动、在教育证明领域内进行的、从已知知识求得未知知识并使他人和社会得以信服的一种认识活动。教育政策的证明活动不仅是对教育政策证据的运用，实际上还包含对教育政策证据的发现、收集和确认。证明活动实际上都是在一定证域内以证据现象为轴心展开的。证据现象是证明活动的中心问题，证明活动和证据现象密切相关。证据现象依附于证明活动而存在，证据现实的前提是具体的证明活动。没有证明活动就不可能有证据问题，证据的社会价值存在于证明活动之中。证明是"皮"，证据是"毛"，二者是存与附的关系。证据离不开证明活动，证据以人为的、属于意识范畴的证明活动为存在的基础与前提，舍此，证据便不会存在。也就是说，证据具有"发现-意义"性特点，即证据在进入人的感觉和认识领域之前，即使它是客观存在的，但因其与证明活动无关，也就没有意义，至少是没有证据意义的。反之，证明活动中如果没有证据，整个证明活动就无法展开。证明活动与证据天生是一家，谁也离不开谁。

（二）教育政策证据的信息表征特性

通常，人们认为凡是作用于人类的感官的一切事物都带有某种信息，它们以各种方式对感官产生作用。信息是了解事物的有关情况、必要的情报和资料等的总称，它表征了物质的属性，广泛存在于人类社会。人类社会的万事万物的变换更迭都需要信息的作用。现代社会的教育政策活动实际上就是教育政策信息的搜集、传递、加工、使用、反馈的过程，即输入信息（社会各方面的要求、愿望等）、经过转换（领导集团的决策）、输出信息（制定的政策内容）、信息反馈（政策实施情况）。[①] 当今时代，社会信息化程度空前提高，信息源更广，信息量更大，信息流更快，以至人们用"信息爆炸"来形容它，政府教育政策制定主体在纷繁复杂的信息大潮中驾驭教育政策信息的能力，直接关系到教育政策制定是否科学，执行教育政策是否有效，决定着教育政策活动的水平。

信息是事物在运动过程中其运动规律和相互联系的表征，人们通过信息的采集与加工了解事物，教育政策的各个方面内容都以信息的形式体现出来。教育政策信息包括教育政策问题信息、教育政策制定信息、教育政策实施信息、教育政策反馈信息等全部教育政策活动的信息。如果以事实和价值为标准，又可将这些信息分成三种类型：事实性信息、价值性信息与规范性信息。事实性信息主要是指有关客观事实方面的信息，是对政策现象的客观描述。价值性信息指政策具有何种价值，政策支持或体现了哪个群体或阶层的价值。规范性信息主要是指针对政策问题的解决应该采用何种行动或方法。这些信息有显性的，也有隐性的，甚至还有隐藏起来的，需要政策制定主体的耐心观察、主动寻找，力求准确把握这些信息。

教育政策证据是可以得到的有关教育问题的事实或信息组，用于表明一种理念或建议的真实性和有效性。换句话说，教育政策证据是基于信息的一组主张或表达。信息是教育政策证据的原始成分，是教育决策的先决条件。只有在大量信息收集的基础上产生假设或观点，证据才有支撑；信息只是多个渠道的事实、数字，证据是为观点服务的，信息只有成为支持观点的必不可少的材料时，才能被称为证据；信息收集更强调信息采集来源的宽泛、多样，信息之间可以是孤立

---

① 王福生. 政策学研究. 成都：四川人民出版社，1991：214.

的，而证据分析更强调证据的可靠性和分析性，要基于观点和假设的推理。政策信息采集的及时性、可靠性和全面性是政策制定科学化的基本保证。林德布洛姆认为，"如果没有基于信息的讨论和专门的职业性研究的帮助，一个政策制定者通常会感到无所依据"[①]。

证据之间是有关联和逻辑性的。证据关系就是证明活动各要素及证据现象各要素之间的信息联系。证据现象的本质联系就是一种客观存在并且能够被人们掌握、认识、组织、整合和理解的信息系统。其证明功能依赖其内在的有机组成系统的信息来获得。因此，信息转化为证据关键取决于证据的开发与采集技术的突破，要设计各种教育事实原始记录的工具和手段，使它们易操作、可重复，使不同的人可以得出同样的结果，要让决策建立在证据基础上，而不是感觉或印象。

传统的政府决策依靠经验判断，主观直觉居多，从基层调研出发、利用信息分析进行决策的意识不强。一些政府部门的决策信息依赖写作班子或下级执行部门上报、听会议、看简报等手段，往往报喜不报忧。一些政府部门之间，条块分割严重，造成信息资源"孤岛"现象。由此导致的决策不当、预测不准、规划不周的后果可想而知，造成的损失也将难以估量。因此，建立多元共治的信息资源网络，完成信息向证据的科学转换，为决策提供有效支持，成为决策能力现代化的必然要求。

（三）教育政策证据是人类认识活动的结果

教育政策证据不同于信息。教育政策信息需要经过人类理性和科学的加工才能构成证据。教育政策信息庞杂，教育政策制定相关主体需要对收集到的教育政策信息进行甄别、筛选，然后根据所获信息本身的特点和方便决策者使用的原则，对信息进行加工、存储、创新、传递、传播，只有这样才能帮助教育决策者摆脱纷繁杂乱的信息困扰，更准确地认识问题、分析问题，进而做出科学、正确的教育政策决定。从这个意义上说，教育政策证据就是人类认识活动的结果。简单地说，教育政策证据就是知识，教育政策证据现象就是知识现象，是人们对于特定事实的认识和看法，是人们为了进行证明活动、求得未知知识而收集的已知知识以及对知识的预测。其中，证据存在是未知、潜在的知识，证据反映的是已知、显现的知识，证据实践是运用中的知识。这种观点反映了一种知识证据观，指将证据现象视为一种知识（即人的认识的结果），是主客观相结合的结果，在这个前提下再对知识进行观察和研究的证据观念。在所有证据反映现象中，只要

---

① Lindblom C E，Woodhouse E J. The Policy Making Process，3rd. Englewood Cliffs：Prentice-Hall，1993：13-14.

是证据信息，就表现为一种知识，一种关于相关证据现象与特定待证事项相关联的知识。在这种前提下的证据关系不再是一种简单的信息关系——客观世界所有形态中的一般存在形式，而是一种特殊的存在形式，即具有特定知识内容和思想联系的信息关系——知识关系。简单来说，当以系统形式存在的证据存在现象经过证明主体认识之后，就转变为以整体形式存在的证据反映现象，任何证据反映现象其实就是证明主体的一种知识，即对证据存在现象的一种认识结果。

（四）人是教育政策证据认识活动的主体

教育政策证据产生于人的活动。教育政策证据不是天生的，而是因人们的特定证明需求产生的。证明活动是由证明主体主导完成的，只有人类才是证明的主体，证明活动只能在人的主导下进行。人的主体性是证明活动进行的基本前提。证明主体主导支配着政策制定过程中的全部证明活动。证明对象的确定、证据现象的选择到证据组合的运用、证明结论的得出等，都是在证明主体的主导下进行的。

教育政策证明活动中的证据只能是证明主体的认识结果。作为一种客观存在，教育政策证据是人们认识的对象，它不可能自动进入证明活动。它只有在被证明主体认识并且用于证明活动中时，才可能进入政策制定的证明活动。如何选择证据，选择怎样的证据，选择多少证据进入证明活动，都是由证明主体决定的。所以，证据现象的相关性本质与证据现象所蕴含的证据关系在证明活动中是一种主观关系，是一种思想关系，是证明主体对客观存在事物自然联系的反映。因此，政策证据的来源必须广泛。除需要对现有相关研究成果进行系统搜集、梳理和甄选得出的数据和结论外，证据还包括个人经验、专家知识、政治判断、信念和价值观等。

人作为证明主体，通常是以个体形式而不是以整体形式出现的，个体的人不可避免地存在局限性。根据"经济人"假设，人都会追求自己的利益，即都具有自利性。除此之外，每个人都具有理性，通常能够在现在和未来做出使自身效用最大化的合理选择。在决策过程中，决策者做出决定和采取行动是基于系统地分析各种行动路径的成本、效益和风险的。

与传统经济学"理性经济人"的人性假设不同，新制度经济学认为追求经济利益是人的特征，但人不具有完全理性，而只具有有限理性，并具有机会主义倾向。有限理性表明政策制定者未必是无所不能的，理性决策受制于时间约束、不完全的信息以及认知偏见。机会主义就是不仅追求自身利益，而且不择手段地实现自身利益，尽管并非所有行为主体的机会主义倾向都表现得明显，但很难肯定哪些人的机会主义倾向更小。

总之，作为证明主体的人复杂多样，很可能有自己的利益诉求，加上有限理性，导致在证明活动中呈现的证据不可能都是完全客观真实、科学可靠的。为了特定的社会利益，证明主体可以实事求是、客观公正地对待证据现象，也可以颠倒是非、混淆黑白地对待证据现象，甚至还可以无中生有、指鹿为马地对待证据现象……因此可以说，在证据现象的问题上的人类活动都是"证据利益人"的活动，都是在特定利益的驱使下用不同的态度对待证据现象的。

"证据利益人"是指任何证明主体的证明需求都是由其特有社会利益需求决定的。这一利益需求对于证明主体的证明活动将产生决定性的影响，驱使证明主体将其所主导的证明活动服从和服务于自己的证明需求，从而使证明主体成为个人特有的证据利益的代表者。人的理性是有限的，不可能每个人都是全知全能的。所以，作为"政策利益人"的主体除了利益的倾向性之外，还会有证据能力上的不足。因此，对证据现象的不知、错知或一知半解是必然情形，证明主体在品格和能力上都不是毫无瑕疵的，在寻找证据、使用证据的过程中，都可能犯错误，甚至发生故意出错的情况。正因为如此，证据的主体需要多元化，所有利益相关者都需要拿出证据。只有这样，政策制定者才能了解证据的现实情况，而不是偏听偏信，导致错误决策。

（五）教育政策证据质量参差不齐

证据有真有假，有好有坏。克劳塞维茨认为，"战争中得到的情报，很大一部分是互相矛盾的，更多的是假的，绝大部分是相当不确实的。这就要求军官具有一定的辨别能力，这种能力只有通过对事物和人的认识和判断才能得到"[①]。以利益相关者的立场看，由于利益驱动或专业知识和能力欠缺、资金不足等原因，利益相关者收集的证据质量各异，其真伪性、相关性、可靠性等都有待进一步考察。

目前，医学界、教育学界一般偏爱实证研究所得出的证据，甚至将是否进行随机对照试验作为衡量政策证据质量的唯一标准。但笔者认为，因为教育对象的特殊性，不应将"证据等级"或"随机对照试验"等单一方法作为衡量教育政策证据的唯一标准，应综合考虑的因素是证据的可信性、相关性、公正性和推理力等。

可信的证据应具备以下条件：①切实的，即可以直接查看；②权威的，即可

---

① 转引自张保生. 证据科学论纲. 北京：经济科学出版社，2019：9.

接受的，来源于无偏见的资料；③可被证明的，即可通过被调查者来确定。很多时候，我们依赖被调查者提供的证据，通过该方式获得的证据通常由两方面组成：调查工具本身和被调查者的可信度。被调查者的可信度建立在样本选择的科学性和被调查者本身的作证能力和诚信度的基础上，而这一点又决定于他们的客观性、诚实程度和理解调查问题本身的能力，这一点也与被调查者与话题之间的自然联系有关。

与法律实践领域相似，教育政策证据的相关性或关联性是教育政策证据能力的基础，是构成证据具有证据能力的前提条件。美国学者塞耶（Thayer）这样形容证据的关联性：①禁止接受一切无关联性的、不是逻辑上能做证明的；②一切属于逻辑上能做证明用的，除非某项法律原则或规则予以排除，应一律采纳。[①]

教育政策证据的公正性是指教育政策证据生产过程是否公平对待不同利益相关者，是否真正站在教育公益的立场上。教育是一项社会性事业，要办好人民满意的教育，在制定教育政策时就必须基于人民的立场。教育政策中的利益相关者应包括那些影响教育政策决策或受到政策执行影响的群体和个人，他们以不同的方式与教育政策问题发生各种联系，会因为教育政策而获得或失去资源与利益。例如，2001年我国进行的大规模农村中小学校布局调整中，一些地方政府在制定相应的调整标准时，没有全面考虑利益相关者的实际教育需求，其所收集的证据有可能缺乏公正性，导致在政策执行过程中出现"一刀切"现象，引发了一些问题。

教育政策证据的推理力依赖个人的判断力。因为政策证据的质量参差不齐，教育政策决策者就需要对所使用的证据加以审慎地评估与判断，科学、中立地使用政策证据，避免教育政策证据的滥用，所以人们决策的过程首先是一个对证据选择评判的过程，科学的判断当然最好，这就需要证据提供者提供的是"知识诚实"的"最佳证据"。以教育政策研究为例，即需要满足研究方法的科学性、研究样本的代表性、研究结论的实践指导性、其他人群或区域的适用性、研究结论的稳健性、研究过程的可重复性等条件，而不能仅仅依靠研究者的主观臆断。

（六）教育政策证据的使用需要知识管理

知识是对信息进行深加工、经过逻辑或非逻辑思维、认识事物本质而形成的经验与理论。知识既是人类认识的成果，又是人类理解问题、把握环境与获取新知识的锐利武器。政策证据是人对证据有关问题的了解和把握，因此，政策证据

[①]　转引自沈达明. 英美证据法. 北京：中信出版社，1996：17.

就是人类关于政策的知识。上文谈到，证据有质量优劣之分，因此，认识和使用主体需要对作为证据的政策知识进行识别与管理。

关于知识的概念，学者的观点有所不同。经验主义者认为，知识是被证实为真的信念；理性主义者认为，知识是语境中的信息；实用主义者认为，知识是基于经验的理解；社会学者认为，知识是可以交流和分享的经验或信息。知识在人类认知发展链条（即"数据—信息—知识—智慧"链条）中，包括收集、储存、传播以及应用。数据意指已有的事实或事务，构成推论或计算的基础，是指明一种现象某一特征的数字、字符和图像。数据以有望揭示现象某种特征的方式结合在一起时就成了信息。信息对有关某种现象的非琐碎的、真实的主张提供支持时，就产生了知识。因此，信息来自材料的收集，是知识的基础。知识是一种更深入、更丰富、更具广泛性、有活力的信息，它依赖信息的整理。人们在需要做出正确决策时可以随时找到它，并要习惯将它作为决策的基础。但是知识并不像信息那样可以轻易地获得，它总是隐藏在大量信息和数据的背后，需要通过深层挖掘和深入分析才能得到。智慧高于知识，是指人们辨析判断、创造发明的能力，体现在人们用知识解决问题的过程中。知识是智慧的基础，智慧是知识的升华。知识是一种能力，它带领人们步入智慧的殿堂，了解世界的本质。

根据不同学者的不同划分，知识可以分为专门知识和非专门知识、显性知识和意会知识、个人知识与社会知识、主观知识与客观知识、简单知识与复杂知识等。

专门知识不仅要回答"是什么"，还要回答"为什么""如何进行"等问题，并形成完整的体系。非专门知识可泛称为常识。常识也指一般人能够掌握的知识，它与所有人的日常生活和工作相联系。常识作为一种知识，必有它的语境，且其来源和经验密切相关，同时，在各专门知识领域中，有部分内容会随着知识的传播而成为该领域的常识。常识的基本特质包括：①普通常识内容源于经验，能被正常人共享，通常以自然语言表达；②普通常识推理往往需要使用非单调逻辑；③普通常识往往蕴含复杂的语境（包括基础资料和相关信息），对语境有极强的依赖，同时，复杂的语境使得对它的检验、评价也变得十分复杂，并很难形式化；④存在一类特殊的来自专门知识的常识（领域常识）。①

显性知识是以文字、数字、声音等形式表示的知识，意会知识是看不见摸不着、难以表述的知识，包括领悟、信念、情感和心智模式、理想、价值观等。意会是指对复杂性和不确定性较高的模糊情况的理解，它包括情景意识（situational awareness），即个人和组织能够理解人物、地点和事件之间的复杂联系，以推断

---

① 李喜先等. 知识系统论. 北京：科学出版社，2016：103-104.

未来情景并采取相应行动的过程。当一个人注意到其以往的经验和新的观测结果之间存在差距，且这个新的观测结果不符合其世界观时，意会便产生了。意会知识来源于认识者本人的亲身体验，高度主观，与个人的洞察力、直觉、预感与灵感密切相关。这两类知识既对立又相互依存。

人们普遍认为，与单纯利用知识的工具主义相比，循证决策要求决策者知识化，希望政府成为研究型政府。因此，循证决策的实现要求政策知识与科学知识的结盟，以完善的"知识管理"作为政策决策的有力支撑。郭巍青认为，知识管理的步骤如下：①大力发展信息技术，为决策者和公众获得和使用各类政策信息提供便利的信息平台；②广泛整合各种利益，推动社会民主、公众咨询和多元协商的政策网络；③依据专家意见对信息进行分析与解释；④从纵向和横向两方面加强政策学习，包括从过去的政策失败中吸取经验教训、从横向的比较中广泛吸取别人的成功经验。[①]

第三节　教育政策证据的种类

一、根据证据性质划分

（一）描述性证据

描述性证据主要指关于获得某些群体、组织或社会现象在某些特征上分布状况的信息，是对教育现象的全面认识和系统反映。描述性证据来源于描述性研究，描述性研究指阐释、说明或描述某种现象的活动，其关注的焦点通常不在于为什么存在这样的分布，而在于回答这种分布是怎样的，关键是描述的准确性和概括性。描述性研究一个最好的例子就是人口普查，通过人口普查可以准确地描述全国各州县人口的各种特征。教育是一个十分复杂的领域，这种复杂性不仅体现在接受教育的人数之众，也体现在每个人接受教育的时间之长。若要实现教育决策的科学化，就需要对如此复杂的教育现象、教育体系、教育规模与教育质量等有尽可能全面与详细的了解。此时，具备标准化、系统化特点的教育指标便成为决策者倚仗的工具。在为政策制定充当"证据"的角色时，教育指标发挥着指示、比较与预测的功能。

政府所实施的每一项政策都会产生信息。例如公立教育，每年各所学校都会对学生进行登记，这就形成了注册学生名单这样的管理记录。教育主管部门还掌握着教师队伍的信息，其中包括每位教师在哪所学校工作的数据。此外，教师工资的定期发放又会在社会保障体系中形成相关记录。教师又会记录学生出勤的情况，经过整理也会形成一些文件和档案。所有这些在提供公共服务过程中产生的记录都是重要的证据。在美国等国家的教育领域中，这种关于公共服务提供者的系统的、可比较的信息传播被称为"成绩报告单"（report cards），如表2-1所示。这些信息可以提醒民众关心标准化测试中学生的平均成绩、平均师生比、全国或各地区教师的平均薪资等情况，并据此提出更好的诉求。

表2-1 "成绩报告单"案例[①]

国家或组织	名称	受众	主要目的	推动力	内容	比较类别	项目类别
美国	美国"不让任何孩子掉队"学校成绩报告单	社区	问责	获得联邦资金的法定要求	3	4	自上而下
	弗吉尼亚州学校表现标准成绩报告单	社区	问责	弗吉尼亚州学校年检法定要求	3	4	自上而下
	弗吉尼亚州教学标准报告单	地方教育政府部门	问责		3	4	自上而下
纳米比亚	学校自我评估系统	学校	管理/管理工具	由教育部推动	3	3	自下而上
乌干达	学校档案	学校	中央政府反馈	中央教育部	1	1	自上而下

注：成绩报告单内容：1. 投入信息（学生、教师、课本、教室数量与开发）；2. 投入与过程信息（1+留级与辍学率、学校、家长和社区的参与、安全）；3. 投入、过程与成绩信息（1+2+毕业率、升学率、考试成绩）；4. 投入、过程、成绩信息和家长满意度（1+2+3+学生和家长的满意度数据、用户满意度指数）。比较类别：1. 无法比较；2. 标准/目标；3. 学校间比较；4. 标准/目标和学校间比较。项目类别：自上而下：信息由行政数据、EMIS一类的信息系统/标准化测试系统提供。自下而上：信息由教育的参与者提供（如教师、校长、家长）。

目前，引起政府关注的教育指标有各级各类学校入学率、中小学生辍学情况、毕业生就业情况、各级各类学校的师生比、学校经济情况以及普职比例等问题，这些资料都可以作为教育政策制定的证据。

（二）分析性证据

分析性证据指研究者在观察过程中对事物、事件或人物的分析，或对各种关系所具有的意义的理解，可以揭示与某种情况发生相关的一些因素，分析性证据

---

① CAF-拉丁美洲开发银行. 建设一个更有效率的国家：提高设计、执行和学习公共政策的能力. 中国社会科学院拉丁美洲研究所译. 北京：中国社会科学出版社，2016：134-135.

主要来源于对教育政策问题的分析性研究。分析性研究是一种回答"为什么"的教育研究的类型，它的主要目的是说明教育现象发生的原因，探讨教育现象之间的因果联系。例如，分析性研究可以发现与青少年心理问题、校园暴力等问题发生的相关因素，有些研究结果甚至还可以发现到底是什么因素导致问题的发生，揭示出因果关系，从而通过控制相关因素来增加或减少某种情况的发生。但有些研究常常揭示出一些结构性因素，使政策制定者至少在短期内难以有所作为。

（三）评估性证据

评估性证据来自对教育政策的评估。教育政策评估是全面了解教育政策实施情况，并以此为证据进一步改进和完善教育政策的重要手段。教育政策评估性证据是对教育政策是否完成既定目标进行客观、系统判断的经验性资料。教育政策评估是对教育政策的效果、效益和效率进行检验和判定的基本途径，是决定是否对教育政策进行修正、调整、继续或终止的重要依据，是政府部门资源有效配置的基础，是决策科学化、民主化的必由之路。

（四）政策分析预测

因为教育政策的实施大多具有难以逆转性，政策结果的潜在不确定性较大，可测度较低，不适当政策的实行常带来较高的负面成本等特点，对所设计的政策方案进行准确的分析预测就显得非常必要。政策分析者需仔细研究每项方案，根据现有的资料用定性或定量预测的方法预测每项方案，然后提出预测结果的综合报告。政策分析预测一般有定性预测和定量预测两种范式。

政策分析者需要丰富的资料才能提出有价值的政策预测报告。政策预测报告的影响力受许多因素的影响：①报告所依据资料的公正性。②更重要的因素是政策分析者所处的位置。政策分析者与该项目越接近，该报告的影响力就越大。③政策制定者对该政策分析者的信任程度。政策制定者对该政策分析者的报告越信任，该报告的影响力就越大。④还取决于其引起社会关注的能力。能够引起社会的广泛关注和讨论是其发挥影响力的一个重要因素，而更重要的是要引起政策制定者的重视。近年来，各国都认识到政策分析对于政策决策的重要作用，智囊机构在世界范围蓬勃发展，数量增加明显，可以看作是政策证据影响力增大的一个象征。

二、根据证据来源划分

（一）研究性证据

研究性证据是指通过科学研究的方法或符合科学规定的程序或过程而产生的信息。其基本特点是"科学的研究所得"，包括已经在学术刊物公开发表或以内部政策简报形式报送的政策研究成果、目前正在进行政策研究的初步结果、决策机关委托进行的快速政策开发等。实践中，决策机关在明确相关政策议题后，往往会委托1—2家政策研究机构开展政策研究。对一些决策方向较为模糊的政策议题，决策机关更倾向委托2家或以上研究机构开展平行研究，从不同视角为教育决策提供证据。

研究是什么？研究是一种结构性的探索，使用科学的方法论来解决问题、产生新的可用知识，因此，研究是发现问题答案的动态过程。研究一般与"科学"一词连用，强调研究的科学性。科学研究是指人类为了增进知识而进行的系统的创造性工作。因此，研究式证据还可以说是通过系统化的方式获得的信息或事实，例如，通过可复制、可观察、可靠、可检验或从根本上来说有支撑性证明的方式获得的信息或事实。科学家通过科学方法、程序、过程所获得的知识经常被视为"硬知识"（hard knowledge）或"硬证据"（hard evidence），虽然它们在"硬度"上存在差别。由于这些科学的方法、程序、过程的"科学性"区别，其内部也存在不同等级。随机实验在最高层，被称为"黄金标准"，然后是"白银标准"的准实验和相关研究，最后是案例研究。

需要注意的是，单纯的科学研究证据并不可靠。原因在于：①虽然通过RCT得到的证据被称为"黄金标准"的"最硬"的证据，但这一方法只能应用于理想的（或受控的）环境下，即它只能被用来测量两个或少数几个变量之间的关系，但在现实条件下，多个变量往往交织在一起，因此人们很难确定特定几个变量的因果或相关性关系；②在很多情况下，运用RCT等科学方法、程序、过程进行研究得出科学的证据往往需要很长时间，当人们在面临紧急事件的决策时，这种证据就无法提供有效支持。

（二）实践性证据

实践性证据是指基于教育政策实践得来的证据，包括部分地方教育改革的经验和成效、政策试点、结果评估等。

地方教育改革形式多样，其成效和经验可根据地方特点进行推广和试验。例如，郑州市于 2020 年启动"美好教育"，并基于前期开展的行动研究的调研结果，紧密结合郑州教育的实际需要，制定了《郑州市美好教育三年行动计划（2020—2022 年）》，自"美好教育"建设工作启动以来，显现了良好的社会反响和实施成效。开展这一工作的动力直接来源于 2018 年杭州市"美好教育"建设所提供的大量实践性证据，在杭州市提供的教育实践性证据的支持下，为了推广这一改革模式，让更多人实现美好的教育愿景，杭州市的先进做法在郑州市顺利推行。

试点作为一种重要的政策试验形式，在我国广为采用。试点不仅提供了多种政策同时实验的可能性，为选择最优的推广政策提供了空间，还是有利于以其实践结果作为政策评判的最佳证据。试点通过小范围的尝试，检验政策效果，即使存在意外情况，结果仍然可控，能有效减小试错成本。例如，由于我国新高考改革涉及面广、意义重大，且改革效果因地区差异而存在较大的不确定性，因此高考改革的试点工作于 2014 年展开，综合考虑地区经济、社会治理、教育发展水平等因素，将首批试点地区定为上海和浙江，2017 年将北京、天津、山东、海南四地纳入第二批试点地区。

教育政策评估也可以为政策制定提供高质量的实践性证据。完整的教育政策评估可以被划分为三个阶段：准备阶段、实施阶段和结束阶段。对教育政策实施结果的评估同样也是提供实践性证据的关键一步，以价值为准则，以事实为依据，总结政策效果，判断政策价值，解决政策问题，提出发展建议，推动政策完善或新一轮的教育改革。例如，我国自 1953 年起开始制定并实施五年规划，此后在制定下一个五年规划前，都会对上一个五年规划展开组织性的中期评估。在评估阶段，到基层进行深入调研发现问题的过程就是广泛收集实践性证据的过程，这些证据不仅可以及时解决问题、调整计划，同时也为下一个五年规划的编制提供有效的实践性证据。

（三）经验性证据

经验性证据是指政策相关主体在教育政策制定或执行过程中积累的经验或判断，包括专家知识、决策者既往决策经验、政策执行者（特别是最基层的政策执行者）的执行感受和经验等。

在执行政策过程中，政策执行者，特别是最基层的政策执行者或者"街头官僚"，每天要面对大量与特定政策紧密联系在一起的利益相关者——公司、学校、社会组织、利益集团以及普通公民，利益相关者对政策执行者（特别是基层执行者）提出了大量在很多情况下远超过其所拥有的操作权限和应对时间的要求，而且这些要求彼此之间往往相互冲突。在这种情况下，通过运用自己拥有的自由裁量权，政策执行者（尤其是"街头官僚"）将根据不同利益相关者所拥有的权力资源差异，对他们提出的不同要求形成差异化的应对策略，即置之不理、部分满足、拖延满足、交换满足、完全满足。[①] 更重要的是，在这一过程中，政策执行者逐渐掌握了特定政策领域中不同利益相关者的不同期望：如何满足不同利益相关者的不同期望，在何种程度上满足这些不同的期望，如果不满足这些不同的期望会对自己及自己所在的机构、政府乃至社会产生什么影响。这些实践性信息或证据并不像科学知识或证据那样显而易见，它们很难通过科学方法来测量或量化，因为它们本身就是默会的实践知识，或者说，它们的运用需要特定的语境。尽管如此，它们并非不重要，相反，它们非常重要，因为如果政策制定者在制定相关政策时没有参考这些经验性知识或证据，那么这些政策虽然看上去很完美，但由于忽略了相关的实践性知识或证据，这些政策可能最后会因为无法被有效执行（甚至无法被执行）而归于失败。

（四）利益相关者证据

利益相关者证据指与教育政策利益相关者相关的信息或事实。利益相关者指受政策影响的、同时也影响政策有效实施的人群。一般包括五个类型（图2-1）：政策投入中的资源提供者、政策转换中的资源管理者和合作伙伴（包括外部咨询者、供应商、提供支持的机构或个人）、政策产出中的目标群体与受益者（包括直接受益者和间接受益者）。[②]

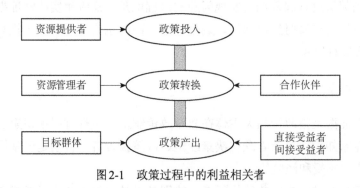

图2-1　政策过程中的利益相关者

① Head B W. Three lenses of evidence-based policy. Australian Journal of Public Administration，2008，67（1）：1-11.

② 诸大建，刘淑妍，朱德米等. 政策分析新模式. 上海：同济大学出版社，2007：11.

　　任何一项教育政策都有利益相关者，有特定的政策目标群体。作为与教育政策联系最紧密的利益相关者，政策目标群体有自己的利益诉求，参与教育政策制定的愿望强烈。同时，他们拥有自己的利益、信仰、习俗与处理特定议题的特定方法，以及对特定政策执行结果的切身感受，然而，政策利益相关者的诉求表达或政策感受信息往往是政策制定者和政策执行人员所缺乏的。从本质上说，教育政策就是决策主体就利益相关者的利益和价值进行分配和表达的活动。因此，在政策制定过程中，坚持教育政策制定的民主性，允许作为与教育政策休戚相关的利益相关者（尤其是目标群体）参与，认真倾听他们的声音和诉求，才能提高教育政策的合理性与合法性，得到人们的理解和认同，更利于贯彻执行。相反，"没有对他们的需要、未来期盼和渴望的准确了解，没有对他们所思所行所愿的关注，绝对不可能有好的政策制定，更不可能有好的政策执行"[①]。我国在制定《国家中长期教育改革和发展规划纲要（2010—2020年）》的过程中，便广泛听取社会各方面的建议，采取"问政于民、问需于民、问计于民"的策略，重点关注利益相关者的教育诉求。

　　如果政策制定者以及一些政策执行者缺乏这些信息或证据，就可能导致以下结果：①由于忽视了利益相关者尤其是政策目标群体的利益、习俗或信仰，这些政策可能会遭到他们的抵制而归于失败；②政策目标群体拥有一些能够更加有效解决特定政策议题的方法，而忽略了这些方法，人们就失去了获取更有效解决这一政策议题的机会；③政策目标群体会对特定政策执行结果拥有切身体验，他们比其他行为主体更能体察到政策结果的效力，如果忽略他们的切身体验性信息或证据，人们就无法确切地了解到相应政策的影响力。

（五）环境性证据

　　教育政策是关于维护、分配和创造教育公共价值的相关制度和行为准则的选择，然而，教育政策的功能并不是在真空中进行的，而是有其存在的环境的。教育政策环境是指教育政策及其作用对象生成于其中的社会背景。教育政策环境是教育政策赖以存在的土壤，主要包括政治文化（包括政治心理、价值取向、民主类型以及历史传统等）、政治体制（包括国家的权力结构、代表性机构的产生方式、权力机构间的关系，社会监督的合法性渠道、利益诉求的渠道与权利范围以

---

① 胡平，汪日红. 公共管理有效性的文化融合机制. 中国行政管理，2017（3）：15-20.

及社会对权力机构的制约方式等）、经济发展水平与结构（包括人均GDP、三次产业结构、城乡一体化程度）、社会发展水平与结构（包括NGO的组织化水平、数量、结构与行为、社会资本的类型、集体行动的能力以及人均受教育程度等）及对外开放程度（包括区域内与区域间的交往范围、对外经贸关系、不同国家间的流动性水平等）。[①]

教育政策与其环境之间的关系是一种相互的和动态的关系。教育政策环境是已有教育政策体系作用的结果，反过来，教育政策环境作为现实因素和证据，又决定着教育政策的制定和选择。

三、根据证据等级划分

美国教育部按照方法的严格程度将证据划分为六个等级，建构了证据等级金字塔。这六个等级分别为随机实验、准实验研究、前后对比研究、相关研究、个案研究、传言或掌故。[②] 杨烁和余凯认为，从这个等级分类来看，较好的证据来源无疑是科学研究的成果，其中最重要的证据莫过于实验研究。因此，他们认为可将证据分为实验研究、非实验研究和实践经验三大类。[③]

（一）实验研究

实验研究是指政策研究人员与政策利益相关群体以伙伴方式合作，实施拟在现实中采用的政策干预。干预的结果需要记录、追踪，这些数据就是决策者所需的证据。实验研究可以分为随机实验和准实验两类。随机实验是指在一些实地实验中采用随机分配的办法把受试者分为"干预组"和"对照组"，并对实验对象即"干预组"进行政策干预的证据获得方式，对实验研究效果的评价主要应从随机分配、对照组以及实验前后测的变化三个方面来进行。准实验是指在没有采取随机分配和对照组的实地实验研究。因此，二者的区别主要在于参与者是否被随机分配并使用不同干预手段。教育研究的对象是人，人具有复杂性、多变性，与自然科学研究不一样，很难做到严格的实验控制，因此，教育研究领域的实验研

---

① 杨冠琼. 公共政策学. 北京：北京师范大学，2009：17-18.

② 邓峰. 教育政策演进与教育评估转型——美国提高基础教育质量的经验与启示. 北京大学教育评论，2013，11（1）：181-188.

③ 杨烁，余凯. 美国教育政策循证研究的理论与实践：对中国的启示. 复旦教育评论，2019，17（6）：91-96.

究多为准实验研究。

（二）非实验研究

非实验研究主要包括政策方案实施的前后对比研究、相关研究与个案研究等，不涉及研究者实施的干预或者某种处理。研究者往往通过观察、测量或者描述一种教育现象，然后回顾已有研究来找到产生某种条件的原因，或是用来描述因政策带来的某些态度、信念和行为的调查。

实验研究和非实验研究都属于实证研究的范畴。实证研究即基于事实和证据的研究，强调用科学的方法，获得科学的数据，得出科学的结论，接受科学的检验。[①]华东师范大学连续几年召开"全国教育实证研究论坛"，目的就在于推动我国教育实证研究的繁荣与发展。

（三）实践经验

除了严谨的研究证据，教育决策者也要考虑从其他渠道获得的证据，包括决策者、专家和利益相关者的经验、洞察、信念以及其他成功实践的经验等。这些证据具有外在性、组织性、间接性等基本属性，对管理决策产生着导向作用。因此，这也是决策过程中不可忽视的证据。

实践经验作为教育政策证据是有法律依据的。在法律界，著名的"经验法则"指人们在长期生产、生活及科学研究中通过对客观外界普遍现象与内在规律的认识形成的一种知识性规范。在原始意义上，它是人们通过日常生活经验所获得的有关事物的性质、形态及因果关系的法则。[②]在诉讼证明意义上，经验法则是人们通过亲身经历的领悟或者借助多方面的有关信息资料而获得的知识，是涉及事物的因果关系或者常态性状的事理法则。经验法则是在对事物做出判断时所构成的前提性知识或法则，它并不是一般性的某一具体事实，而是在经验的基础上通过众多反复出现的同类事实得出的一般性结论。经验法则可分为一般经验法则和特殊经验法则，前者主要是指一般生活经验，后者主要是指特定领域内的专业知识。

综上所述，政策证据意味着"由信息支持的论点或主张"，更准确地说，它

---

① 刘选. 实证研究怎么做：让研究者困惑的地方——来自华东师大第二届全国教育实证研究论坛的启示. 现代远程教育研究, 2017（3）: 18-25.

② 毕玉谦. 证据制度的核心基础理论. 北京：北京大学出版社, 2013: 19.

意味着所有"与决策相关的信息"。恰如英国政府发布的报告所言：证据的原始成分是信息。良好的政策制定依赖于高质量的信息，它有多种来源——专家知识、现有的国内和国际研究、现有的统计数据、向利益相关者进行的询问、对之前政策的评估、新的能够适用的研究，或者包括因特网在内的二手资源。①

---

① Cabinet Office. Professional Policy Making for the Twenty First Century. London：Cabinet Office，1999.

第三章　教育政策证据的生产

第一节　教育政策证据的生产主体

教育政策证据生产问题伴随着国家和政策现象出现。从国家产生到19世纪末以前的漫长时期里，作为传统求知方式的权威法、经验法、思辨法成为这一时期政策论证的主要方法。19世纪以后，用于理解社会和社会问题的方法发生了根本的变化，这一变化反映在实证、定量和政策相关的研究的发展中。之后，随着教育政策科学化的需要，用于获取政策证据的量化研究的方法和技术更加完善，实证主义的传统被发扬光大。后又经过了人们对实证研究"价值无涉"的质疑，人们对教育政策的研究更加理性，现在，人们借以获得政策决策的证据的多元主义研究范式被广为接受，实证主义不再一统天下。[①] 教育政策证据来源方式的多元化使得分析其具体来源比较困难。本书尝试从来源主体的角度对其进行划分。

教育政策参与者是指在整个教育政策运行周期中，在政策制定、实施与评估等阶段上对政策问题、政策过程、政策目标群体主动施加影响的人员。这些人员既包括个人，也包括群体或组织。

约翰·金登将政策参与者分为可见参与者和潜在参与者。他认为，可见参与者，亦即那些受到很大压力和受到公众关注的行动者，包括总统及其高级任命官员、重要的国会议员、媒体以及政党和竞选者之类的与选举有关的行动者。可见，参与者主要影响政策议程。如果某一议题由可见参与者提出，那么它被提上政府议程的机会就会增大；如果该议题受到这些人的重视，那么它进入政府议程的机会就会增加。与政党领袖、主要专业委员会的主席之类的重要国会议员一

---

① 褚宏启. 教育政策学. 北京：北京师范大学出版社，2011：49.

样，行政当局（总统及其任命官）也是强有力的议程设置者。潜在参与者则包括学者、研究人员、顾问、职业官僚、国会工作人员以及为利益集团服务的工作人员。[①] 这些潜在参与者形成了各种组织松散的专家共同体，他们对于特定领域的问题很专业、很熟悉。他们努力通过演讲、议案说明、国会听证、向新闻界透露消息、发表论文、对话或午餐会等多种形式传播自己的想法，相互批评对方的观点，完善和修改自己的想法，并产生新的想法，以此影响备选方案、政策建议和解决办法。

根据对教育政策制定的影响方式和作用大小，陈学飞在其主编的《教育政策研究基础》一书中将我国教育政策参与者大致分为核心、中心、边缘三个层次。他认为，个体或者组织之所以被称为教育政策参与者，在政策制定、实施与评估等阶段上对政策本身发生影响，是因为其具有政策证据生产的能力，作用机制在于其能生产出对公共利益或者其个体（组织）有利的证据。笔者认为约翰·金登的观点忽视了政策目标群体的参与意识和微弱的影响力，认同陈学飞等学者的政策参与者的三个层次说。笔者将以陈学飞教授三个层次说为依据，论述不同参与者的不同政策证据生产（表3-1）。

表 3-1　政策参与者分析框架[②]

参与方	参与资本	参与方式	参与约束	参与规则	影响力
政策决策者	官僚行政体制	签署政策、圈阅、面谈、会议、提交政策草案	信息和时间的有限性	利益平衡政治稳妥寻求共识	核心
社会精英	知识和行政外权力	建言、书信、探讨会、座谈会、调研、考察、代言人	权力的有限性	科学主义理性决策寻求支持	中心
社会大众	舆论和群众活动	听证会媒体呼吁集体行动	权力和知识的双重缺失	个人利益或社会利益	边缘

一、教育政策核心参与者

教育政策核心参与者指决策者，即掌握教育政策决策权力的人，其政策主张对政策决策起决定性作用，亦被称为"决策者"或"政策制定者"。他们的参与资本主要基于官僚行政体制，通过法定的渠道正式参与决策过程。

---

① 杰伊·沙夫里茨，卡伦·莱恩，克里斯托弗·博里克. 公共政策经典. 彭云望译. 北京：北京大学出版社，2011：147.

② 陈学飞. 教育政策研究基础. 北京：人民教育出版社，2011：272.

（一）党和国家领导人

在我国，党和国家领导人主要包括中共中央、国家机构、全国政协的主要领导人。一般以中共中央总书记为首，至全国政协副主席为止。

（二）作为立法机关的人民代表大会

立法属于国家的重大政策制定活动。中华人民共和国国家立法权由全国人民代表大会及其常委会行使。地方各级代表大会也是我国的国家权力机关，它们在本行政区域内，保证宪法、法律、行政法规的遵守和执行，依照法律规定的权限，通过和发布决议，审查和决定地方的经济建设、文化建设和公共事业建设的计划。

（三）党中央、国务院及相关部委和地方各级政府

在我国，中国共产党是全国人民的领导核心，在政策制定中起主导作用。作为执政党，它代表广大人民群众的根本利益和普遍意志，其主要作用是集中力量对整个国家实行政治领导、思想领导和组织领导，抓好对国家政治、经济、文化、社会发展具有指导意义的大政方针及其基本政策的制定工作，同时对国家各个时期经济社会发展中的重大问题提出政策建议。

行政机关是指依据宪法和行政组织法规定而设置的依法行使国家行政职权的国家机关。在我国，国务院是国家最高行政机关，它和国务院所属工作部门，是我国行政机关体系的核心，称中央行政机关。地方各级人民政府及其职能部门、派出机关为地方行政机关。

（四）教育部、省教育厅（教委）、教育局等各级教育行政机构

通常，教育行政部门是教育事务的主要管理者，也是教育政策制定的主要部门，承担着教育政策制定的主要任务。但在一些重大教育政策制定中，党中央和国务院是直接的政策制定者。

因此，我国教育政策的核心参与者，是执掌国家教育事业权力的执政党和国家机构，它们就是广义上的政府，是教育政策的制定者或教育事业改革的决策者。政府系统是一个金字塔形的组织系统，政府系统的机构分化、层级分化和部门分化，使许多政策问题的解决需要依靠部门之间的合作，而非单一部门能够独立完成的。教育问题也是一样。教育政策涉及的范围广，在教育政策过程中，常

常涉及其他部委，如国家发展和改革委、财政部、人力资源和社会保障部等。如果相关教育政策的制定和落实涉及其他部委，相关部委都会积极参与，并从各部门管辖工作的角度提出政策建议。①

政府因为自身拥有管理职能，掌握着社会信息资源。从各种政策、法规、命令、制度等内源性信息到民间、环境、媒体、私人等外源性信息，凡是与公共利益相关的信息资源都属于政府管理的范围。据统计，我国政府掌握着社会信息资源中80%的有价值的信息。②政府在获取政策证据信息时具有强大的权威性、一定的强制力和广泛的社会动员能力，使其在证据信息采集内容的丰富性、证据信息的高质量和时效性，以及获得信息渠道方面拥有其他主体难以企及的绝对优势，因此是教育政策证据生产的核心主体。

二、教育政策中心参与者

（一）国内的教育研究机构及其专家学者

1. 政府内的研究机构

政府内的研究机构主要指的是国家教育发展研究中心、中央教育科学研究院、地方教育科学研究院（所）等在政府有关部门领导下和指导下的事业单位。这些研究机构在体制上隶属政府部门，在研究工作上主要向核心参与者负责。

【案例】国家教育发展研究中心③

国家教育发展研究中心（National Center for Education Development Research）是在改革开放之后国家强调决策科学化、民主化，亟需专业化的机构充当科学决策咨询"智囊团"的背景下，伴随着国家教委的成立而开始筹建的。1986年，国务院批准建立国家教育发展研究中心，隶属于教育部，性质上是典型的官方智库，是国家教育宏观决策咨询研究机构。

中心始终秉承着"为教育宏观决策服务、为教育改革发展服务"的宗旨，贯彻科学决策精神，注重问题导向，体现中国特色，坚持4个定位：

一是开展教育发展战略和体制改革的重大决策研究；

---

① 朱旭峰. 中国思想库政策过程中的影响力研究. 北京：清华大学出版社，2009：15.
② 张颖春. 中国政府决策专家咨询制度建设研究. 北京：中国社会科学出版社，2016：157.
③ 本部分主要参考国家教育发展研究中心网站及《中国教育绿皮书》（2000—2008年）.

二是承担国家重大教育政策调研、重要教育文稿和文本起草、教育发展前瞻性和战略性问题研究任务；

三是与地方及学校合作进行教育科学研究，开展国际比较与对外合作研究；

四是宣传解读国家教育政策，推动教育改革创新实践。

目前，国家教育发展研究中心的内设机构主要有8个（表3-2）：综合研究部、专题研究部、国际比较与对外交流部、战略发展研究部、政策评估研究部、区域发展研究部、教育治理与廉政研究部和党政工作部。内设机构涉及领域广泛且全面，多部门协同工作以保证教育研究的顺利开展。

表3-2 国家教育发展研究中心的内设机构及证据研究职能

内设机构	证据研究职能
综合研究部	承担参与教育部党组交办的党和国家领导人、教育部领导重要文稿及党中央、国务院和教育部重要文件起草工作；负责起草以中心名义上报、刊发的重要文章；组织开展习近平总书记教育思想研究；负责研究成果的编辑整理；承担中心领导交办的工作
专题研究部	承担参与部党组交办的负责跨领域、综合性重大教育决策咨询课题专项调研的组织、协调和实施；统筹协调部领导交办任务及司局合作项目；承担基本科研业务费专项课题管理及一般科研管理职能；负责研究成果的编辑整理；承担中心领导的工作
国际比较与对外交流部	研究世界教育的发展趋势、主要国家和地区及国际组织的政策动态，开展国际教育政策分析和研判；重点开展教育对外开放与人文交流研究；承担国际交流与合作职能；负责研究成果的编辑整理；承担中心领导交办的工作；负责中心与北京外国语大学等单位共建"教育部教育开放发展研究中心"的组织协调工作
战略发展研究部	围绕国家教育发展战略重大决策、重大问题，组织开展跨领域战略发展研究；负责研究成果的编辑整理；承担中心领导交办的工作；负责中心与华东师范大学共建"中国教育发展战略研究院"的组织协调工作
政策评估研究部	对重大教育政策、方案及实施效果进行跟踪、监测和评估；开展国家重大教育方针政策解读工作；负责研究成果的编辑整理；承担中心领导交办的工作；负责中心与首都师范大学共建"中国教育政策评估中心"的组织协调工作
区域发展研究部	研究地方教育现代化、跨区域教育协同发展战略规划与政策；开展区域教育现代化及有关专门领域的实验研究；组织协调区域教育合作项目；负责研究成果的编辑整理；承担中心领导交办的工作
教育治理与廉政研究部	开展教育体制、教育财政、教育廉政的理论与政策研究，为教育治理与廉政建设提供决策参考；负责研究成果的编辑整理；承担中心领导交办的工作
党政工作部	主要承担工作协调、活动安排、批办事项并督办落实处理、日常行政事务、负责编辑报送《国教专报》《国教要报》工作

2. 政府外的政策研究机构

政府外的政策研究机构主要有三类：①由政府资助和管理的专门研究机构，如科学院和社会科学院系统；②各种独立的、民间的研究机构，如成立于2002年的21世纪教育研究院；③大学中的研究机构，如北京大学中国教育财政科学研究所、清华大学教育政策与管理研究所及由中国教育民主促进会中央委员会和北京师范大学共同组建的中国教育政策研究院、由国家教育发展中心与首都师范大学共同组建的中国教育政策评估研究中心等。

【案例】北京大学中国教育财政科学研究所

北京大学中国教育财政科学研究所（后简称"财政所"）是我国第一所专门致力于教育财政研究的学术机构，是一个创新政府与大学合作机制的试验，由财政部、教育部和北京大学共同成立，由三个部门的主管领导担任该所的指导委员会主任。财政所被它的建立者给予了"深入研究公共财政在教育事业发展、并进而在促进国民经济高速增长和社会和谐发展中的重要作用，将最新的理论研究成果和国际成功经验提供给政府部门，参与决策咨询和政策设计"的职能。研究所的发展目标是努力成为中国教育财政领域最重要的思想库和能力建设基地，以推动中国公共财政改革和教育财政改革为己任，为中央有关部门和各级地方政府的重大决策提供参考依据；组织与推动研究者、政策制定者和各类教育利益相关者进行有效的交流与对话，提高国内教育财政领域的整体研究水平。

政府外的政策研究机构有三个特点：①研究工作有较强的独立性和自主性，不易被政府部门的意图和倾向所影响。②人才集中，研究领域广泛。③通过各种方式影响教育政策的决策，如承接政府交给的研究课题；将自己的研究成果通过期刊和传媒广为宣传，形成舆论，影响政府；或者与政府进行人员交往，包括向政府输送人员，接受卸任的官员进入教育研究机构工作等。[1] 政府外的研究者作用发挥也具有两面性。相对来说，这些研究机构的研究者独立性强，这是优势，但研究成果影响政策的难度大，成功率也相对较低，这是劣势。

（二）国际组织及其专家学者

国际组织是指国际政府间组织，即两个以上主权国家的政府为了特定目的，以一定的协议形式建立的跨国机构。国际教育组织是国际组织的重要组成部分，是收集各国教育资料，为各国进行教育研究、掌握世界教育发展现状提供材料的跨国机构。比较著名的国际组织有：联合国教科文组织、经济合作与发展组织（Organization for Economic Co-operation and Development，OECD）、联合国儿童基金会等。这些组织及其专家学者的教育研究影响我国教育政策主要有以下四种方式。

---

① 袁振国. 教育政策学. 新世纪版. 南京：江苏教育出版社，2001：60-61.

1）以明确的政策导向推动国家的教育宏观决策。例如，联合国教科文组织从1948年的《世界人权宣言》到21世纪的《联合国新千年发展目标》都将教育公平作为实现全人类共同发展的基本手段，这对各国的教育宏观政策产生了极为重要的影响，为各国的教育决策发挥导向性的作用。

2）通过国际比较的指标为国家的教育宏观决策提供参考。在我国教育政策制订过程中，很重视国际比较尤其是发展中国家的指标和国际平均指标。

3）通过制定共同规则影响教育宏观决策。国际组织致力于通过谈判、沟通等手段制定共同规则，从而对一国的教育政策产生直接影响。其中，世界贸易组织规则（WTO协议）就是典型代表，教育也日益成为WTO协议的重要内容。例如，国务院于2003年颁布的《中华人民共和国中外合作办学条例》，就强调了世界贸易组织规则与中国教育服务承诺的衔接。

4）通过提供资助和组织科研活动来为教育政策提供参考和动力。例如，"中国中小学绿色教育行动"（Environmental Education Initiative for China，EEI）就是世界自然基金会和英国石油公司与教育部合作的结果。1997年至今，EEI取得了重要成效。2003年印发的《教育部关于印发〈中小学环境教育实施指南（试行）〉的通知》成为国家级环境教育的指导文件。

总之，教育政策的中心参与者主要是指有组织的政策专业研究人员，他们主要以报告和论文的文本形式呈现其研究成果，这些研究成果是一整套对政策制定者、执行者或资助机构具有说服力的、以证据为本的、有关决策或应当如何行动的建议。这些研究人员及其所属机构基本可以用"教育智库"一词概括。智库（think tank），也称思想库、智囊团，是为政府部门公共决策机构提供研究与咨询服务并通过宣传影响民众的专业机构，有政府"外脑"之称。智库掌握了先进的政策分析技术，对社会问题或政策问题做长期跟踪研究，所提出的政策建议以经验数据与实证分析、行为实验及循证检验等为基础，致力于改进公共政策质量，为政府和社会提供数据、信息、技术和思想观念服务。

作为智库类别之一的教育智库是指以教育专家为主、跨学科专家为辅组成的，为各级各类教育决策者在处理教育方面问题时提供专业的思想、理论、策略或方法等的公共科研机构。[①] 教育智库在教育领域发挥着为帮助政府思考，以科学知识为基础推动政府教育政策变得更有效率的作用。如早在1957年就成立的中央教育科学研究所（现为中央教育科学研究院）就是国家教育智库。成立于2002

---

① 曾天山，王小飞，吴霓. 澳新两国教育智库及其服务政策决策研究——澳大利亚、新西兰教育科研考察报告. 比较教育研究，2013（8）：35-40，53.

年的21世纪教育研究院，其发展目标是成为最具公信力的民间教育智库。该研究院成立以来出版的年度报告《中国教育蓝皮书》，以民间视角记录、探讨中国教育的改革和发展。其专题研究成果，政策建议，人大、政协两会提案以及策划组织的教育热点问题的公众讨论等，在推动教育变革上发挥了积极作用。2010年成立的中国教育政策研究院，发展定位是努力建设成为民进中央在教育领域参政议政的一个高水平、常设机构与工作平台以及国内领先、国际知名的教育政策研究中心和国家教育政策的高级"智库"。

德罗尔将智库定义为"权力与知识的桥梁"，其使命应集中在对决策做出基于科学研究的跨学科贡献，其研究人员应享有很高程度的发现和研究问题的自由。公共政策研究机构有6个独立的特色：使命、富有批评精神的大众、方法、研究的自由、客户依赖、产出和影响。[1]智库提供三类服务以满足意见市场的多种需求：①知识和专家的意见，这是因为这里聚集了最好的思想家和实践者，可以提供第一流的政策建议。②倡导和论证。在发挥这个作用的时候，智库的作用在于为那些在最大限度的合法形式下表达自己利益的公司和基金充当智囊团。③智库提供组织和技术服务的职能，这意味着智库要与决策者形成对话和建立共识，同时还要从事公众教育。因此，智库不仅可以担当知情者，是政策进程中的基本构成部分，还可以担当局外人，通过极具进取性的推销，将其开展的研究和分析传播给政策精英和公众，进而将其思想融入政策。

三、教育政策边缘参与者

我国教育政策的边缘参与者包括以下几个部分。

（一）利益团体

利益团体指与某个政策资源分配密切相关的团体。《布莱克维尔政治学百科全书（修订版）》对利益团体的定义是："利益团体是致力于影响国家政策方向的组织，他们自身并不图谋组织政府。"[2]利益集团赖以发挥作用和影响力的资源包括知识信息及其他组织资源和政治资源。其代表会通过利用所掌握知识和信息提出明确的利益诉求，或基于自身的资源基础支持某个（些）政党和政治家等行为

① Dror Y. Think tanks: A new invention in government. In Weiss C H, Barton A H, eds. Making Bureaucracies Work. Beverly Hills: Sage, 1980: 145.
② 戴维·米勒, 韦农·波格丹诺. 布莱克维尔政治学百科全书. 修订版. 邓正来译. 北京：中国政法大学出版社，2002: 385.

方式，来表达和追求所在团体的利益。

与计划经济时代相比，当前我国的社会利益结构呈现多元化趋势，各种利益集团相继出现。但整体而言，我国的利益集团发展还比较落后，对政策的影响力还较弱。教育领域内的利益集团也具有上述特征，且更为复杂，分布更为广泛，但力量仍较薄弱。例如，民办教育政策所涉及的民办学校举办者、办学者和民办学校的教师、学生家长等就是主要的利益团体。它们是民办教育立法中的主要政策客体，即目标群体。其作用主要是为决策者提供民办教育发展的实际情况和存在的问题信息，并表达自己的利益诉求。这种参与主要来源于决策过程民主化以及调查研究的要求，但制度化的保障机制尚需进一步完善。

（二）大众传媒

大众传媒是指以报纸、电视台、广播电台、互联网络等为载体的信息传播系统。在当今的信息时代，大众媒介已经成为人们认识客观环境的主要工具，是公共政策制定过程中的重要手段。作为国家和社会之间的关键连接，大众传媒能够影响政府和社会公共问题及其解决方案的偏好，因此在西方被称为"第四种权力"。施拉姆和波特认为，"媒介很少能劝说人怎么想，却能成功地劝说人想什么"[①]。大众传媒通过提供媒介对客观世界的报道，使大量焦点事件冲破地域限制，第一时间曝光于民众面前，并影响着人们对客观环境的判断。

其中，媒介传播的信息量的多少以及重要程度是最主要的两个变量。信息量越大，人们越可能做出更加全面、客观的判断，但是也可能造成"舆论压力"，使得人们犹豫不决。信息的重要程度越高，越容易受到人们的密切关注，在一定程度上可以加速信息的传播和决策的产生，典型的例子就是国务院于2012年颁布的《校车安全管理条例》。鉴于大众传媒快速性、强劲性和直接性的特点，影响公众对社会热点议题的看法和国家对重大问题决策，大众传媒可以被视为政策制定的边缘参与者。

（三）政策目标群体

政策目标群体，又称目标团体、政策对象，即学生、家长、教师、校长以及其他被教育政策影响的群体。他们深受教育政策的影响，但参与教育政策制定的机会往往较少。他们中有一部分人会成为安·马克捷克等口中的业余（偶然）的

---

① 威尔伯·施拉姆，威廉·波特. 传播学概论. 陈亮，周立方，李启译. 北京：新华出版社，1984：276-277.

政策研究者，因为政策研究不仅仅是一个专业，它对于不是全职或付薪从事政策研究的人来说，也是一项有用的技术和资源。几乎每一个人都可以成为一个"业余的"政策研究者：教师、社工、经理、职员、父母、运动员等，人们被一些事务困扰，对改变有激情，有足够的动力去系统地探索那些已知的或未知的与某个问题有关的原因、结果和解决方案，有哪些是已知的，还有哪些是未知的。①

与专业的政策研究者相比，业余（偶然）的政策研究者表现出两点不同。

第一，偶然的政策研究者开始研究的时候未必能引起政策制定主体的注意。他们处于政策决策层之外，分散在广大民众当中，通常仅仅是因为他们的兴趣或关注点而研究政策问题和干预特定对象，如失学的贫困孩子、支教教师的生活等。受害人群可能是偶然的政策研究者的潜在受益者，但是他们并不能使用这些偶然的政策研究者获得的证据。因此，偶然的政策研究者可能不得不为其研究寻找注意。专业的政策研究者则不需要这些，那些委托其研究的人或组织会帮助其引起决策层的注意，或者直接将其研究结果作为证据呈送给决策层。

第二，偶然的政策研究者在研究中能够更具弹性地使用多种研究方法，如观察、访谈、实地实验、抽样问卷调查和个案研究。而专业的政策研究者经常被期望或被限制使用较为高级的分析方法，如使用复杂的统计定量分析方法以及有关就业、健康、经济活动等方面的大量事实数据的经济模型。专业的政策研究者有时也被期望对各种可相互替代的干预措施进行成本-效益分析，偶然的政策研究者在这方面没有严格限制。

第二节　教育政策证据的生产内容

一、教育政策核心参与者的证据生产

（一）政务信息与电子政务

"政务"是指国家的政治事务，泛指各类行政管理活动。在我国，党、政府、人大和政协从事的都是政务工作，都是"政务"的主体。政务信息是指政府部门为履行职责而产生、获取、利用、传播、保存和负责处置的信息，它是人们

---

① 安·马克捷克，林德·马库斯. 如何做好政策研究：讲证据、得人心、负责任. 李学斌，邹宇春，周晓春等译. 重庆：重庆大学出版社，2020：4.

全面考察社会情况，从事政治、经济、科技、军事和文化活动必不可少的国家资源。从政务信息来源的角度来看，上级向下级输出信息的主要形式有法规、"红头"文件、电报、会议、新闻媒介、对话、领导批示、政治学习等；上级从下级获得信息的主要形式有书面的报告、请示、实地调查、情况反映、简报、统计报告、来信来访、意见箱、座谈会、新闻媒介、对话、听取汇报、谈心、建立联系点，以及通过某些非正常的表达意见了解情况等方式。[①] 它涵盖：政府发布的各类公告、法规及文件；政府部门在工作中使用、处理和产生的信息；从媒体、公众、社会采集到的，并帮助政府解决实际问题的信息；为政府决策而在网络中或数据仓库中挖掘得到的信息；政府研究机构经过分析、综合、组织等得到的分析报告、汇总数据、统计表格等信息。

政务信息资源是政府工作与政府决策的基础证据。政府正是通过大量快捷准确的信息来洞察和总揽全局，预测和把握走势，以便做出正确的决策，抓住机遇，求得发展。离开了政务信息，政府决策将成为"无米之炊"。为了更好地发挥政务信息在改革、管理、创新、决策等领域的重要作用，推动政务信息资源共享和数据平台对接在大数据时代显得尤为重要。

根据政府信息资源的形成过程，人们一般将政府信息分为两大部分：①传统政府部门在管理过程中形成的各种历史记录和文件信息，包括各级政府颁布的法律法规、政策及统计信息等；②在电子政府环境下形成的各种电子化、数字化的政府信息，也称电子政务信息。

电子政务是政府部门或机构利用现代信息科技和网络技术，实现高效、透明、规范的电子化内部办公、协同办公和对外服务的程序、系统、过程和界面。电子政务在早期阶段只是在政府网站的信息发布、网上投票以及其他一些政府活动，在经历了网络呈现、互动、交易以及转型等几个阶段的发展后，当下的电子政务更加注重一体化的公共服务，这对于打破以前存在的信息储存系统之间的相互分割、各自独立的现状，打通各类数据库之间的交换通道，实现信息系统整合和信息资源共享，具有十分重要的意义。电子政务一体化的建设目标是通过一个端口将所有部门和机构的信息系统链接起来，以提供广泛的电子化公共服务，包括公共政策信息的"一站式"服务。

然而，电子政务在促进政策证据获得方面的功能是有限度的。由于传统观念与习惯的影响，以及在计划经济条件下形成的"条""块"分割的现象，在电子

---

① 朱光磊. 当代中国政府过程. 修订本. 天津：天津人民出版社，2002：227.

政务建设过程中，一些部门依然把自己所掌握的公共信息视为"私有财产"和权力基础，在信息传递过程中"报喜不报忧"，甚至垄断、控制公共信息资源，在横向部门之间形成一个个"信息孤岛"，影响证据的传播和有效运用。

（二）政策试点

政策试点是指国家或地方政府在进行某项风险比较大的改革之前先做小型试验，以验证决策的合理性，并从中吸取经验和教训的做法。朱光磊指出，在中国，党和政府所推行的任何一项较为重大的政务活动，几乎都要经过试点阶段，它是党和政府政治上慎重特点的集中表现之一。[①]试点是中国治理实践中特有的一种政策测试与创新机制，其作为在中国"土生土长"起来的一项治国理政策略和政策方法论工具，是渐进性转型路径和"摸着石头过河"思维的具体实现形式。2012年12月31日，习近平总书记《在十八届中央政治局第二次集体学习时的讲话》中曾指出："我们是一个大国，决不能在根本性问题上出现颠覆性失误，一旦出现就无可挽回、无法弥补。同时，又不能因此就什么都不动、什么也不改，那样就是僵化、封闭、保守。要采取试点探索、投石问路的方法，取得了经验，形成了共识，看得很准了，感觉到推开很稳当了，再推开，积小胜为大胜。"[②]

从改革开放四十多年的历程来看，中国经济发展迅速，教育事业成就显著，这在一定程度上体现了中国政府方针政策的有效性，也表现出中国政府的决策特色。例如，以"政策试验"为基础的"摸着石头过河"，为中国复杂而艰难的改革提供了简单而适用的认识论和方法论工具。中国政策过程中将来自基层的建议和地方积累的经验注入国家的"政策试验"机制，被学者视为一种特有的"中国模式"。同时，中国政府具有很强的执行力，在政府出台一项政策之后，政府可以及时调配社会多方面资源推动政策执行。

政策试点是中国政府遵循"由点到面"逻辑、以试验手段制定政策的一种常规性工作方法。试点类型按照偏重时间和偏重空间两个维度分为试点项目和试验区，其中，前者强调在一定时间范围内进行，后者强调在一定空间范围内进行。在试点项目中，又按照目标导向分为探索型、测试型和示范型。对于试验区，则

---

① 朱光磊. 当代中国政府过程. 修订本. 天津：天津人民出版社，2002：182.

② 习近平关于协调推进"四个全面"战略布局论述摘编. https://www.12371.cn/special/xjpzyls/sgqm/3/.（2015-11-11）[2020-08-09].

参考了国家发展和改革委员会曾采用的根据自身职能分类的方式，将试验区从纵向分为国家综合配套改革试验区、部省共建试验区、国务院部委指导建设的试验区和地方自建试验区（表3-3）。[①]

表3-3　试点分类表

类别	特征	类别	特征	实例
试点项目	侧重时间维度，在一定时间段和一定范围内进行	探索型项目	赋予试点单位相应权限，要求其制定新政策方案	现代学徒制试点
		测试型项目	某项政策全面推行在个别地区或部门实施，观察实际效果	教育管评办分离改革试点
		示范型项目	选择部门地方或部门按高标准执行新政策，进行积极展示	卓越教师培养改革试点
试验区	侧重空间维度，一系列项目在一定区域内集合	国家综合配套改革试验区	国务院批准，对口发改委，内容宽泛	国家特殊教育改革试验区
		部省共建试验区	各部委与各省政府签署合作协议	教育部与甘肃省共建职业教育助推城镇化建设改革试验区
		国务院部委指导建设的试验区	部委在各级地方布置建设	教育部公布改革职业教育办学模式试点地区
		地方自建试验区	各级地方政府独立或合作建设	成都市社区教育实验区

（三）教育督导和评估

教育督导是我国教育法明确规定的基本制度之一，是指在国家教育法律法规的指导下，国家教育督导部门对下级教育行政部门和学校进行的指导、监督、检查、评估，以保障国家教育目标的实现。教育督导代表的是国家的教育意志，它的主体是国家教育督导部门以及受其签约委托并具有教育督导资质的第三方评估机构。督导的内容包括督政、督管和督学。其中，督政即督查下一级政府部门和教育行政部门履行教育职责和落实教育方针政策的情况；督管即监督、检查、评估和指导学校的教学质量、办学行为以及学校管理等诸多方面的情况；督学即监测和评估学生的学业水平、学生全面的发展、教师的教学等。

为充分发挥我国教育督导的督政功能，改革督导工作机制和方式，国家教育督导团决定从2006年起，每年发布《国家教育督导报告》并形成制度，每次围绕教育的重点工作，针对群众普遍关心的热点问题进行全面、客观的分析和评价，推动各级政府切实履行教育职责，大力加强和改进教育工作。2015年2月26日印

---

① 郑剑，李冉，陈振凯等. 试点：改革的中国经验. 南京：江苏人民出版社，2018：12.

发的《教育督导报告发布暂行办法》规定，各级人民政府教育督导机构负责本级教育督导报告发布工作，教育督导报告分为专项督导报告、综合督导报告和年度督导报告。专项督导报告是教育督导机构就《教育督导条例》规定的一项或者几项督导事项，对被督导单位实施专项督导后形成的督导报告。综合督导报告是教育督导机构就《教育督导条例》规定的所有督导事项，对被督导单位实施综合督导后形成的督导报告。年度督导报告是教育督导机构根据一个年度内实施专项督导和综合督导的情况，总结形成的督导报告。督导报告一般通过政府网站、报刊、广播、电视等方式发布，便于公众知晓，必要时可召开新闻发布会对外发布。督导报告能客观、公正地反映督导中发现的问题，准确、客观、具体地提出督导意见，为政策制定者提供教育发展现状证据。

教育评估是指根据一定的教育价值观或教育目标，采用科学的方法和手段，通过系统的收集、分析信息资料，对教育活动、教育过程和教育结果进行判断与估量的过程，也是促进学校改进工作、提高教育质量、教育管理部门加强宏观管理的过程。教育评估主要有合格评估、办学水平评估、选优评估及学校内部评估等形式。

教育督导与教育评估的指导思想、基本目的基本一致，都是为全面落实党和国家的教育方针，加强教育工作的科学管理、全面提高教育质量为根本目的。二者的主要区别见表3-4。

表3-4　教育督导与教育评估的区别[①]

项目	教育督导	教育评估
职能范围	具有行政性、执法性和权威性，履行政府的监督、检查、指导、评价、反馈等职能	通过价值判断实现导向、鉴定、激励及改进职能
主体范围	县级以上地方各级人民政府授权的教育督导机构，自上而下的评价	教育行政部门、学校、上级对下级、平级之间、下级对上级的评价
对象范围	教育行政部门和学校涉及与国家教育方针、政策、法规有关的教育问题	与各级各类教育活动有关的一切人和事
结果效用	提出意见和建议，被督导单位必须接受并采取相应的改进措施，结果具有一定的行政效用	提出意见和建议，用于鉴定、评优、改进工作，无制止某种行为的权力，结果被行政接受才具有效用

（四）教育统计

统计是指对某一现象有关数据的搜集、整理、计算、分析、解释、表述等活

① 曾天山，褚宏启. 现代教育管理学. 北京：教育科学出版社，2014：387.

动。统计活动应用到教育领域就是教育统计。教育统计是教育事业发展的重要综合性基础工作，教育统计数据是国家宏观调控和科学决策的重要依据。我国教育统计工作制度始于新中国成立初期，由教育部负责。改革开放以来，我国教育监测与评价统计指标体系和教育统计报表制度不断改革，各项统计机制逐步健全，在统计标准化、统计信息技术、数据质量核查机制等方面不断完善、内容不断扩张。目前，我国教育行政部门每年完成的各类统计资料包括《教育事业统计公报》《中国教育统计年鉴》《中国教育事业统计简况》《统计摘要》等，为宣传教育成就、科学制定发展规划、人才资源报告、基本建设项目立项等提供了宝贵的数据支撑和多样化服务。

教育部于2012年开始筹划构建"国家教育科学决策服务系统"，旨在深度融合决策研究与信息技术，全面整合历年各级各类教育统计、经济社会发展和国际比较等海量数据资源，以破解教育改革和发展的难题为任务导向，深入分析现存问题，客观评价发展状况，科学预测发展趋势，为国家及各地教育管理决策提供科学支撑，为社会公众提供综合数据服务。2013年，教育部结合"教育现代化进程监测评价指标体系"的构建和研制，对系统进行了充实和完善，可多视角、生动、直观、立体地呈现中国教育在世界上的位置，监测、评价全国各地教育现代化的状况和水平。

需要注意的是，数字有时会"说谎"，人们在看到很多数据及结论时，需明了预防统计陷阱的八项原则，防止出现统计陷阱：①根据抽样得出的结论一定要采用具有代表性的样本；②在样本量足够时误差才会较小，结论才会可靠；③对敏感隐私问题需多方验证；④看到平均数时首先问问平均了什么；⑤注意同一种数据的不同展现方式带来的陷阱；⑥大部分结论有其限定条件和适用范围；⑦口径不一致的数据不能拿来比较；⑧两个数字同时变化并不能用于说明因果关系。[1]

（五）教育考试

在教育系统中，学生的学业成就是评估教育制度表现的基本工具。学业成就指学生在一定时间段内，在他人的指导和帮助下所获得的学习结果，包括文化基础、情境态度、言语信息、动作技能、策略技能、智慧技能和创造性。学业成就的测量指标通常包括智力、学业成绩、升学状况、文凭或学历等。由教育考试获得的学生学业成绩是衡量学业成就的最简便、有效、公正的指标。因此，国家教

---

[1]　转引自谢明. 公共政策分析. 2版. 北京：首都经济贸易大学出版社，2015：20.

育考试和大规模教育测试成绩可作为证据反映政府推行教育政策的效果，如果把从多个现场获取的数据结果结合起来，就可以大致确定教育政策的整体效果。

二、教育政策中心参与者的证据生产

（一）专家咨询

1. 专家及专家意见

现代社会与前现代社会的重要区别就是，一方面，人们熟悉和了解某个专门领域，越来越多的人可以成为专家；另一方面，人们涉及其他领域时，就需要依赖其他领域的专家。因此，现代社会离不开专家，可以说，我们进入了专家时代（age of experts）。[①]

专家指具有特殊知识或专门技能的人，这种特殊知识或专门技能不是专家先天拥有，而是后天通过严谨的科学训练或具体工作实践积累获得的，专家通过其接受的教育和/或经验而被认可。知识精英的高度参与本身就构成了重要的证据基础，这是当今世界许多国家高度重视决策过程专家参与制度建设、运行和维护的重要原因。专家意见通常比我们迄今考虑的大多数证据更可靠，原因是他们比一般人掌握的信息更多，也更能对这些信息做出更好的判断。其所享有的超出个人经验的优势在于，他们通常能够解决什么是典型的、什么是非典型的这一关键问题。

2. 政府决策专家咨询

现代社会公共问题日益复杂化、专业化，很多决策涉及面广，专业性强，仅靠政府部门或单一决策者是无法包容的，必须发挥专业人士的作用。各国无一例外地选择了"专家咨询制度"，以弥补决策者有限理性的缺陷，帮助实现政府决策的科学化、民主化，使政府政策获得最广泛的支持。政府决策专家咨询被定义为"政府部门在决策过程中寻求专业化、科学化的支持、论证或启发，向特定领域内专家进行咨询的过程，其核心是实现决策的民主化和科学化"[②]。如重庆市在2004年开始建立决策咨询专家委员会，并提出了三条咨询专家遴选标准，即"学有所长、知识渊博、视野开阔、长于思考；热爱重庆、关心民众、乐于奉

① 张颖春. 中国政府决策专家咨询制度建设研究. 北京：中国社会科学出版社，2016：16.
② 黄健柏，罗梅健，薛亮. 政府决策专家咨询理论研究综述. 科学决策，2008（1）：38-42.

献、愿尽绵薄；直言不讳、铮言直谏、要言不繁、真知灼见"①。

3. 专家座谈

专家座谈是目前政府机构在研究探索问题时比较常用的一种搜集信息的方法。其通常做法是，邀请若干位领域内的权威专家，通过主持人的引导，就某一个问题进行开放和深入的讨论，达到各抒己见、互相启发、集思广益、取长补短、集中各方意见的目的。

专家座谈法相对简便，组织专家同时发表意见，可以快速、有效地搜集到大量的宝贵资料，即能够最大限度地发挥专家知识结构和能力结构的效应，充分利用众多专家的经验智慧。并且，一组人同时进行讨论，可产生"思维共振"，进而发挥创造思维的"滚雪球"效应，即一个人的观点可能引发其他人的一连串反应，有可能在较短的时间内得到富有创造性、较为全面的信息。专家座谈法的弊端在于：参加人数有限，代表性不足；容易受到在座权威和语言表达能力强的专家的影响；座谈时间有限等。

即使专家意见也并非一贯可靠，因为目前几乎每个领域的知识都在迅速扩张。一个世纪之前，人们有可能获得不止一门学科的专业知识，今天的学者一般专长于某一学科的某个方面，否则可能难以跟上这一方面的重要进展。所以，专家的意见比一般人的意见高明，这往往限于专家的专业领域，如果超出其专业范围，专家所言的分量要重新评估。因此，在寻求专家的过程中，应仔细考察其背景，包括权威机构的教育或训练、该领域内做出判断的经验、作为专家在该领域内同行中的声誉、该领域内取得的成就（包括发表的学术论文和获奖情况等）等。

（二）教育政策研究

1. 教育政策研究的内涵

教育政策是国家公共政策的重要组成部分，它既是人们获取知识和技能有关的法律规章，也是教育管理机构对教育资源进行权威控制的过程。教育政策的每次调整都意味着重大的教育改革，既直接影响宏观教育事业发展的方向、速度、规模和效益，又间接影响微观教育活动的质量和效益，关系着社会和个人接受教育机会的质量。教育政策如此重要，需要通过科学研究才能识别并分析教育政策的成败得失，以利于后续政策的优化和调整。研究是为了达到某个目的收集和按逻辑分析数据的系统过程。套用研究的定义，教育政策研究是以教育政策决策及

---

① 张颖春. 中国政府决策专家咨询制度建设研究. 北京：中国社会科学出版社，2016：99.

实现更优效果为目的、收集和按逻辑分析数据的系统过程。政策研究涉及广泛的主题、事件、态度倾向、方法、方法论和利益问题，因此，政策科学表现出跨学科和综合性的特征，政策决策者需要掌握大量的不同领域的主客观知识。

2. 教育政策研究的种类

在论述政策类型时，政策科学的提出者拉斯维尔认为，政策科学包括两大任务——探究有关政策过程和政策过程中的知识，政策研究包括所有"为政策"的研究以及"对政策"的研究。① "为政策"的研究主要通过考察教育政策的目标、效果及其运作以改进现行政策或通过调查论证、比较研究，为政策问题提供新的政策方案，即改进现有政策或提供政策备择方案。这类研究本质上是教育研究，是对于某一个具体教育政策问题的研究，主要是为教育决策提供政策建议，直接服务于政策决策者，其研究质量主要取决于教育研究的整体水平和对某一个教育问题的研究水平。"对政策"的研究是把政策或政策过程本身作为理解和研究的对象，将其看作经济发展水平、利益集团博弈、政治制度、文化特征等要素的变量，目的是更好地理解教育政策实践或教育政策现象。这类研究主要描述和解释政策的运作过程，以增进对政策现象及其生成、发展过程的理解。它既包括对整个教育政策过程的研究（即教育政策问题的界定、教育政策规划、教育政策法治化、教育政策执行、教育政策评估等），也包括对教育政策内容的研究（即研究教育政策可行性、教育政策的执行机构和人员、政策执行后的影响、政策规划的内容、执行配套方案等）。

3. 教育政策分析

教育政策分析是指政策分析者为了解决教育问题或达成特定的教育目标，采用各种分析方法对教育问题、政策目标、政策方案、政策执行和政策效果进行分析，为决策机构和决策者提供有关政策信息和建议的过程。教育政策证据的获得多源于教育政策分析，教育政策分析的基本内容有价值分析、事实分析、规范分析和可行性分析。

本质上说，教育政策分析是一种教育政策的研究活动和评价活动，都是为了达成既定目标，通过各种分析方法对目标政策进行细致分析的活动。但是教育政策分析有其自身特殊性：①分析范围有限。教育政策分析一般以现实的政策为分析对象，而教育政策研究可以研究历史的、现实的、比较的，也会涉及理论的和实际的政策。②研究方法独特。与教育政策研究相比，教育政策分析有其独特的

---

① Lasswell H D. A Preview of Policy Science. New York: Elsevier, 1971: 1.

研究理论模式、评价方法和评价标准。一个好的政策分析强调有逻辑、有效、可重复性方法的重要性以及为决策者提供信息，便于决策者采用经济上可行、技术上可能、伦理和政治上可接受的政策，以帮助解决公共问题。

具体来说，成功的政策分析具有如下特点：在界定问题时的具体努力；对选项的穷尽寻找；对不确定性的明确认识和小心处理；对敏感性的具体测试；对假设、边界、限制的明确说明；在成为信息和证据之前对数据的准确性和相关性的审慎检查；对模型的适当选择和开发；对模型合理性的证明和测试；对主观判断的明确和证明；对其他人利益的足够重视，包括普通民众；撰写可以用于以后考虑这个问题的报告；至少有一个初步实施规划；对将受到负面影响的环境、后代和利益团体的明确认识；对公平问题的注意和对受损人员的补偿；与道德标准和公众福利的一致；对选项进行政治和组织可行性调查；努力发现可能会使政策实施成为灾难的隐含成本；分析小组与客户或赞助者的经常交流；广泛的关于工作的文件和证明。[①]

4. 教育政策评估

教育政策评估是评估主体根据一定的标准和程序，运用科学的方法，对教育政策的效率、效益及价值等进行的评价和判断。教育政策评估可以对某一项具体的教育政策进行科学系统的诊断和把脉，精准地掌握某些政策的现状和问题表现，以便为决策者提供准确、翔实的政策表现证据，有助于决策者科学、客观地看到该项政策的效果，找准影响问题解决和工作推进的瓶颈，有针对性地解决问题。[②]近年来，教育领域中一些重大政策和规划也开始注重政策评估，如《国家中长期教育改革和发展规划纲要（2010—2020年）》在前期制定、中期执行过程中都开展了相应的评估工作，2015年11月26日，教育部发布《国家中长期教育改革和发展规划纲要（2010—2020年）》中期评估报告。

（1）教育政策评估的特点

教育政策评估是一项系统性工程。由于教育系统内部结构的复杂性、教育影响因素广泛性、教育政策的利益团体多元化等特征，教育政策评估既具有政策评估的一般特性，也存在评估的独特性。具体来说，教育政策评估有以下八个特点：评估的价值性、评估目标的模糊性、评估对象的多样性和因果关系的不确定

[①] 转引自卡尔·帕顿，大卫·沙维奇. 公共政策分析和规划的初步方法. 孙兰芝，胡启生，顾平安等译. 北京：华夏出版社，2002：278.

[②] 王蕊. 教育决策科学化还须政策评估来问诊. 光明日报，2018-01-30（013）.

性、评估过程的动态性、评估标准的多元性与一致性、评估方法的局限性、评估系统的反馈性、评估结果利用的困难性。[①]

（2）教育政策评估的类型

根据不同的划分方法，教育政策评估被划分为不同的类型。从评估活动的组织形式看，可分为正式评估和非正式评估；从评估主体在政策活动中的地位看，可以分为内部评估和外部评估；从评估所处的阶段看，可以分为预评估、执行评估和后果评估。此外，加拿大学者豪利特和拉米什根据进行评估的行动主体的角度，把政策评估分为行政评估、司法评估和政治评估。[②]

（3）教育政策评估的基本内容

一般来说，评估政策影响需要重点关注的内容主要包括政策对目标群体产生的影响、对目标群体以外的群体产生的影响、对近期以及未来产生的影响、直接成本、间接成本、机会成本以及物质性影响和符号性影响等。美国政治学家荻辛曾描述了公共政策所追求的5种理性：①技术理性，即公共政策是否对社会产生效用而解决人类面临的科学技术问题；②经济理性，即公共政策是否以最低的成本提供最大的效益，或者提供固定的效益而消耗最低成本；③法律理性，即评定公共政策是否符合成文的法律规范和各项先例；④社会理性，即断定公共政策的内容是否与社会上流行的规范与价值一致；⑤实质理性，即政策是否追求上述四种理性中的两种或两种以上内容，以及能否解决各项理性之间的冲突问题。[③]

（4）教育政策评估的方法

在政策科学领域，为了追求评估质量和评估效益，政策评估方法的选取取决于价值取向、评估范式、评估目的、评估对象等核心概念的确定。教育政策评估方法众多，较常用的方法有前后对比法、成本-收益分析法、成本-效益分析法、社会实验法以及包含专家判断、管理者判断和参与者判断的判断法等。无论使用什么样的评估方法，都必须重视实践一线采集到的那些确凿、客观、有说服力的证据，要关注教育政策的利益相关者，尤其是社会大众和弱势群体对政策的看法，他们的反馈更能反映真实的政策问题以及推动政策的改进完善。

（5）教育政策评估的标准

政策评估在本质上是寻求、证明和确定政策价值的过程，作为一种价值判

---

① 高庆蓬. 教育政策评估研究. 东北师范大学博士学位论文, 2008.

② 迈克尔·豪利特, M. 拉米什. 公共政策研究：政策循环与政策子系统. 庞诗等译. 北京：生活·读书·新知三联书店, 2006：295-300.

③ 转引自林水波, 张世贤. 公共政策. 台中：五南图书出版公司, 1982：521.

断，就应先建立相应的价值尺度，即要有评估标准，它是政策评估者在政策评估过程中据以对政策方案和政策效果进行优劣判断的准则。大部分研究者认同的政策效果有直接效果、附带效果、意外效果、潜在效果、象征性效果五种类型。但对于政策评估标准，国内外学者在这个问题上还没有达成共识（表3-5）。

表3-5　公共政策评估的依据和标准[①]

学者	公共政策评估的依据和标准
巴尔达奇	1. 技术可行性； 2. 政治可行性； 3. 经济和财政可能性； 4. 行政可操作性
威廉·邓恩	1. 效果：结果是否有价值？ 2. 效率：为得到这个有价值的结果付出了多大代价？ 3. 充足性：这个有价值的结果的完成在多大程度上解决了目标问题？ 4. 公平性：成本和效益在不同集团之间是否等量分配？ 5. 回应性：政策运行结果是否符合特定集团的需要、偏好或价值观念？ 6. 适宜性：所需结果（目标）是否真正有价值或者值得去做
林水波和 张世贤	1. 投入工作量：在政策执行过程中所投入的各项资源的质与量和分配状况； 2. 功效：依据具体明确的目标，分析政策对客观事物与政策环境所造成的实际影响。绩效既包括政策推动的结果，又合乎民众心目中认定的满意程度； 3. 效率：投入工作量与绩效之间的比例关系； 4. 充足性：满足人们需求、价值或机会的有效程度，反映了绩效的高低； 5. 公平性：政策所投入的工作量和产生的绩效，在社会不同群体间公平分配的程度。政策的类型不一样，所反映的公平性的角度和观点也不一样； 6. 适当性：政策目标和所表现的价值偏好，以及所依据的该假设是否合适； 7. 执行力：探求影响政策成败的原因，进而导致因果模型的构建； 8. 社会发展总目标：对社会状态与发展的数量描述与分析，既反映过去的动向，又可作为社会现状的说明，其特征是以描述性指标为主
周树志	1. 公共政策评估的一般标准：公共政策评估活动中共用的和通用的标准，是社会评价的标准，包括政治标准、社会功利标准、生产力标准、社会实践标准和历史进步标准； 2. 公共政策评估的特殊标准，即不同类型的公共政策行为的评价，各有自己专门的评估标准，主要是以它们各自的内在的目标规定作为标准； 3. 公共政策评估的主观标准，公共政策评估最终是由具体的评价者进行的，评价者不仅要掌握和运用政策评估的一般标准和特殊标准，而且他个人的主观评价标准在政策评价中也起着至关重要的作用，包括主体的价值观标准、兴趣爱好标准、利益标准等
张国庆	张国庆在《现代公共政策导论》一书中，从一个较独特的视角提出了评估的首要标准和次要标准的概念。他认为，对于一项政策的整体评估是建立在若干单元评估基础上的。所以，他把用于整体评估的标准称为首要标准，把用于单元评估的标准称为次要标准。在这个意义上，他得出的结论是：总量评估和首要标准是自变量，而单元评估和次要标准就成了因变量。但他对首要标准和次要标准的具体内容没有进行阐释。这样，他就从立体的角度构建了一个评估标准的架构
周树志	1. 公共政策评估的一般标准：公共政策评估活动中共用的和通用的标准，是社会评价的标准，包括政治标准、社会功利标准、生产力标准、社会实践标准和历史进步标准； 2. 公共政策评估的特殊标准：不同类型的公共政策行为的评价，各有自己专门的特殊的评估标准，主要是以它们各自的内在目标规定作为标准； 3. 公共政策评估者的主观标准：公共政策评估最终是由具体的评价者进行的，评价者不仅要掌握和运用政策评估的一般标准和特殊标准，而且他个人的主观评价标准在政策评价中也起着至关重要的作用，包括主体的价值观标准、兴趣爱好标准、利益标准

---

① 吴光芸. 公共政策学. 天津：天津人民出版社，2015：188.

续表

学者	公共政策评估的依据和标准
陈振明	1. 生产力标准：是政策评估的首要标准； 2. 效益标准：以实现政策目标的程度作为衡量政策效果的尺度； 3. 效率标准：即政策效益与政策投入之间的比率； 4. 公正标准：指在政策执行后，导致与该政策有关的社会资源、利益和成本在社会不同群体间公平分配的程度； 5. 政策回应度：指政策实施后对特定团体需求的满足程度

　　大部分研究者从上述学者所提出的标准中，结合自己所面对的具体政策实践，有针对性地选择一组标准构成标准体系，对政策实施评估。

　　政府内研究机构参与政策制定的活动主要有两种：一是按照核心政策制定者即政府部门的要求，开展教育政策专项调查研究、政策方案规划等工作；二是围绕核心政策制定者关心的教育问题，独立进行研究和分析，为有关部门提交研究报告或公开发表研究成果。政府内研究机构中专家学者作用的发挥有两个看似矛盾的特点：一方面，他们与政府部门的关系密切，最了解政府部门关心的教育问题，了解决策体制和执行体制的实际运行情况，能够充分利用政府和政党组织的信息情报系统收集资料，提出的政策方案比较容易被决策者接受，政策方案的可行性也比较强；另一方面，政策研究方案规划工作易受政府部门意愿的影响。虽然机构本身自成体系，但与政府外的研究机构相比，政府内研究机构的研究工作独立性要差一些。

　　政府外的政策研究机构有三个特点：①研究工作有较强的独立性和自主性，不易被政府部门的意图和倾向所影响。②人才集中，研究领域广泛。③可以通过各种方式影响教育政策的决策，如承接政府交给的研究课题；将自己的研究成果通过期刊和传媒广为宣传，形成舆论，影响政府；或者与政府进行人员交往，包括向政府输送人员，接受卸任的官员进入教育研究机构工作等。①

　　总之，多种方式的政策研究是一个试图通过为行动中的决策和行动，提供推理严密、证据为本、负责任的建议的方式来支持和说服行动者的过程。在深刻理解政策研究理论证据的情况下，政府内外的研究机构及其他作为专家的学术精英根据科学原则和多元策略，进行教育政策研究与分析，其将研究结果撰写成报告、论文、著作、政策参考与建议等形式，以决策者便于使用的形式和方法提出证据，从而帮助决策者制定出能够让公众接受的"好政策"。其中，社会调查报告被认为是对政策决策有直接影响的社会科学研究成果，最引人注目的就是1966年詹姆斯·科尔曼教授向美国国会递交的题为《关于教育机会平等的报告》，这

---

① 袁振国. 教育政策学. 新世纪版. 南京：江苏教育出版社，2001：60-61.

就是美国社会学史和教育史上著名的《科尔曼报告》。不久，社会评价和政策研究便成为政府决策不可缺少的组成部分。

（三）教育监测和评价

国际组织凭借其在全球广泛的会员体系和强大影响力，成为世界性教育监测和评价体系的主要建构者和实施者，为各国教育的监测与发展提供了基准，同时也促进了世界教育模式的标准化和同形化。

1. 联合国教科文组织的教育统计和监测指标

联合国教科文组织于 1999 年在加拿大蒙特利尔设立统计研究所（UNESCO Institute for Statistics，UIS），专门负责收集、分析和发布具有国际可比性的有关成员国教育、科学、文化发展和交流方面的统计数据，并为全体会员国、联合国教科文组织、联合国系统以及各跨国政府组织、非政府组织、研究机构与大学提供相关服务。截至 2018 年 8 月，UIS 已经开发了 10 套常规教育监测和统计指标系统，为世界各国教育改革提供证据。[①]

这些指标系统包括：

1）全球教育要览（global education digest）：每年发布一期，呈现全球教育发展的最新数据。

2）国际目标（international goals）：主要监测西班牙千年发展目标所制定的有关教育发展目标在全球的进展情况。

3）儿童辍学率监测（out-of-school children）：发布全球被排除在学校之外的适龄儿童的数据。

4）性别与教育（gender and education）：以性别为自变量来统计全球女童和妇女教育的进展情况。

5）高等教育（higher education）：追踪全球、区域和国家层面的第三级教育的发展情况。

6）教师（teacher）：发布全球教师的特征、培训和工作条件方面的数据。

7）教育财政（education finance）：为提高撒哈拉以南的非洲地区的教育质量而特别开发的一套有关教育投入的监测体系。

8）区域数据收集（regional data collections）：与区域合作伙伴共同开发的一套满足各区域特殊教育项目和政策制定而提供相关数据的一套指标体系。

9）学习结果监测（observatory of learning outcomes）：监测全球学生的学术水平和结果。

---

① 谷小燕. 世界教育蓝图与中国教育发展研究. 太原：山西教育出版社，2018：80-81.

10）国际教育标准分类（international standard classification of education）：有关教育体制和教育发展的概念体系和框架文件，用于对世界各国的教育体制和教育发展进行统计和比较。

此外，UIS 还专门为"全民教育"和"可持续发展教育十年"的目标制定了一套全球监测体系。

2. OECD 教育概览和 PISA 测评

OECD 是政府合作讨论解决全球化进程中经济、社会与环境问题的论坛，通过数据收集、分析及政策的集体讨论，帮助成员国政府制定和调整相关政策是其重要工作方式，每年发表经济、能源、环境、贸易、投资、教育等多个领域的研究报告和出版物，《教育概览》是其对教育领域的量化指标进行国际比较的结果。1995年至今每年出版一次。OECD教育指标体系庞大，并且不断进行修正与调整，目前普遍认为该体系是以背景（context）—投入（input）—过程（process）—产出（product）展开的，以提供教育的人力、财政资源投入、教育与学习系统的运用与发展之间关系的数据及对这些数据的解释和运用为目的。

学生能力国际评价（Program for International Student Assessment，PISA）项目是OECD于1997年发起的、为OECD成员国监控教育成效的国际协作评价项目，旨在评估15岁学生在义务教育结束阶段，是否掌握参与未来社会所必需的知识和技能，是否拥有终身学习所必备的基础。PISA应用现代测量理论测试15岁学生在阅读、数学、科学领域的发展水平，配套调查问卷，通过建立一套国际的教育成效评价指标，协助参与国家和地区从国际视角去审视、评价和检测自身教育系统的整体成效，以政策为导向的PISA测试为参与国家和地区制定更加有效的教育政策提供依据。

三、教育政策边缘参与者的证据生产

（一）听证

决策听证是指决策者做出行政决策前允许政策目标群体提供证据、发表意见、进行论证的一种制度。政策决策过程是一个价值判断与事实判断磨合匹配的过程。政策是否符合公共利益，不是政府部门一家说了算，而是政府和社会公众不断进行协商，相互达成一致的结果。决策听证无疑是一种有效的制度设计。决策听证不仅要求做到决策依据、信息和决定"三公开"，而且要允许和鼓励参与听证的各方，特别是利益相关群体，就决策事项进行陈述、质证和理性辩论，在一定程度上融合了决策咨询、参与、监督、评估、反馈等多种功能。因此，决策听证本质上就是一种协商对话，是通过协商渠道推进决策民主、科学的有效形式。实践表明，政策决策听证体现了决策的公正和民主，是一种特别有利于公众参与、防止决策权力滥用、维护相对人利益的制度。推行政策决策听证是增强政府决策体系与公民协商，提高公民对政府决策体系的支持和认同程度，是实现协商民主决策的有效制度安排之一。[①]

1996年3月颁布的《中华人民共和国行政处罚法》首次确立了我国的行政听证制度，规定行政处罚决定前应当告知被处罚人听证权利以及听证程序。1998年制定的《中华人民共和国价格法》正式提出"价格听证"。2000年实施的《中华人民共和国立法法》规定，"行政法规在起草过程中，应当广泛听取有关机关、组织和公民的意见。听取意见可以采取座谈会、论证会、听证会等多种形式"，2015年修正后将听取人群扩大为"有关机关、组织、人民代表大会代表和社会公众"。2004年2月24日印发的《国家发改委、教育部关于建立和完善教育收费决策听证制度的通知》决定在全国进一步建立和完善教育收费决策听证制度，并对听证的范围、形式、代表的构成、代表的产生等具体操作办法都一一做出规定。

【案例】河南公办普通高校学费标准调整听证会召开

河南省召开公办普通高校学费标准调整听证会——拟从2020年秋季入学新生开始执行新学费标准

（2019年）12月10日，河南省公办普通高校学费标准调整听证会在郑州市召开，消费者、人大代表、政协委员、专家学者和高校、社会组织的代表25人作为听证人参加听证。

听证提出方——省教育厅相关负责人介绍说，我省现行公办普通高校本科学费标准已15年未作调整。目前我省公办普通高校学费标准在全国排名倒数第4位，在中部省份排名倒数第1位。在此期间，我省高等学校的公用支出、人员支出等逐年增加，经费不足尤其是学费标准偏低在一定程度上影响着我省高等教育事业的发展。根据省价格成本调查监审局对全省普通高校2015—2017年度教育培养成本开展的调查监审显示，三年平均生均教育培养准许成本为本科21 276.06元/（生·年），专科16 366.90元/（生·年），呈逐年上升趋势。

根据《河南省公办普通高校学费标准调整方案》，本次学费标准调整范围仅限我省公办普通高校本科和专科学费标准，不包括研究生（含博士）、民办高校、独立学院、中外合作办学学费标准等。综合考虑我省经济发展水平、居民承

---

① 樊钉. 政府决策能力现代化. 北京：国家行政学院出版社，2016：72-73.

受能力、高等教育发展水平及周边省份学费标准等因素，拟定了三个调整方案：方案一，平均上调金额本科1068元/（生·年）、专科470元/（生·年），平均上调幅度18.92%；方案二，平均上调金额本科1348元/（生·年）、专科515元/（生·年），平均上调幅度22.65%；方案三，平均上调金额本科1466元/（生·年）、专科548元/（生·年），平均上调幅度24.46%。

此次学费标准调整按照"老生老办法、新生新办法"的原则，拟从2020年秋季入学新生开始执行新学费标准，原在校学生仍按原学费标准执行。对于家庭经济困难的学生，将通过落实国家和省里的资助政策，确保实现入学前、入学时、入学后"三不愁"，顺利完成学业。

会上，听证人畅所欲言、各抒己见，对方案进行了充分讨论论证，大家普遍同意提高学费标准，但对方案提出的调整幅度提出异议，认为幅度偏高不利于促进我省高等教育发展，对百姓承受能力也会产生一定影响。有13位听证人一致同意方案二，"调价幅度适中，与邻省相接近，同时又给予部分高校一定自主权，具有一定前瞻性。"

省发展改革委副主任支安宇说，学费标准调整方案只是征求意见，不是最终方案。会后，将根据听证人提出的意见和建议，对方案作进一步修订完善，修订完善后的方案连同听证报告一并按程序上报省政府。（记者　栾姗）①

（二）公开报道

公开报道是指媒体对于一些有影响的事件予以公开而及时的披露，也就是将相关的信息通过媒介载体公之于众。公开报道体现了媒体的开放性，对大众来说，都有平等接受信息的权利。公开报道可以客观反映舆论，体察民情民意，是信息上情下达、下情上传的重要途径；有些报道很可能引起政策核心群体的重视，进而进入政策议程。

1. 传统媒介新闻

传统媒介新闻是报社、通讯社、广播电台、电视台等传统媒介对于新近发生的事实的报道，因此，又称新闻报道。新闻报道的事实即新闻事实，是指构成一条新闻所必须具备的有传播价值的事实，包含重要性、显著性、时新性、趣味性等要素。一般事实指意义不大、大量存在、重复千万次的事实，它没有传播价

---

① 河南省召开公办普通高校学费标准调整听证会——拟从2020年秋季入学新生开始执行新学费标准. http://www.henan.gov.cn.（2019-12-11）[2020-08-17].

值，不能构成新闻。新闻要报道的是事实，要用事实说话，才能为大众传递客观信息，满足大众了解事情真相的要求。

2. 网络新闻

网络新闻是指通过互联网传播并被受众接收到的新近发生和发现的、重要的、客观事实的信息。与传统媒介新闻传播相比，网络新闻有几个特点使得新闻的传播更广、更快。①传播媒体的主体多元，除传统意义上的专业的新闻机构和新闻工作者外，包括进入网络的传统媒体、专门从事新闻传播的网络自生媒体、非专门从事新闻传播的网络自生媒体以及形形色色的个人传播形式，如个体在微博、微信圈随时可以发布自己的所见所闻等；②与传统媒介信息承载量的有限性相比，网络新闻传播具有超大容量的特点，它创造的电脑网络时空，几乎可以包揽全部信息；③传播环境的全球化和传播关系的交互性、及时性、复制性等，使得新闻的报道更加迅速、及时，提供的信息更加全面、丰富，信息背后的深层次原因得以被挖掘，大众对其关注度更高，形成网络舆情。

（三）网络参与

1. 网络意见表达

互联网的发展、Web2.0 的出现和社交媒体的普及改变了传统的政治生态，信息生产不再被专业化媒体垄断，"人人都拥有麦克风"，作为"沉默的大多数"的普通公民被赋予随时随地发表意见的权利。网络带来的海量信息、"一键转发"的便捷经济、可以按照个性化方式展示自己观点的平台等，大大方便了大众表达意见。公民个体可以不受时空限制地在网络论坛、博客和微博上传信息，发表对政府有关部门和相关公共政策的评论和看法，参与公共政策讨论，利用电子政务系统向政府有关部门的领导发送电子邮件，对某一具体问题提出自己的政策建议，有时候还可以通过特定的网站实现网民与政府官员的在线交流与政治沟通，以表达民意。

广大网民的网络参与为民主政治的发展开辟了一条新的路径。正像 OECD 报告里的一句话："所有经合组织成员国都认识到，新信息和通信技术是提高公民参与公共政策制定的强有力的工具，因为新信息和通信技术所提供的空前的互动程度有可能扩大政府在政策制定中与公民及其他关键的利益攸关方咨询协商的范围、广度与深度。"①

2. 网络舆情

网络舆情是指在某一事件发生后的一段时间，互联网上关于这件事情引起的人们的各种情绪及评价。在网络舆情中，主体是网民，客体是公共事务，载体是百度、新浪、微博、博客、微信等平台，在传达民意方面起着重要作用。相比大众传媒时代的社会舆情，互联网时代的网络舆情有其独特之处：从产生到结束的整个过程时间短而影响力大；传统媒体与网络媒体议题互动使信息传播广泛；网民的积极参与推动舆情发展，政府对事件的回应也更为迅速。这些特点使得网络舆情对社会产生影响，也成为政府部门政策问题解决的证据和推手。如《校车安全管理条例》的出台离不开网络新闻对甘肃校车和江苏丰县校车等事故的传播。周洪宇等正是在看到新闻以后才发现了该问题的严重性，积极向中央建言的同时又在互联网上发表专家意见，并接受微博访谈等，引发社会的进一步关注。

公民利用网络参与政治生活特别是参与公共政策过程，突破了传统公民政治参与的局限，网络成为普通民众自由发表言论的"麦克风"，同时也成为执政者倾听民间真实声音的"收音机"。它一方面为公民提供了崭新的利益表达和政治参与渠道，弥补了传统政治参与模式的不足；另一方面为政府提供了了解民意、调控舆论的平台，拓宽了政府获取政策信息的渠道，为其在决策中更有效地反映民意提供帮助。②

3. 电子咨询

新媒体的出现也改变了政府政策咨询的方式。电子咨询是在电子政务环境下政策制定者（特别是政策利益攸关方）通过信息技术（尤其是互联网平台），就相关政策问题共享政策信息、进行政策对话、参与政策辩论、提供政策建议，甚至直接介入规则制定，以促进政策制定者科学决策，提升公共政策制定的质量。

2020年8月16—29日，"十四五"规划编制工作开展网上意见征求活动，分别在人民日报社、新华社、中央广播电视总台所属的官网、新闻客户端以及"学习强国"学习平台开设"十四五"规划建言专栏，听取全社会的意见建议。公民可进入相关页面建言献策，有关意见建议将汇总整理后提供给中央决策参考。在政策制定过程中开门问策，发挥互联网的作用，倾听民声、汇聚人民智慧，把加

---

① Organization for Economic Co-operation & Development（OECD）. 2003. Promises and Problems of E-Democracy: Challenges of Online Citizen Engagement. Paris, France. https://www.oecd.org. [2020-06-11].

② 王法硕. 公民网络参与公共政策过程研究. 上海：上海交通大学出版社，2013：3.

强顶层设计和坚持问计于民统一起来，是实现科学决策与民主决策和使教育改革"让人民满意"的有效途径。

（四）民意调查

一般来说，公共政策是由政府做出的有关公众利益的决定。如戴维·伊斯顿（David Easton）认为，公共政策是对公共价值的权威性分配。[①]公共政策的制定是一个复杂的过程，政府就社会资源配置、社会生产和社会生活以及社会利益关系选择和制定符合公共利益的切实可行的解决方案，始终存在如何体现民意、接受民意监督、受民意制约等问题。

民意调查作为一种特殊的民意直接表达方式，具有无法比拟的特殊优势。民意调查既可以是政府采取的主动行动，也可以由政党、利益集团、大众传媒发起，还可以作为研究机构、社会精英、社区居民表达民意的手段。民意调查结果经过大众传媒传达到全社会，使政策制定者和全社会获得民意信息，有利于对公共政策进行制约。民意调查的特殊地位还与民意具有随机性和稳定性有关。①民意的随机性。民意调查是建立在数学概率论和数理统计理论基础上的科学归纳方法，是处理随机性问题的天然工具。民意调查依据科学抽样方法，使调查样本与调查母体具有极大的相似性，从而确保调查的普遍性、全面性、客观性、公正性、确切性、科学性乃至前瞻性。民意调查完全可以解决部分公民与全体公民、多数公民与少数公民的民意区别等。②民意的稳定性。民意作为一种社会意识，是人们对当时社会存在的一种反映与表达，一定时期的社会必然具有本阶段的价值观念与主流方向。而且，有些民意从总体上看是保持不变的，比如，公平、正义和孝道等，不管赋予其何种内容、何种形式，人们的追求是永远不变的，在进行民意调查的时候，这些基本价值是相对稳定的。

在现代通信技术空前发展、互联网几乎无处不在的环境下，民意调查获得了前所未有的信息平台。电话调查、面对面或经过信函的问卷调查，被更便利的网上民意调查大量取代，使民意对公共政策的制约更具有直接性、时效性、经济性和大样本性等特点。

（五）社会科学研究

社会科学研究是指运用科学的方法，有步骤地考察社会各种现象，收集必要

---

① 陶学荣，陶叡. 公共政策学. 4 版. 沈阳：东北财经大学出版社，2016：68.

的社会资料并进而分析各种因素及其相互关系，以达到掌握社会实情、解决社会问题、推动社会进步的目的。① 广义的社会科学是人文学科和社会科学的统称，是以人类社会及其发展规律为研究对象的认识活动及其成果的总和。科学是社会科学的品格，理性是社会科学的缘起。与自然科学通过对客观事实的观察与研究以把握事物的因果联系等规律不同，社会科学主要通过对"人是什么""社会是什么"进行研究，目的在于建立人的各种行为（道德、政治、经济的行为等）规范和社会的各种典章制度。因此，社会科学研究的任务是基础理论创新与围绕咨政解决现实问题并举，具有极强的问题导向。

社会科学研究可分为四大类：经验（实证）研究、规范研究、文献研究和思辨研究。② 经验（实证）研究指运用现场观察、访问及社会调查等方法搜集经验资料特别是第一手资料，以回答是什么、为什么的研究；规范研究是以一定的价值判断为基础和出发点来探讨应该是什么和应该怎样做的研究；文献研究是一种通过收集和分析现存的以文字、数字、符号、影像等信息形式出现的资料来探讨和分析各种社会行为、社会关系及其他社会现象的研究方式③；思辨研究主要是运用哲学思辨、逻辑演绎的方法进行概念和理论探讨。

美国学者韦斯（C. Weiss）在其《社会科学和社会政策》一文中归纳出社会科学知识在公共政策领域应用情况的7种模式④——知识推进模式、解决问题的模式、相互作用的模式、政治模式、应变模式、启迪模式、社会知识产业模式，具体阐释了社会科学研究在政策制定中的重要作用。如社会知识产业模式意指社会科学家的政策研究，不会局限于回答决策者提出的问题，往往会越过原来规定的问题边界，对知识界和大众思想关切的问题做出回答，从而成为社会知识产业的一部分，推动着社会科学与政府政策的相互作用。

对此，韦斯创造了"知识蔓延和决策积累"这个富有色彩和感染力的词语，用于形容研究结果如何"蔓延"到政策决策中并以多种复杂的组织形式来影响政策，这种影响不会立即引发某一决策的形成，而是在决策过程中持续不断地产生作用，韦斯称之为"决策积累"⑤。

总之，社会科学研究的咨政功能体现在社会科学研究成果对总结历史经验、

---

① 费孝通. 社会学概论. 天津：天津人民出版社，1984：367.
② 陈学飞. 教育政策研究基础. 北京：人民教育出版社，2011：3.
③ 风笑天. 简明社会学研究方法. 北京：华文出版社，2005：207.
④ 转引自王兴成，秦麟征. 国外社会科学政策研究. 北京：社会科学文献出版社，1993：237-245.
⑤ 胡森，波斯尔斯韦特. 教育大百科全书（第1卷）教育管理 教育政策与规划 教育评价. 重庆：西南师范大学出版社；海口：海南出版社，2006：420.

研究现实生活、对党和国家的科学决策起着参谋作用，即它为决策者提供特有的专门理论和方法、综合性的知识基础以及实施方案的科学依据，也常为现实提出的问题研究提供具有科学论证的解决问题的方案，以供决策者参考，促进决策的民主化和科学化。因此，社会科学在提供有关许多问题（它们的规模、严重性、分布、原因和结果）和以往政策和计划实施效果的准确信息方面起了关键作用。政府对这种信息有一定需求。即使社会科学信息不是制定某项政策的真正因素，也很可能被用来解释和维护那项政策，这样，后来的决策有可能在一个更具社会科学观点的范围内进行。①因此，社会科学研究对政府的影响是间接的、长期的、就如涓涓泉水渗入石灰岩，全面而深刻、潜移默化、滴水穿石，所以又被称为"石灰岩"模式。

第三节　教育政策证据生产存在的问题与思考

一、教育政策证据生产中存在的问题

（一）政府部门的证据生产及传输渠道有待进一步畅通

1. 政务信息的共享性有待提高

前文曾提及，目前国内约80%的社会信息资源由政府部门拥有。因为技术、成本等原因，部分政府数据"深藏闺中"甚至被"束之高阁"，整体共享度不高。一些部门认为拥有数据越多，权力就越大，不愿意把数据资源与其他部门共享。各个机关部门分别开发自己的数据服务系统，信息产品存在重复、不足与闲置并存等问题，造成信息资源严重浪费，难以被有效利用。此外，政府数据共享开放的责权利关系不清晰，缺乏具体的法规可遵循，产生拥有的不敢共享、使用的不用负责等现实问题。

2. 电子政务应用性有待加强

一些地方政府建立了功能强大的门户网站，但上传信息很少，存在一定的形式化现象。一些政府门户网站以及网络问政平台建设内容陈旧单一，很少更新或升级，更缺乏与网民良性的沟通与交流，沦为"僵尸网站"，导致民众无法及时了解和回应党的教育方针和政策、热心公众参与无力的情况。

---

① 王兴成，秦麟征. 国外社会科学政策研究. 北京：社会科学文献出版社，1993：109.

（二）智库等政策研究专业人员在教育政策评估方面贡献不足

1. 教育政策评估存在客观困难

因为教育政策价值分配的特殊性，教育政策评估面临许多特有的困难：政策目标的分散和模糊导致政策评估无所适从，政策效果的多样性和影响的广泛性以及影响因素的隐藏性使得政策评估难以实行，政策资源的混合使得政策的成本难以核定，政策行为的重叠使得政策评估者难以准确评估政策的效果，政策行动与环境之间的因果关系不易确定和有关机构和人员的抵制或不配合等使得政策评估困难重重。

2. 我国的教育政策评估状况不容乐观

我国教育政策评估事业发展较晚，教育政策评估工作开展情况不太普遍，且质量有待进一步提高。具体表现为：我国教育政策评估者的标准以价值判断为主，评估方法以定性分析为主，实证分析不多；评估对象以政策输出为主，忽视对政策影响的评估；相关政策信息和资料缺乏，评估经费较少；普通民众参与政策评估机会不多等。

3. 专家咨询制度有待完善

在实际工作中，决策者将专家咨询作为一种信息采集的工作方法，通过自由观点的表达，最终集中意见形成决策。但决策者和专家之间往往缺乏持续、稳定、密切的工作信任关系。一般来说，专家意见只有经过行政机关的遴选才可能到达决策者的案头，专家撰写的研究报告要经过多个行政部门或层级的审读；专家顾问团团长或委员会主任大都由非最高决策者的行政领导担任，专家参加座谈会或授课，即便有机会直接接触决策者，也不存在持续的影响力。国外学者对我国政府信息流通体制也持类似看法，领导者在获得准确信息方面存在困难。大多数信息是通过国家行政机构逐级上报，而通常各级官员可能具有引入偏好和扭曲的动机。[①] 目前，我国各级党委政府非常重视决策咨询工作，强调吸纳专家意见优化决策，但实际工作中因为层层筛选，还是会屏蔽一些有用的信息，所以我国的决策者与专家之间应进一步建立"信息直通车"，以保障信息传达的可达性和有效性。

4. 智库及专家咨政能力有待提高

自党的十八届三中全会提出"加强中国特色新型智库建设，建立健全决策咨

---

① 李侃如. 治理中国：从革命到改革. 胡国成，赵梅译. 北京：中国社会科学出版社，2010：194.

询制度"以来，全国范围内掀起了智库建设的热潮，形成了各路智库大军。但是，智库建设鱼龙混杂，重复科研较多，政策咨询的针对性、证据提供的有效性不强，存在咨政建言"不解渴"等现象和问题。有些智库与政府关系密切，存在一定程度的行政依赖关系，决策咨询服务的独立性、客观性不足，个别专家甚至将决策者个体性的观点论证成"全局性"问题等。① 有的营利性机构打着"智库"的旗号，为一己私利，将教育政策问题和智库观点过度包装，抢占舆论高地，不仅不能为决策者提供有参考价值的信息，反而可能混淆视听，误导政府决策，严重影响智库和专家的社会声誉。

（三）政策边缘主体证据生产作用有待提高

1. 公众网络参与存在"数字鸿沟"和"信息不对称"现象

（1）"数字鸿沟"的存在制约了电子参与的深度与广度

网络媒介和电子政务的出现与发展促进了"电子民主"，为公众广泛的电子参与提供了空间。这一切都是基于广大人民群众普遍拥有和使用现代通信技术和互联网实现的。然而，"数字鸿沟"的存在却是不争的事实，社会上的弱势群体更容易在网络社会和电子政务环境下被进一步边缘化。

（2）"信息不对称"制约了电子咨询的有效实施

教育政策过程中，政策边缘参与者掌握的政策信息一般不如核心主体和中心主体多，信息处理水平和信息分析能力一般也较弱，在政策对话、政策辩论和政策建议提供等方面的实际影响力也不一样。这些因素使得"时至今日，即使在发达国家，电子咨询的现实应用及其实际效果仍然有限"②。

2. 教育科学研究的证据生产能力需加强

从目前情况来看，我国教育科学研究在有效提供政策证据方面还存在以下几个问题。

（1）实证研究水平不高

一些社会科学领域尤其是教育科学研究领域的研究者存在"重思辨、轻实证"的倾向，存在实证方法运用水平不高、教育研究的科学性不强、不能满足决策者的证据需要等问题。在实证研究中，尤其缺乏干预性研究和长期追踪研究，对现实的因果解释较差。例如，类似美国"八年研究"的大型实验与准实验研究

---

① 邵泽斌. 教育改革的专家风险. 教育发展研究，2011（8）：1-6.

② 钱再见. 基于公共权力的政策过程研究. 南京：南京师范大学出版社，2013：119.

在我国不多见，短期的碎片式的实证研究往往存在证据力不强、难以为某些改革政策提供令人信服的研究证据等欠缺。

（2）问题指向性研究缺乏

一些研究者习惯脱离实践，不在调查研究上下功夫，或者即便是调查，也是不完全的调查，甚至是走过场的调查；在证据的提供上倾向于使用"书斋式"证据，相互引用、闭门造车，甚至玩数字游戏，为了追赶时事热点而进行研究。

对比中美的教育研究（特别是教育政策研究）不难发现，美国的教育政策研究热衷于研究与教师、学生、课堂、学校相关的"小问题"，并以学生的改变、教师的进步与课堂教学的变化反观教育政策的效果与价值。国内研究者往往偏好从政策的合法性与合理性等"大角度"对政策进行评估，但是这类研究通常难以回答是否有效、效果如何等问题，教育科学研究证据的实践转化率较低。

（3）跨学科联合研究较少

盖莫蓝认为，为了衡量证据和得出一个建议，政策分析家至少需要以下信息：①从生产功能方面来估计，具体阐述将一个课程设置或实践引入现存系统的影响（经济学、社会学）；②成本最优分析，包括对执行情况的全面研究（经济学）；③对新课程设置或实践对参与者的意义和影响的解释性理解，包括可能出现的意料之外的结果（人类学、历史学、社会学）；④对将要进行的改革的政治环境的理解（政治科学、历史学）等。[①]可见，政策研究涉及的学科领域广泛，远非单个学科能完成的。跨学科研究能促进理解，推动问题的解决，解决问题的方法超越任何单独学科的能力。当代社会科学经过发展，已经明显呈现出学科研究之间的交叉化和整体化趋势。这种趋势表现在研究方法的移植、模仿和渗透，研究主题或研究领域的交叉、重合或融合，概念、假设和理论的相互借用等。这种学科之间的密切合作、协同攻关对有价值的教育政策证据的获得意义更大。

在教育领域中，由于思维定势和原有研究人员的过于专业化等，教育科学研究中存在研究领域过于狭窄、单兵作战式的研究较多、基于实践调查的跨学科团队研究较少的问题，一些研究给出的政策建议墨守成规、生搬硬套、一知半解和脱离政治，难以满足政府对社会科学研究咨政建言的需要。墨守成规式的建议（channeled advice）是指环境已经发生改变或存在某些限制因素，结果，这种建议是以遵照惯例或根据理想状态的方式产生的。生搬硬套式的建议（distant advice）是一种建立在无知基础上的冷淡。犯这种错误的分析人员与当前的真实

---

① 亚当·盖莫蓝. 教育政策研究的学科基础//刘复兴. 国外教育政策研究基本文献讲读. 北京：北京大学出版社，2013：217.

情况保持足够的距离，以致闭塞自己的耳目，甚至对建议的使用做出错误的判断。一知半解式的建议（superficial advice）不是基于对问题根源的足够钻研，而是反应过于迅速、过于缺乏准备的建议。脱离政治式的建议（apolitical advice）是指政治上的建议与实质性的建议缺乏适当的关联或整合。①

二、我国教育政策证据生产的应然方向

（一）完善教育政务大数据

大数据是指综合利用新的技术方法对多源、异构、动态的数字资源进行规模化整合和处理，通过构成新的、复杂的逻辑结构，帮助人们解决具体问题的信息集成。大数据是以信息技术为基础的决策支持系统的演进，可以被看作统计插上了信息化的翅膀。政务大数据是指政府推动大数据应用发展的过程或大数据在公共服务领域的应用实践。政务大数据的采撷、分析、研判与运用是政府科学决策的民意基础，有助于提升政策公信力和公众对政策决策的理解支持度。相较于传统数据，大数据具有数据规模大、生产速率快、多样性、利用价值高等特点。政务大数据除具有以上特点之外，还具有真实可靠、数据原始、信息完善、数据公正、业务持续、管理方便和数据公有等特点。②

相较于传统的数据统计和普通的电子政务，政务大数据极大地扩大了数据收集的范围。政府通过大数据的应用，可以更全面地记录治理行为，在统计数据过程中，将各方面因素（包括治理行动发出方、治理过程、出现的问题及解决办法、公众的满意度等）都考虑在内，用数据加以量化、描述并保存下来。大数据及云计算的应用能够方便、快捷地处理海量数据，由此获得的分析结果是对客观事实的真实还原，能够从多维度为公共决策提供更加全面的证据参考，实现"全景式"政策评估和分析，打破以往的思维局限。从理论上说，只有通过海量的数据分析及处理，才能认清事物的整体面貌，从全局出发去考虑问题的发展及变化，同时，提前预测可能发生的意外情况，根据事物之间的相互作用预判未来走势，以便及时采取对策，实现对教育政策的调整和完善。

政务大数据的采撷、分析、研判与运用，成为政府访民情、听民声、察民意、集民智、解民忧的重要途径，是政府科学决策的民意基础，有助于提升政策

---

① 杰伊·沙夫里茨，卡伦·莱恩，克里斯托弗·博里克. 公共政策经典. 彭云望译. 北京：北京大学出版社，2008：401-408.

② 李征坤. 互联网+政务服务：开启智慧型政府新时代. 北京：中国铁道出版社，2017：77-78.

公信力和公众对政策决策的理解支持度。政务大数据促进了百姓合理诉求的解决，密切了党群关系，提升了党和政府的施政效率。2015年，国务院印发《促进大数据发展行动纲要》，将数据定性为国家基础性战略资源。教育领域应及时响应政策要求，在建设政务大数据方面做出努力。

（二）加强中国特色新型智库建设，提高政策研究水平

第一，明确智库在政府决策科学化、民主化中的基础性定位，大力支持智库的发展。第二，立足中国的内部多元主义实际，以问题导向和人民中心的发展理念将中国教育领域的实践经验概念化和理论化，建设中国教育自身的知识体系。第三，政策研究者必须超越具体的利益，更加关注和聚焦民生问题，为政府多解民生之忧，做到"知行合一"。政策研究者要有理论高度，具备国际视野，深刻理解国家的实践和具体改革的地方背景，还要具有把"行"上升为"知"的能力，即可以把一些政策实践提升为概念和理论，在世界舞台上有自己的话语权和经验分享，讲好中国的政策故事。第四，推进新型智库建设改革，把智库的内部管理作为智库现代化、前沿化的重大学术与实践课题来解决。第五，健全相关法律法规，理顺智库与外界（特别是各级政府）之间的关系，实现各类智库和智库联盟更快、更好的发展。第六，加强智库的独立性、创新性建设，同时探索具有中国特色新型智库人才培养体制，增强其政策评估能力，使其更广泛地服务于决策层的需求，进一步发挥"咨政""启智""制衡""聚才""强国"等功能。①

（三）提高政策边缘参与者的证据提供能力

1. 尽力消除"数字鸿沟"和"信息不对称"现象

国家要强化基础设施建设，全方位无死角消除数字"硬鸿沟"的存在。在此基础上，加大教育培训力度，争取填平互联网欠发达地区"数字素养"上的"软鸿沟"，打破因隔绝互联网造成的"恶性循环"，让更多人在互联网上发声，参与到教育政策利益相关者证据提供的过程中。政府应尽力公开政务信息和相关数据信息，以方便公众了解政策；经常普及相关政策的科学知识，提高公众的政策参与能力和水平。

---

① 郑永年等. 内部多元主义与中国新型智库建设. 北京：东方出版社，2016：37.

2. 坚持教育科学研究的科学原则与多元策略

教育政策证据的追求是更深刻、更客观、更全面地反映教育政策现象与本质，从而制定出更好的教育政策，更有效地造福人类社会。社会科学研究的发展也是逐渐影响教育政策制定的过程。在重视教育政策科学化和民主化的今天，教育科学研究应在教育政策证据的生产中发挥更加重要的作用。因此，教育科学研究应坚持理论与实践相结合、定性与定量相结合、数据与技术相结合，抽象与具体相结合的原则，积极学习和吸收信息科学、数据科学、统计科学、决策科学等理论、技术与方法，形成多维度、多视角、多层面的分析框架，深刻、客观、全面地认识教育政策的本质与规律。简言之，教育政策证据必须具有科学性、客观性，在获得教育政策证据时必须坚持研究的科学原则。

2002年，美国国家研究理事会发表的研究报告《教育的科学研究》提出，教育研究必须遵循六条科学原则[①]：①提出重要的、可进行实证研究的问题；②建立研究和有关理论的联系；③使用能够直接研究问题的研究方法；④提供一条严密、明确的推理链；⑤进行重复验证和推广研究；⑥公开研究结果，以鼓励专业人士的检查和批评。

在遵循这些基本原则的前提下，教育政策证据的研究还应采取多元化研究策略。多元化研究策略并非多种研究方法的使用，其含义更为宽泛，具体而言，包括：①多元操作主义；②多种方法研究；③多重分析综合；④多变量分析；⑤利益相关者的多重分析；⑥多角度分析；⑦多媒介交流。[②]

---

① 理查德·沙沃森，丽萨·汤. 教育的科学研究. 曹晓楠等译. 北京：教育科学出版社，2006：3-4.
② 威廉·N. 邓恩. 公共政策分析导论. 谢明，杜子芳等译. 北京：中国人民大学出版社，2002：7-8.

第四章 教育政策证据的评估

第一节 教育政策证据评估的主体

证据是客观存在的事实的内容与形式的综合体，是通过一定事实材料的形式表现出来的信息，是评估活动的重要依据。证据形式是证据内容的外在表现，证据内容则是证据形式所表现的事实，证据形式与证据内容是相互联系的统一体。教育政策证据不仅是在政策实施过程中产生的事实材料，反映了教育政策结果的表现形式，还是教育政策制定与改进的客观依据，其获得与鉴定影响着教育政策评估的真实性，也影响着教育政策的未来走向，尤其是关键证据与核心证据在教育决策过程中对教育政策评估影响深远，是必须重视的核心要素。"证据的来源十分广泛，不仅包括国内外科学研究的成果、现存的数据，还包括决策者、研究者和利益相关者的知识经验、咨询建议以及对先前政策的评估意见，也包括有前景的实践经验等。"[①] 同样的道理，教育政策证据的来源也是广泛而多元的，包括国内外相关证据、各个相关利益者或者研究者提供的相关证据等。教育政策证据评估是需要评估主体不断做出理性决策的过程，这在一定程度上避免了证据选择的盲目性和随意性，提高了教育政策证据选择的质量。但是，就个体本身而言，个体的认识广度与深度总是有限的，这种认识广度与深度的有限性在一定程度上将会影响对证据的认知与评价。那么，由于证据评估主体的经验与认识的有限性将会影响教育政策证据的选择，也会影响证据鉴定的科学性，因此，评估过程如何进行质量控制？对教育政策证据的评估主体的选择就显得尤为重要。教育政策证据由谁提供？将由谁来进行评估？教育政策证据评估者应具备什么样的素质？教育政策证据评估应采用什么方法？评估应遵循哪些标准？这些都是需要关注的

---

① 杨烁，余凯. 美国教育政策循证研究的理论与实践：对中国的启示. 复旦教育论坛，2019，17（6）：91-96.

问题。

教育政策证据的评估主体是指那些为从事教育政策评估的组织或者个人提供或者鉴定资料信息的行为者，是对政策评估证据进行评价分析的实施者。评价主体在进行政策评估时，是评估证据的直接参与者或间接参与者，包括行政机构、团体组织或个人，这些参与者拥有证据信息的获取权利和能力，并能够对证据信息进行识别、鉴别与评判。在教育政策评估系统中，教育政策证据资料处于基础地位，教育证据评估主体处于核心地位，证据评估者的评估理念、评估方法、评估态度、评估经验、评估知识结构甚至评估的职业道德等，都影响着评估证据的获得甚至取舍，这将影响教育政策评估的整个过程，最终起到影响政策判断与决策的作用。重视教育政策证据评估主体的重要作用，在提高教育政策证据的质量水平和严谨性的同时，也能够提升教育政策改进效果。

一、教育政策证据评估主体的类型

在教育政策的产生、执行与效果评估中，政策证据的评估主体类型多种多样，有来自政策官僚机构的行政工作人员，也有来自专门评估机构的专业人员，还有执行教育政策实践的主体。教育政策证据评估主体涉及范围较广，从政府行政人员到专家学者，从教育政策的受益者到教育政策的执行者，都在教育政策证据的评估主体的范畴内，评估主体呈现出多元化特征。总体来看，教育证据的评估主体可以是政策制定者、执行者、政策对象或第三方组织，包括政府及决策者、专家及其团队、公众媒体及社会民众以及其他利益相关者。

从教育政策证据评估主体的来源、评估主体与教育政策的关系等方面来看，可以将教育政策证据的评估主体分为内部评估主体与外部评估主体、组织评估主体与个人评估主体、专业评估主体与非专业评估主体等。理清教育政策证据评估主体的类型，对教育政策证据的收集、鉴别与应用具有重要的意义。

（一）内部评估主体与外部评估主体

依据评估主体与教育政策活动之间关系的密切程度，教育政策证据评估主体可分为内部评估主体和外部评估主体。

1. 内部评估主体

内部评估主体亦可称为内部评估者，一般由政府部门内部的人员或机构组成，也称"当事人"或"局内人"。教育政策证据的内部评估主体是指在教育政策的制定与执行过程中，评估主体既是政策的参与者，也是政策证据的评估者，或是作为教育政策制定与执行的主体参与教育政策活动，是与教育政策的运行具有非常紧密的关联度的组织或个人，可谓教育政策的"当事人"，包括教育政策制定者、政策执行者等。按照教育评估的阶段与目标不同，可将教育政策证据内部评估者区分为政策制定部门的证据评估者、政策执行部门的证据评估者、政策监督部门的证据评估者、政策执行绩效考核部门的证据评估者、政策实践部门的证据评估者等。内部评估主体由于来自各级政府及其职能部门、教育政策实践部门，包括政府主管部门、实践活动的自我评估主体，是教育政策的直接利益相关者，在证据的提供与收集方面具有独特的优势，在执行过程、数据收集等方面更为简便，可以获得较为全面的翔实的资料。从理论上讲，教育政策证据的收集、评价由"局内人"进行全面评估是可行的，也是效率最高的。首先，"局内人"是教育政策的制定与执行的主体，在政策实施过程中处于关键地位，是切实的身体力行者，对政策目标、政策内容、执行过程、执行效果了解得更为详尽，能为内部评估活动提供必要的支持；其次，"局内人"能提供第一手资料，对资料进行取舍、评估等，做出事实判断、价值判断时具有更优越的条件，如果能够科学、理性地进行评估，其结果更加真实、可靠。

但是，内部评估主体作为"局内人"在进行证据收集与评估时也存在一定的局限性，因为如果把政府机构比作"一架精密的机器"，那么"局内人"就是这台机器上的"部件"。行政系统往往具有行政等级制和自上而下的科层服从特征，因而"局内人"有时很难摆脱行政机构固有的价值观念和思维方式的影响，在评估中可能先入为主，从而使内部评估走向片面化，并带有浓厚的主观主义色彩。[①] 内部评估主体是教育政策评估结果的直接利益相关者，尤其在进行绩效评估过程中，出于对自身利益的保护，在进行信息资料收集与评价的时候，可能难以保证评估的公平性。另外，如果"局内人"缺乏评估的专业性，或证据评估意识不强，内部的证据评估就难以真正发挥功能，影响评估效果。因此，教育政策证据评估是一项复杂而细致的工作，同时也是一项知识与技术含量较高的工作。要实现科学的政策证据评估，就要对"局内人"提出更高的要求，及评估者要掌握系统的教育政策理论知识、专门的评估方法与技术，这有利于其抵制部门利益的狭隘思想。

---

① 负杰，杨程虎. 公共政策评估：理论与方法. 北京：中国社会科学出版社，2006：59.

2. 外部评估主体

外部评估主体是指教育政策制定者和政策执行者之外的所有机构、组织和个人等。作为证据评估主体，外部评估主体由于是"非当事人"的角色，相对于内部评估主体而言，其最主要的优势在于独立于被评估事件之外，与评估对象不存在利益关系，可以做到完全独立，有利于证据评估的公平性和客观性。外部评估主体主要包括以下几种。

1）专业研究机构。其指一些专门对国际、国内问题进行研究和评估的机构。这些机构的人员配备合理，研究人员具有良好的素质和丰富的专业知识，能够对各种政策信息、数据资料等进行深入分析和全面研究。专业研究机构作为评估主体具有更强的专业性，证据评估更加可行，评估结果也更加科学、可靠。

2）高校或教育研究机构。高校教师或专业教育研究人员长期从事教育政策问题的研究，能够比较深入地了解教育政策的历史背景和发展过程，掌握相应的评估方法，从而做出合理、公正的评价。

3）教育政策实施的目标群体。该群体是教育政策的客体，即教育政策的作用对象，是教育政策的最重要的相关利益者，受教育政策影响最大，获得感与体验感也最深，所以其对教育政策证据的评价具有可参考性。但是，该群体由于缺乏专业知识与教育评估的理论素养，抑或不能深入、全面地了解信息，往往从个人体验方面进行评价与判断，主观性较强，难免使证据结果的代表性不强，出现以偏概全的问题。

4）公众等外部评估主体。其对教育政策运行、执行过程等信息了解不够深入，对政策绩效了解较少，所以在信息判断方面的科学性水平较低。

（二）组织评估主体与个人评估主体

依据教育政策证据评估主体的组织化程度，评估主体可分为组织评估主体和个体政策证据评估主体。

1. 组织评估主体

组织评估主体是指教育政策证据评估活动依托某个组织，通过组织机构整合各种政策证据评估资源，或者依托平台与单位进行的教育政策证据评估活动。组织化教育政策证据评估主体又可分为行政组织内评估主体和行政组织外评估主体两种形式。

行政组织内评估主体主要是指教育行政部门内部组织，通过教育行政部门内部开展教育政策证据评估活动，这也是各国政府在实施教育政策证据评估实践中最常用的形式。由于教育行政组织部门对教育事业进行组织领导和管理活动，组织者对评估对象相关信息的掌握比较充分、准确，在进行政策证据收集与评估过程中便于组织工作，节省了时间、人力和财力，提高了评估效率，更有利于做出正确的判断。教育行政组织进行的证据评估活动具有信息获取方便的优势，在获取信息方面可以有效克服"信息不对称"的缺憾。但是，因为教育行政组织既是教育政策的参与者，又是教育政策证据的评估者，在组织进行证据评估活动时，受自我欣赏、自我认同等心理因素和利益驱动的影响，评估结果有时会与公众的感受有一定的差距。[①]

行政组织外评估主体主要指非政府评估组织，是指独立于政府之外的非营利性的、具有社会公益性的社会组织，如各种社会团体、高校学术团体、大众媒体等。行政组织外的教育政策证据评估主体由于具有相对的独立性，在进行证据评估时有其专业性优势，可以独立、公开地进行评估活动，但是由于权限的制约，在资料收集过程也可能受到限制，从而影响证据评估的正常进行，可能使证据评估活动受限或效率较低。

2. 个体政策证据评估主体

个体政策证据评估主体指常常从事政策证据评估活动、生产证据评估知识的个体，包括在各种研究机构中专职从事政策分析的证据评估人员、在大学从事教育政策证据评估的研究人员、社会上受教育政策影响的社会成员等。

总体而言，教育政策证据评估者具有多样性特征，组织证据评估主体与个人证据评估主体往往是融合在一起的，个人证据评估主体评估的资料往往也会被组织评估借鉴与运用。在某些情况下，为了使政策证据评估活动更加规范化与科学化，在某些证据评估过程中，需要一定的非组织个体参与证据评估活动，尤其某些以个体身份出现的学术精英、教育专家所做的评估往往更具独立性，更能保证证据的质量。

二、教育政策证据评估主体的素质结构

教育政策证据质量关涉教育政策实施结果评估的科学性，但由于评估者综合

---

① 陈新. 中国政府绩效评估方法理论与实践基于政府职能转变视角开展绩效评估. 天津：天津人民出版社，2016：140.

认知水平发展水平的差异，并不是每一个评估个体都能从政策的"公共"价值意义及其"个体"实践意义上对其进行完全把握，证据评估者有可能不一定很好地将证据意义以及证据本质表现实质性地勾勒出来，这就决定了了将教育政策证据评估活动发展成为一种专业的价值判断与实践活动的必要性，要求评估者能够胜任负责实施工作的证据评估工作。这里的专业性是指开展教育政策证据评估活动的必要条件，在进行教育政策证据评估活动时需要的专门知识、技能、能力，这些知识、技能、能力等要素整合而形成的综合认知结构即具有专业水平的教育政策证据评估主体的素质结构。教育政策证据评估主体的素质结构是从知识、技能、能力及其基础上形成的综合素养，是获得参与特定教育政策证据评估资格的专业性标准。对于评估机构而言，达到评估资格的专业标准要求就可以进行教育政策证据评估活动；没有达到评估资格的专业标准要求的机构，可以聘请具有专门从事这项活动的认知和实践能力强的人员作为证据评估者。对于评估个体而言，也需要达到评估资格的专业标准，才具有完善的评估者素质结构。

关于"素质"这一概念及其内涵，学者进行了诸多探讨：素质是指完成工作所需要的能力和基本知识，和胜任力、任职资格含义相同[①]；素质是指个体完成一定活动与任务所具备的基本条件和基本特点，是行为的基础与根本因素[②]；素质是一种明显的、能使个体胜任的完成某项工作的行为，包括动机、特质、自我形象、态度或价值观、某领域的知识、认知或行为技能，其社会属性结构包括基本素质、观念素质、思维素质、战略素质等部分[③]；素质是个体的深层次的内在特性，是有效或高效完成工作的潜在条件，它既是知识和技能的升华，也是人的能力等方面的身心特征和职业修养的表现……教育政策证据评估主体的素质水平影响评估证据的事实判断、价值判断，影响证据质量与有效性，因此，无论是组织内部的评估者还是组织外部的评估者，证据评估主体的素质都是政策评估系统不可忽视的重要影响因素，在评估过程中发挥着基础性作用。那么，合格的教育政策证据评估人员应当具备哪些基本的素质结构？具体来讲，应该包括三个方面的基本素质内容：思想政治、知识、能力。这三者之间既相互联系又有区别，共同构成了证据评估者的素质结构系统。其中，政治思想是证据评估者的政治文化水平的一种表现形态，是政策评估及证据评估者工作的基本生命线；知识是基

---

① 彭剑锋. 人力资源管理概论. 上海：复旦大学出版社，2008：215.

② 舒忠飞，肖鸣政. 研究型大学本科招生中的能力素质模型研究——基于自主招生的视角. 理论建设，2014（1）：76-80.

③ 雷敏，尹勤，帅友良. 探索"四位一体"教学模式，培养统计实践创新能力. 大学教育，2013（2）：12-14.

础，是解决证据评估的基本工具系统；能力是使用知识、操作知识的运用系统，其中，非认知能力是引导、指挥政策证据评估工作的控制系统。

（一）思想政治素质

思想政治素质表现为具有"正确思想观念的形成及其在对待相应思想理论态度上的坚定性与科学性，表现为教育对象正确思维能力与行为能力的形成及其在运用相应思想理论指导自己行为方面的自觉性、能动性"[①]。思想政治素质是个体生活与工作中的重要素质，影响着个体本身对待工作与社会的态度，这些态度也是影响个体其他素质发挥作用的关键因素。在一定意义上，"人们确认思想政治道德素质是第一位的见解"[②]，决定了个体其他素质发展的方向与社会作用发挥的程度。政策证据评估是为教育政策提供证据信息的，政策证据评估者的思想政治素质影响着教育政策评估的方向与效应，评估者坚定的政治立场和高尚的思想品德是证据评估工作具有正确性和科学性的基础。证据评估者要坚持四项基本原则；坚持党的基本路线、方针、政策等；要忠于祖国和人民，要对人民负责；要具备公共精神和理性精神，具有高尚的道德情操、思想修养和胸怀全局、精益求精的工作作风等。只有这样，评估者才能从全局性、长远性、伦理性等方面来评估证据，进而优化政策以促进政策公共性的实现。

（二）知识素质

由于教育政策证据评估实践活动关涉教育领域的具体政策，应用于政策制定、执行等各个环节，因而几乎各学科领域的知识和方法都在政策证据评估中得到了最大限度的包容，政策证据评估的服务目标也具有多样性特征。因此，多学科性和多元化应用导向性决定了教育政策证据评估者的知识结构应具有更高的要求。具体而言，教育政策证据评估者的知识结构应具有高度复合型的特征。这种复合型的知识结构可以包括评估组织的知识结构与评估者个体的知识结构，前者是指评估组织成员共同拥有的知识存量中各类知识的占比以及各层次知识的结构组成；后者是指评估者个体拥有的知识存量中各类知识的占比及其结构特点。对于评估者而言，知识结构越优化，评估者所拥有的存量知识在评估过程中所发挥的作用越大，就越能使教育政策证据评估结果更真实、全面，更接近评估目标。

---

① 沈壮海. 把知识教育与思想政治教育结合起来. 中国教育报，2004-10-19（03）.
② 邱柏生. 蔡志强. 素质的内涵及其综合维度. 思想教育研究，2007（9）：3-7.

个体政策证据评估者的知识体系可以分为三大类：第一类是个体的一般知识，第二类是教育政策理论知识，第三类是需要熟练掌握的证据评估专业知识。这三类知识构成了金字塔三角形结构。其中，"底部"表示需要一般性的知识，其特点是知识面宽广，对知识深度要求不高；"两边"表示需要熟练掌握的专业知识，其特点是知识具有专业性，且需要有一定的深度。图4-1展示了教育政策证据评估者的基本知识结构。

教育政策证据评估者知识结构既需要有广度又需要有深度，是知识的广泛性与知识的专业精细化相融合的结构形式。横向知识几乎涉猎所有学科领域，评估者既要掌握一般的自然科学知识、社会科学知识、人文科学知识，又要具有教育政策理论知识、证据评估专业知识、基础理论知识和应用性的方法和技巧。纵向知识也表现出从基础知识向专业知识自下而上逐步精细化、专门化的建构顺序。具体来说，政策证据评估者的专业知识结构，应当包括以下四个方面。

图4-1 教育政策证据评估者基本知识结构

1. 教育政策分析的知识

证据评估是为教育政策分析服务的，证据评估者要掌握政策分析的知识，诸如政策分析方法论知识、政策分析的理论知识、政策分析的主要标准以及政策分析的基本方法与知识等。

2. 信息资料收集的知识

信息资料收集是指通过各种方式获取所需要的信息资料。信息资料收集过程中包括信息化系统、调查方式、访谈方式、测量方式、观察方式等的信息资料的收集知识。信息资料收集是作为证据评估的资料得以利用的第一步，也是关键的一步。信息资料收集工作的好坏直接关系到证据评估工作的质量。信息资料可以分为两类——原始信息和加工信息。原始信息是指在教育政策活动中直接产生或获取的数据、概念、知识、经验及其总结，是未经加工的信息；加工信息是对原始信息经过加工、分析、改编和重组而形成的具有新形式、新内容的信息。两类信息对证据评估活动以及政策评估发挥着不可替代的作用。

3. 选择与使用证据分析工具的知识

对政策证据进行评估，需要选择合适的分析工具，评估者能够选择或创造证据分析的定性与定量的分析工具，并熟练运用。政策评估过程中，为满足政策评估者对证据的要求，证据评估者需要对证据进行定性的系统评估和定量的系统评估，从而提供全面有效的评估信息。为了拥有定性证据系统评价工具知识和定量证据系统评价工具知识，证据评估者需要从以下方面构建知识结构。

1）证据评估的方法论知识。需要掌握证据评估采用的方法、规则与公理，结合实际证据评估的要求对所使用评估工具与方法能够进行整合、比较、探讨与评判。比如采用随机对照试验，获取原始资料，并进行数据分析、总结等，都需要评估者遵循一定的规则与原理来选择随机实验的方法和数据分析的工具。

2）证据评估的相关性知识。其指政策评估目的与证据评估之间的相关性知识，即如何将证据纳入评估目的、评估对象等系统中的知识，因为证据评估要了解证据与评估目标的符合程度。

3）证据评估的一致性知识。评估者要理解证据结果中定性证据与定量证据的相符程度，理解两类证据的合理性或者差异性，从而能够根据评估结果进行证据信度的准确分级——高、中、低、极低。

4）证据评估的有效性知识。针对某一证据系统的评估结果以及相关资料的丰富性和数量，能够说明证据结果确实反映了事实存在的真实水平或状况。

4. 明确证据评估工作边界的知识

证据评估的目的是明确证据的真实性、重要性和适用性，更好地实现评估目标，以指导政策实践活动，因此，评估者应对证据评估工作边界的知识有所了解，在明晰证据分析工作的约束条件后进行工作。从伦理的角度来看，教育政策证据评估不得违反教育工作的基本伦理；从法律的角度看，教育政策证据评估不得采用未经证实的证据进行评估；从实践的角度看，教育政策证据评估不得超越教育政策实施的区域边界、教育政策受众的人员边界、教育政策过程的时间边界、教育政策结果的责任边界。

当然，证据评估者还要了解个人价值观、社会主流价值观，善于掌握有关证据分析的系统的隐含知识；了解政策分析与政治过程的政治关系知识；善于不断地检验和改进对不同层次的教育进行政策分析的工具知识；善于采取一种或多种途径获取特定指标与特定结果关系的知识；等等。

（三）能力素质

教育政策证据评估本质上是一种职业行为，证据评估者应达到这一职业岗位的职业能力要求。职业能力分为一般职业能力、专业能力和综合能力。一般职业能力指一般的学习能力、文字和语言运用能力、数学运用能力、空间判断能力等。专业能力指从事某一职业的专业能力，即是否具备胜任岗位工作的专业能力。综合能力包括跨职业的专业能力、方法能力、信息处理能力、社会能力、个人能力等。此外，人无论从事何种工作，都需要与他人进行沟通与交流，因此，人际交往能力、团队协作能力、对环境的适应能力也是不可或缺的职业能力。

教育政策证据评估者能力结构的基本特征是多元整合型的能力结构——不是一种能力而是一组能力结构的统整，是一种复合型的能力结构。综合起来，教育政策证据评估者的能力结构一般包括：文字和语言运用能力、数学运用能力、空间判断能力等一般职业能力；发现问题与解决问题的能力；信息整理能力与数据分析能力；良好的沟通能力；对社会公认价值的敏感把握能力等。评估者能够独立地就制定政策证据的标准进行合理的考察和探究，好的证据标准应反映对社会主义核心价值观的承诺，评估者要乐于根据对社会价值的更好理解以及新出现的社会关注点来调适证据标准。

人的理性是有限的，这就意味着决策者在做出决策时，往往会受信息、时间、技术等外部因素及其自身认知水平等内部因素的影响。这就要求证据评估者不断完善教育政策证据评估者的素质结构，提升判断能力与评估能力，以保证证据评估的质量，提升教育政策评估的有效性。

三、教育政策证据评估主体的生成路径

作为证据评估主体的个人或组织具有一定的认知结构以及认知能力发展的差异性，会以自己所形成的认知方式、行为习惯及认知标准对教育政策证据进行评价。教育政策证据评估主体的复杂性，以及个体或组织所具有的认知结构及认知能力发展的不均衡性，使其在证据评估过程中很难做到完全的正当性，从而影响

教育政策证据评估价值的实现。那么，谁能作为教育政策证据的评估主体来进行政策证据的评估？这些评估主体如何产生？这些评估主体的资格如何确定？评估主体间的合作形式是什么？这就需要一个合理、完善的教育政策证据评估主体的生成机制。

教育政策证据评估主体的生成机制实质上是对证据评估主体的要求与约束的过程中，通过设置具有可操作性、一定规范作用的规则来认定教育政策证据评估主体的制度。这一制度对评估主体的职业规范、职业伦理、专业知识、认知能力、操作规范、评估工作的职责、义务与权利等做出明确规定，促使教育政策证据评估成为一项具有专业性支撑的专门化工作，在一定程度上规避了由于评估主体的个人原因造成的评估能力不足的问题，促进教育政策证据评估的可行性与可靠性的提升。

（一）教育政策证据评估主体的选择原则

1. 独立性原则

教育政策证据评估主体的独立性是政策证据评估中的基本要求，也是保证证据评估结论不受利益集团的影响、具有可信性的最低要求。独立是评估的公信力之源。评估的独立性是指在执行评估的过程中，评估团队、评估者是"独立人"，不受利益集团等外界因素的限制或影响。比如，美国的WWC在证据评估中强调标准化与独立性，将评估看作专业性的评判过程，有统一、公开、明确、严苛的标准，评估过程有清晰的抽样标准或数据计算程式，强调技术专家的独立性，尽量避免非专业人员（如政治人物）的涉入而造成"证据污染"[1]。

教育政策证据的评估主体选择要坚持独立性原则，评估主体不应受组织结构决策层的集体意志或个人意志与倾向、政策执行部门的态度、利益集团或外界舆论压力等因素的影响，以确保政策评估证据来源的可靠性、证据评估的程序以及技术方法的科学性，保持证据评估中的价值中立性。在教育政策证据评估过程中，评估主体和被评估对象如果存在业务上的利益关系或者上下级的制约关系，就可能使评估主体在证据评估过程中带有很强的主观色彩或有偏颇的价值判断，很难保持评估立场的科学性和客观性。评估主体独立性的缺失导致在评估结论中对事实真相的反映以及公共政策绩效的评判客观性不足，将使政策评估的结论缺

① 洪成文，莫蕾钰. "基于证据"教育政策研究的评估与整合——以英国EPPI与美国WWC的经验为例. 新疆师范大学学报（哲学社会科学版），2015，36（6）：121-127.

乏说服力与公信力。因此，在条件许可的情况下，应吸收政府组织之外的独立评估机构参与，采用第三方评估机构的形式进行评估有利于增强评估的客观性和独立性。

2. 专业化原则

对教育政策证据的评估是一种科学、有效的评估活动，整个评估过程包含证据资料的收集与分析。在收集方法上，首先要科学地抽样，以保证资料的代表性，然后要确定证据资料收集的方法，比如问卷法、访谈法、文献法等，进行证据资料的分析时还需要适合的统计分析等专业方法；同时，也会牵涉调研程序设计、评估指标设计、评估工具设计、撰写报告、结果发布等多个环节。在证据评估过程中，要想评估结果真实有效、客观公正，最基本的要求就是保证数据和过程的科学，这对评估者的专业性要求较高。[①]在政策证据评估主体的选择方面，应坚持专业化原则，选择专业的评估人员，采用专业的技术和方法；从业人员配备方面，还应对部门来源、专业背景、知识和年龄结构等方面进行合理搭配，防止出现单一化倾向；同时，应根据政策证据分析的性质和实际研究的需要，把握好各类人员的比例与权重。总之，应根据不同政策证据评估的特点，合理安排政策证据评估主体的结构，使其尽可能符合科学化、专业化和规范化的要求。

3. 多元化原则

由于自身条件的限制，每一个政策证据评估主体都有特定的评估视角，从某种程度上来看，这种特定的评估视角可能造成评估主体自身难以逾越的局限性。比如，现阶段我国的公共政策评估主体以官方为主，以内部评估主体为主，社会组织和社会公众的参与度不高，在系统内部主要通过自下而上的总结报告提供评估证据，证据来源渠道较为单一。这使得政策证据大多来源于组织或机构对自身的评价，而作为教育行政相对人的社会组织和社会公众的评价较少，政策证据的代表性就会受到质疑。因此，应建立多元立体化的证据评估主体体系，实行政府权力机关、专业评估组织（包括大专院校和研究机构）、社会组织和公众等多元评估主体的结合，以实现评估主体和证据来源的多元化。

总之，只有坚持以上原则，选定恰当的证据评估主体，才能实现科学、有效的教育政策证据评估。

---

① 马旭红，唐正繁. 第三方评估的实证理论与实证探索. 成都：西南交通大学出版社，2017：24.

（二）教育政策证据评估主体间的合作机制

评估者个体身份的多样性，加上评估个体之间如果缺乏交流和沟通的平台，就会使对证据的核心本质的分析受到一定程度的限制；同时评估者由于个体知识和评估视野的限制，在对政策证据评估标准的解读、评估方法的选择上也可能出现偏差。在参与教育政策证据评估过程中，不同参与主体掌握的信息是不对称的，即使公共政策证据评估主体的选择遵循了独立性、专业性和多元性原则，但由于信息的不对称，也依然有政策证据评估流于形式的可能。如果主体之间信息不对称，信息之间形成孤岛现象，就不利于证据的收集与佐证。基于此，教育政策证据评估的过程是一个集体合作的过程，坚持评估主体之间信息对称、信息的共享和交流是评估结果客观、真实的必要条件和重要保证。现实中，有个别教育行政部门和学校在提交评估材料的过程中，基于自身利益或政绩性策略的考虑，提供虚假信息或有意歪曲政策执行实际效果，导致部分教育政策证据失效。教育政策证据评估需要对此有充分的预见，使用"评估顾问"、征求同行的意见就成为必要的选择，以专业证据评估组织来弥补评估者个体能力的不足也成为一种替代性选择。

1. 尊重教育政策证据评估专家的自主权

尊重证据评估专家的自主权实质上是遵循了证据评估的独立性原则，保障专家自主权有利于减少外界干预，防止利益相关者自利行为的产生，可以从评估方法的选择、评估信息的判定等方面充分发挥专家的专业性优势，使专家能够进行中立性、科学性的评价。尊重教育政策证据评估专家的自主权这一要求可以借鉴英国的某些做法。英国的EPPI在证据评估中强调权变性与人性化，将评估看作开放性的研究过程，给予评估专家充分的自主权来制定符合评估论题的研究方法，且可以随着研究的深入不断调整其评估计划。为了顾及利益相关者的意见，EPPI还将用户纳入评估过程的各个环节，以保证服务使用者、教育实践者、研究者、雇主、公众成员及包含不同性别、年龄、种族的各类代表均能参与。[①]

2. 拓宽教育政策证据评估主体的合作路径

教育政策证据评估包括评估主体、标准、方法、程序、结果反馈等诸多方面，证据评估的发展和完善必然纳入合作化、制度化轨道。教育政策证据评估活

---

① 洪成文，莫蕾钰."基于证据"教育政策研究的评估与整合——以英国EPPI与美国WWC的经验为例. 新疆师范大学学报（哲学社会科学版），2015，36（6）：121-127.

动是基于教育公共政策服务的多元合作的工作活动，是一个庞大的系统性工程，由政府、专业机构、专家学者、社会力量联合，在主体互构关系中，从资格认证、信息资源互补、数据资源储存、数据资源整合、多元参与论证等环节进行合作，评估主体确立一种稳定有效的供给证据资料的合作模式和制度安排，共同行使公共权力，共同承担责任风险。教育政策证据评估主体的多元合作机制，有利于持续推进教育政策证据评估公共服务的社会化改革，打破信息服务供给要素单向流动的壁垒和单一化供给模式，有利于改进证据评估的利益结构和风险结构，提高政策证据评估活动对教育政策评估的服务效率。实施教育政策证据评估的多元合作机制，引入激励手段，提高教育政策证据评估质量，对于解决教育政策证据质量提升具有积极意义。

在证据评估过程中，要重视社会组织和公众代表参与的相关利益人的合作机制。各政策评估参与主体都可以进行自由充分的意见表达，最后由独立的证据评估组织根据讨论的结果做出公开的结论。

3. 建立教育政策证据评估主体的责任约束机制

责任约束机制是指为规范组织成员行为，使组织与活动能够有序运转，经法定程序制定和颁布执行的具有规范性要求、标准的规章制度和手段。责任约束机制有利于组织行为或个人行为的规范化。按照责任约束形成过程，约束机制可以分为外生性和内生性两种。外生性责任约束机制是在教育政策证据评估过程中形成的，体现的是"组织的意志"；内生性责任约束机制是教育政策证据评估运行过程中自然形成的，体现的是"评估活动的逻辑"。在教育政策证据评估中，只有通过规范的制度设计，才能实现证据评估过程的权、责、利统一，使政策证据评估真正发挥应有的作用。

第二节　教育政策证据评估的标准

证据评估的标准是教育政策证据评估主体把握评估的价值及其判断证据可靠性的客观依据与尺度，在对教育政策证据的取舍中具有独特的地位与作用。正常情况下，合适的证据必须与评估拟定的标准一致，其优点、价值的论断必须有明确的标准判定，有时可能还需要提供正当的理由进行支持。对此，人们普遍接受斯克里文所提出的基本逻辑的推理，它包括四个理想的步骤：①提出指标；②建立标准；③根据标准测量绩效；④综合与整合指标判定的数据。① 关于建立什么样的证据标准，我国学者已有论述："生产优质的证据需要相应达到三个方面的标准：第一，优质的证据需要良好的信度，即证据与拟解决的问题在内容上应准确对应；第二，优质的证据要求证据信度高，而源于自然科学的证据概念更偏爱科学实验的结果，近年社会科学研究开始重视验证干预（intervention）与结果（outcome）之间的联系，尤其是随机控制试验、准实验研究等更得推崇；第三，证据需带来可行性方案，这些方案不但要具有一定的代表性，符合当前文化与经济需求，而且必须是翔实、可以由此推进的。"② 下面将从教育政策证据评估的价值标准和实践标准两个方面进行分析。

一、教育政策证据评估的价值标准

评估就是对政策证据的价值、优点和其他某种价值进行判定。价值判定是需要标准的，价值标准就是指依据有效规范对一种事实行为所做的应当是这样或不应当是这样的判断。作为一种价值判断的证据评估，其价值标准是寻求、论证、确定和矫正证据价值的根本标准。教育政策证据的评估直接决定了教育决策的方向和教育政策的善恶，因此，公共政策证据评估的价值标准在本质上是公共政策的价值标准在实际操作中的具体体现。

教育是一项深深渗透着价值伦理的事业，是社会的文化高地与首善之区。政策是政治系统权威性决定的输出，是对整个社会所做的权威性价值分配。教育政策的目的和公共政策的目的一样，都是为了服务和增进公共利益，并且这种公共利益是普遍而又连续不断地被人们共同分享的利益。公共利益是指社会或国家占绝对地位的集体利益，而不是某个狭隘或专门行业的利益。公共利益表示构成一个政体的大多数人的共同利益，它基于这样一种思想，即公共政策应该最终提高大众的福利而不只是几个人的福利。公共利益并不表示一致同意的利益，而仅表示"当人们能清晰地看见、合理地思考、公正仁慈地行动时所作出的选择"③。公共利益的美好图景要求每一个社会成员都要"力争保持一种献身于社会发展的

---

① 欧内斯特·R. 豪斯，肯尼斯·R. 豪. 评估价值论. 桂庆平译. 北京：教育科学出版社，2015：18.
② 洪成文，莫蕾钰. "基于证据"教育政策研究的评估与整合——以英国EPPI与美国WWC的经验为例. 新疆师范大学学报（哲学社会科学版），2015，36（6）：121-127.
③ 格罗弗·斯塔林. 公共部门管理. 陈宪，王红，金相文等译. 上海：上海译文出版社，2003：152.

精神，一束投向遥远未来的目光，以及包容一切的公平感"①。所有政策及为之服务的证据都应追求公共利益，以社会功利最大化、客观、公正等为其价值标准。

（一）社会功利最大化

汤普森认为，"政策伦理是制定良好政策的先决条件，它比任何单一政策都重要，因为所有政策都依赖于此"②。社会功利最大化思想被视为公共政策的天然伦理。它以最大多数人的最大幸福为伦理标准，突出强调社会整体福祉和效率，这本身就是包括教育政策在内的公共政策的首要目标。"公共政策如果能够增加社会满意度的净损益，而社会满意度又囊括了属于这个社会的所有个体的话，那么公共政策就代表了公共利益。"③根据功利主义的理论观点，决策者应听从功利原则的指导，选择能够产生幸福对不幸的最大平衡行为。换言之，在考虑所有被政策影响的人时，基于伦理的正确做法是最大化幸福的选择。因此，评估政策和评估政策证据的标准，也必须以最大化幸福为准绳，以最广大的人民能获得最大利益为基本标准。

这里需要特别说明三点。①"社会功利最大化"不能简单地等同于"效率最大化"，更不是强调"经济效率优先"。②社会功利最大化标准要求人们在政策的短期利益与长期利益、现实利益与未来利益之间保持恰当的平衡。虽然短期利益由于其切近性和紧迫性而往往更容易吸引决策者的注意，并因此在与长期利益的较量中胜出，然而社会功利最大化标准的特点正在于它不放弃长期利益。③"社会功利最大化"有助于消除公共政策过程中容易产生的一种现象，即"公共乐意"往往等同于少数强者和富有者的利益，后者往往左右着公共政策的偏向。

（二）客观

对于"客观"一词的解释，《现代汉语词典（第7版）》有两重含义：一是"在意识之外，不依赖主观意识而存在的"；二是"按照事物的本来面目去考察，不加个人偏见的"。④在政策证据的范畴，客观性指证据事实是独立于政策证据评估和运用主体主观认识的客观存在，从中产生证据评估和运用主体尊重事实、忠

① 特里·L. 库珀. 行政伦理学：实现行政责任的途径. 4版. 张秀琴译. 北京：中国人民大学出版社，2001：73-74.

② Thompson D F. Paradoxes of government ethics. Public Administration Review，1992，52（3）：254-259.

③ 尼古拉斯·亨利. 公共行政与公共事务. 8版. 张昕等译. 北京：中国人民大学出版社，2002：703.

④ 中国社会科学院语言研究所词典编辑室. 现代汉语词典. 7版. 北京：商务印书馆，2018：741.

于事实的伦理义务。

证据的客观性表现在以下三个方面：①证据来源的客观性。即教育政策证据产生于特定的时间、空间和主体，这些来源是独立于意识的客观实在。也就是说，教育政策证据不以主体的主观意志为转移，不需要其他客观作为前提，其自身就是客观的。②证据内容的客观性。证据的内容是对特定政策问题的客观反映，不是证据评估和运用主体的主观猜测或者臆想。评估者的立场应是客观的，中立的，评估者要站在中立的立场上，按照政策信息的本来面目去评估和描述证据。人们在评估证据的时候，应摒绝自我，秉持无私之原则，客观公平，不被"偏见""谬误"蒙蔽。③证据关系的客观性。证据个体之间以及证据与所证之政策观点之间的联系具有客观性。

（三）公正

公正即公平、正直，它是人类追求美好生活的永恒主题，是衡量社会文明进步的重要尺度，是社会主义制度的本质要求。亚里士多德认为，"公正自身是一种完全的德性，它不是未加划分的，而是对待他人的"，正因为如此，"在各种德性中，人们认为公正是最主要的，它比星辰更加令人惊奇，正如谚语所说：'公正是一切德性的总汇'"。[①] 党的十八大报告提出，"必须坚决维持社会公平正义"，"公平正义是中国特色社会主义的内在要求。要在全体人民共同奋斗、经济社会发展的基础上，加紧建设对保障社会公平正义具有重大作用的制度，逐步建立以权利公平、机会公平、规则公平为主要内容的社会公平保障体系，努力营造公平的社会环境，保证人民平等参与、平等发展权利"。[②]

政策证据价值标准的公正有三层含义。①政策证据应平衡多方政策主体的意见，将与政策相关的事实证据呈现出来。②政策证据应符合人们已提前界定的价值标准体系，如政策证据能体现教育政策应该体现的价值观的人民利益标准、认识论的实践标准和历史观的生产力标准。人民利益标准就是对教育政策的成败得失和功过是非的价值判断，其效果是否能为最广大人民群众尤其是劳动群众带来或增进福利；实践标准是指对教育政策效果的认识和判定不能依照某种权威的理论框架或权威人物的思想意志而定，而应当从其发生的社会历史客观原因以及对

---

① 苗力田. 亚里士多德全集（第8卷）. 北京：中国人民大学出版社，1994：98.

② 胡锦涛. 坚定不移沿着中国特色社会主义道路前进 为全面建成小康社会而奋斗——在中国共产党第十八次全国代表大会上的报告. http://www.wenming.cn/djw/gcsy/zywj/201305/t20130524_1248116.shtml.（2012-11-08）[2020-09-15].

社会历史变化发展的客观实际效果出发；生产力标准是指对教育活动的社会历史意义的理解、作用评估的最终尺度是否能促进劳动者劳动条件的改善、劳动效率的提高和最广大人民群众生活水平的提高，从而带来社会的繁荣。③程序公正，即政策信息的认定、制定、执行、评估、持续与终结的程序应公正。政策问题、评估指标、证据文本、证据目标、证据评估标准等的表述简明扼要，不会产生歧义。

二、教育政策证据评估的实践标准

（一）可行性

教育政策证于被评估客体，当评估客体的信息被当作证据公开时，需要考虑评估客体对此做法的可接受性；评估主体在实施证据评估时所需的财力、物力和人力投入是否有保障；证据管理的可行性，即政策证据收集与使用的过程的组织、个人之间的协调与管理等。

（二）相关性

证据法上的相关性是指证据"有助于"认定"案件中的某个实质性争议问题"，是"实质性和证明性的结合"。[①] 在政策学视域下，相关性指证据与意图证明的政策主张之间存在着合理的关联。"合理"是指证据与待证政策主张之间的联系应当符合客观规律或主观情理，既包括主观心理世界的情绪，也包括客观物质世界的事理。在实践中，"合理"表现为符合伦理道德、生活常识、职业常识、科学定律、逻辑公式、惯例规程、古训箴言等，即"决策者为其决策所提供的理由，必须是所有人在类似的情况中都会认为是好的理由，并且是当决策者将自己转换到受该决策影响的人们的那个位置时也会接受的理由"[②]。"关联"是指证据事实与待证政策主张之间存在逻辑、时空、物理或者心理方面的关联性，从证据事实之中可以合理地推导出待证事实成立或不成立。

（三）具体性

具体性是指分析任何一个教育政策问题时，都要把它放在一定的历史范围之内，对任何教育现象都应当从其内在性质、空间范围和时间特性等方面进行具体

---

① 乔恩•R. 华尔兹. 刑事证据大全. 何家弘等译. 北京：中国人民公安大学出版社，1993：64.
② 王云萍. 公共行政伦理学论纲. 北京：科学文献出版社，2018：122.

考察，做出定性、定量和定时的分析与判断，从与其他事物的各种联系中了解和掌握特定教育政策的具体信息。

第一，要把教育政策证据的评估活动放在"自然-社会"的大系统中加以考察，赋予教育政策证据评估活动宏观的历史背景，对教育政策证据可能运用的社会情景进行系统思考和综合考量。列宁曾说："在社会现象领域，没有哪种方法比胡乱抽出一些个别事实和玩弄实例更普遍、更站不住脚的了。挑选任何例子是毫不费劲的，但这没有任何意义，或者只有纯粹消极的意义，因为问题完全在于，每一个别情况都有其具体的历史环境。如果从事实的整体上，从它们的联系中去掌握事实，那么，事实不仅是'顽强的东西'，而且是绝对确凿的证据。如果不是从整体上、不是从联系中去掌握事实，如果事实是零碎的和随意挑出来的，那么它们就只能是一种儿戏，或者连儿戏也不如。"①

第二，做好定性研究。定性研究即对教育现象的属性认定、各类归并以及价值判断等。属性认定是指根据事物的内在属性对某种教育现象所作出的一种规定性判断，明确它是什么、不是什么。各类归并是指基于一定的标准将具有相似或相同的教育现象联系起来，归为一类，同时将异质的其他教育现象判为一类。价值判断则是对主体与客体之间的价值关系的判定，它回答"有什么用途、有多大用途"等问题。

第三，注重定量研究。定量研究是指通过计量手段将事物固有的数量方面的特征以一定方式反映出来，并在不同社会现象的数量关系中研究事物，从而发现和掌握教育规律。"量"包括两种基本情况：绝对量即某种教育现象自身固有的"量"的特质，如数量、程度、范围、速度、水平等；相对量即通过参照物，在与其他事物的比较中所显现的量。绝对量的统计和分析是观察和认识教育现象的前提和基础；结合参照系进行的相对量的考察和研究，可以帮助人们更加全面透彻地把握某一个教育政策问题在社会中的实际地位。

第四，不忘定时研究。定时研究是指从时间角度研究教育现象。任何教育现象的本质、特征及其量的变化和质的飞跃，都寓于特定的历史境遇中，是在一定的具体时间条件下获得的。随着时间的推移，事物的本质、特征等都会发生变化，定时研究实际上就是从发展、变化的视角了解事物发展的阶段性和动态性，从其内部矛盾和外部冲突的交互作用中理解教育政策问题的表现、变化与发展，在相互交织的状态和影响中把握教育问题本质存在属性和活动规律。

---

① 列宁. 列宁全集（第28卷）. 中共中央马克思恩格斯列宁斯大林著作编译局编译. 北京：人民出版社，1990：364.

（四）兼容性

制定、修订、持续的教育政策证据必须考虑与其他教育政策证据以及非教育政策证据间的一致；证据的预测与效果测量中的统计口径、统计结构等保持一致，并能适合政策的动态属性发展过程。教育政策评估是一个动态的过程，每一个标准并不仅限于政策周期的某一阶段，而是在整个政策周期里都有不同程度的反映，教育政策证据类型要随着教育政策发展的周期性具有一定的兼容性。

第三节　教育政策证据评估的程序

教育政策证据评估涉及证据生产的科学性与有效性。为了克服评估证据与评估目标相脱离的缺点，可以尝试一种新方法——目标导向型教育政策证据评估，即以实证为指导，通过直接观察、调查或运用复杂方法测算得出教育政策或方案的影响因素或者最终结果，以此对政策目标进行评估。目标导向法不仅从方案目标的不同维度对证据进行搜集、测量与评估，还将广义的政策目标作为出发点与终点，根据不同的政策实施环境与条件，找到实现或反映这些目标的最佳证据或证据组合。证据评估程序包括明确教育政策的评估目标、选择证据评估方法、实施证据评估过程、进行证据评估的质量控制等环节。

一、明确教育政策的评估目标

（一）教育政策目标的界定

教育政策证据评估的核心目标是检验教育政策的效果。教育政策证据评估要衡量教育政策是否达到预定目标，这就要求在搜集教育政策评估证据时有明确、可测定的目标。教育政策目标有可量化的目标，也有不可量化的目标，可量化的目标具有可测量性，不可量化的目标就难以测定。在进行教育政策证据评估时，以教育政策效果为评估的核心内容，以教育政策实施对客体及环境所产生的影响或效果为基础，判定教育政策目标的实现程度。在评估过程中，评估内容包括直接政策效果与间接政策效果。"教育政策实施对所要解决的教育问题及目标群体所产生的作用，就是教育政策的直接效果。教育政策的效果常会出现政策制定者意想不到的情况，这类影响就是教育政策的附带效果。"① 为理解直接政策效果与间接政策效果，需要对教育政策目标进行深刻解读，这些都是教育政策评估时，收集、鉴定、使用证据时的主要依据。总之，收集与评估证据以解释和回答政策目标的达成度、教育政策目标是否明晰影响着整个评估工作的信度与效度。教育政策目标的界定也影响教育评估指标的选取。只有明确了教育政策目标与评估目标，才能有针对性地确立评估指标体系，进行评估证据的搜集与鉴别。

（二）证据与评估目标、评估指标适切性的界定

在教育政策评估过程中，无论是外部评估还是内部评估，其评估的元素具有多元化的特征，评估目标的指向、评价指标的设计对政策评估的导向性具有显著意义，是不同的价值主客体和价值关系的体现。在教育政策评估中，设计评估指标要遵循一定的价值取向和评估目标。教育政策评估中的指标体系，一方面体现了评估的价值取向，从理论架构、内容设计、指标选择表征了教育政策评价的核心思想和功能定位；另一方面，对教育实践工作起到重要的指导作用，同时也引领评价数据分析、报告研制、结果解读等各个工作环节。

以评估指标为具体目标进行数据信息的收集，需要考虑证据与政策评估指标的适切性，也就是基于评估指标的可获得的证据与评估指标之间的关联性，对所收集到的数据、所设计的评估指标以及政策评估中所要解决的问题等进行精确的陈述和掌握。政策目标也随着评估指标所对应的证据的陈述和总结归纳而被有效测度。

二、选择教育政策证据评估的方法

总体上看，证据载体分为定性与定量两种。定性证据评估是根据专家的经验进行判断的，此方法要求专家对政策目标、评估目标、评估指标的理论框架与实践要求非常熟悉，基于合理的逻辑推断进行主观判断。定性证据评估在实际应用中具有一定的制约性。定量证据评估基于观察数据与实验数据，专家根据相关专业知识，通过构建量化模型，利用模糊理论、灰色理论、计量模型等方法产生函数，从而控制评估证据的有效性。

---

① 杨强. 探析教育政策评估研究. 考试周刊，2017（25）：163-164.

（一）定性证据评估

定性证据评估主要基于内容分析方法，证据内容包括诸如声像材料和文本材料，包括传媒记录、公共文件、工作报告、案例研究、报道、调查研究结论、新闻出版物、报刊、书籍、专栏文章和信函等。

运用定性证据评估时，评估人员应该注意以下问题。

1）检查、询问及函证等所收集的证据材料是否通过可靠、真实的渠道获得，是否需要获得信息提供者的确认才能成为有效证据，是否具有稳定的信息源的特性。比如，获得的不同证据文本在时间跨度上是否太长，是否因时间比较长而产生了变化，在对照分析不同群体、不同环境下的证据时，证据本身是否发生了变化。另外，源于两个或更多的文献源的相同类型的证据是否具有同一性，源于同一文献的不同类型证据也需要进行鉴别与考察。

2）进行证据分析之前，评估人员应当充分估量文本材料的质量特征，即要考证所收集的证据信息量是否充分回答了所要评估的政策问题。若在评估分析前就对证据文本进行断章取义式的删节，形成对证据认识、判断与选择的谬误，将导致证据评估结论的片面性，甚至出现评估结果不准确的问题。只有对文本材料进行大量、充分的实证分析，其证据分析的结论才真正可信。

3）采取必要的抽样方法。定性证据评估中面对庞大的需要分析的文本资料，如因为数量巨大造成评估耗资过大时，可采取适当的科学抽样方式，以确保评估证据有效、正确地代表整个证据样本的全貌。在一般抽样的基础上，也可以选取典型文本资料作为证据分析的样本。譬如，在义务教育均衡发展政策的评估项目中，假定按照适当的要求，做一个有关均衡发展政策执行效果评估的研究，在证据收集与评估的过程中预计可能要访谈的样本至少要有300位被访谈者。证据评估人员需要设计一个系统的样本获取有关过程的方案，依照顺序初步分析访谈笔录内容，然后可以选取1/10的记录进行内容分析，并且通过其他途径获取的证据样本也将被利用与分析。

4）列出编码时可能遇到的标准化规则。设计编码规则，遵守这些规则，有利于评估人员系统、客观地看待证据内容，辨别出哪些证据适用定性分析，哪些证据适合统计计算，哪些证据对于评估结果的分析具有关键性的影响。

（二）定量证据评估

定量证据评估主要指能够运用特定的技术手段对证据所表征的数量化内容的

达成程度进行测定的方法。证据的定量测定评估是指对证据内容的量的测算过程，证据的定量测定结果在多大程度上能够满足所测定的政策评估指标或者政策评估目标的要求。对于任何一种测量尺度或测量手段来说，必然包含这样一些基本问题：测量所得的数据或资料是否与教育政策的特征有关？测量所得的结果是否为教育政策评估所需要的内容？当这种测量的时间、地点、操作者发生改变时，测量的结果将会受到怎样的影响？所有这些问题都涉及测量的伦理、信度和效度问题。

运用定量证据评估应注意以下问题。

1）定量证据评估所规定的测量技术符合技术伦理。定量证据所遵循的评价技术要确保在教育政策价值追求中对个体生命的尊重，无论个体是作为价值主体的形式存在还是作为价值客体的形式存在，其个体尊严与权利都不能被评价技术损害。定量证据所规定的评价技术要对受教育者的生命有益，要公正地对待所有受教育者的生命，能切实、有效地保护评价对象的隐私。

2）定量证据评估所使用的工具要符合信度要求。信度即可靠性，信度主要是指测量结果的可靠性、一致性和稳定性，是采取同样的方法对同一对象重复进行测量时，其所得结果相一致的程度，即测验结果是否反映了被测者稳定、一贯性的真实特征。从另一个角度看，信度是指测量数据的可靠程度。定量证据评估中所指的信度更大程度上是指所使用的测量工具与测量过程应达到一定的稳定性要求。证据本身在定量化过程中的稳定性保障，实质上是测量工具的稳定性与测量过程的稳定性使然。比如在对问卷的信度进行估计之前，需要通过采用适当的量表（如李克特量表）将问卷中的各类主观的或客观的备选答案转化为数字形式，然后在此基础上进行问卷评分（包括单项评分、相关题目分组评分和总评分等）。信度分析的常用具体方法有重测信度、复本信度、分半信度等。所使用的测量工具不当或不全面，会造成证据的使用效用减低。如在反映职工生活水平时，如果仅用名义工资的变动情况这一个指标，而不考虑通货膨胀等因素给职工生活带来的影响，这种证据测量工具的选择会影响证据本身的信度。

3）定量证据评估所使用的工具要符合效度要求。测量的效度是指测量工具能够准确、真实地测量事物属性的程度。或者说，效度是指所用的指标能够真实反映某一概念本质内涵的程度。它有两层含义：①测量指标与所要测量的变量之间的相关与吻合程度；②测量的结果是否无限接近该变量的真实值。如果二者均一致与接近，则该测量的效度较高。例如，测验学生某科学习成绩，如果考试题目不能真实地反映学生的学习情况，或者测验结果远远低于或高于学生的现实水平，那么这种测验就是无效的，因为它不能准确地反映学生学习情况，所以这样的证据是无效的。

整体而言，证据评估的方式方法不是单一的运用，而是综合性运用。为了发现证据类型及证据数据与评估目标之间的内在关系，需要将证据评估方法与信息内容分析的有效性联系起来，将质性文本分析与量化统计方法结合起来，进行整体评价，以获得综合的、全面的证据。

三、确保教育政策证据评估的质量控制

教育政策证据评估的客观性和全面性源自对评估执行过程中的信息有效采集，充足而准确的资料和信息是进行证据评估的基础。从信息的角度来看，教育政策证据评估活动的过程，是一个信息筛选、加工、输出、反馈的过程，教育政策证据的有效性在很大程度上取决于信息本身及其传输的质量。证据评估按照计划实施，评估过程进行严格的流程管理和全过程监控，有利于避免片面信息导致的证据失真现象。

教育政策证据质量受研究设计、研究对象、样本量、统计方法、偏倚等多项因素影响。研究设计的因素包括研究设计的科学性、可行性，研究方法是否合理等；研究对象的因素包括哪些政策客体纳入研究，哪些信息资料纳入评估，以及样本量大小等；研究方法的因素主要包括研究范式的适合性，信息资料的效度鉴定，测量指标的选择、指标的敏感性和特异性，测量过程中有无测量偏倚等；研究结果的因素主要包括证据之间的关联性与互证性、证据的基线状况与政策影响结果的可比性、统计分析方法是否正确、结果解释是否合理等。

教育政策证据质量控制不但需要考虑评估过程中的影响因素，而且要将这些因素细化，明晰哪些因素可能降低证据质量，哪些因素可能提高证据质量，比如可能降低证据质量的因素有证据研究的局限性、证据评估研究结果的异质性、间接证据与直接证据的弱关联性、证据测量精确度不够、证据表述的偏差性等。可能提高证据质量的因素有信息资料源的真实性、证据的效应值表现明显、指标与评估目标的切合度高等。对教育政策证据质量控制的反思，实质上是按照一定的理论和价值标准对教育政策证据评估技术的质量及结论进行更深入的评估，简称"元评估"。元评估可以检验证据评估中可能出现的各种偏差，可以运用统计和其他方法来估计产生的偏差以及对评估结论的影响，有利于进一步控制证据质量。具体来讲，为保障证据评估的质量，控制干扰因素或减弱干扰因素，需要从以下

方面进行再评估、再反思、再调整。

（一）对证据信息资料来源的元评估

对证据信息资料来源的元评估，需要从以下方面对证据资料来源信息进行分析：信息来源符合检查吗？信息获取的背景和条件是什么？对信息来源了解和理解程度如何？信息来源在这个方面的报道可靠吗？信息来源有偏见的可能吗？信息输出时存在观念、利益、偏爱等成分吗？信息全面吗？还存在别的来源报道或者解释吗？信息和其他的观察与知识一致吗？信息报告清楚地说明了全部事实吗？信息报告中哪些是报道，哪些是推理，哪些是解释？其中，证据来源的公正性最为关键，各方证据来源的独立性是证据客观性的重要保障。教育政策证据来源的元评估如图4-2所示。

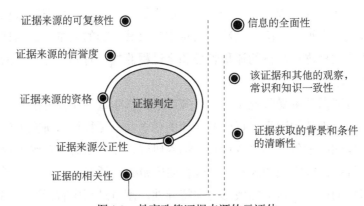

图4-2　教育政策证据来源的元评估

评估数据主要来自政策制定者和实施者，外部取样相对较难。因为在政策实施过程如果缺乏有效的外部监督，信息化管理较低，对信息采集缺乏法定的强制规范，信息材料往往掌握在政策实施主体手中，不完整、不全面，不能及时反映政策实施的动态过程。有的政策实施主体出于对自身利益的考虑，有时对政策评估存在抵触情绪，在采集证据时不希望信息被完全公开而故意隐瞒一些信息或提供一些虚假信息，避免对自己不利的表现和结果影响对自身的评价，导致信息透明度低。政策绩效评估主体（尤其是外部评估主体）无法全面了解到这些绩效信息，仅凭主观感受和汇总的统计数据来评估绩效状况，造成绩效评估存在较大的信息偏差。此外，科学观察具有复杂性特征，受客观因素或主观因素的影响，或受人的本能与认识的局限性的影响，信息提供者对体验或事实做出错误的理解或解释，或受偏见、利益、意图等影响，虽然了解事实但做出粗枝大叶或不准确的表述，可能出现证据虚假现象。对于分析评估证据信息源的筛选路径，应从证据来源的信誉资格和公正性、证据引用的可靠性和完整性、证据源的合理性等方面对证据信息源的可靠性进行判断。

（二）对证据信息资料研究过程的元评估

证据的可靠性除了保障证据信息资料来源的客观、真实之外，对证据信息资料研究方法的再评估也是控制证据质量的关键要素。证据信息资料研究方法的再评估主要包括在评估过程中的实施方式的规范性与科学性的评价。在教育政策证据评估的实施环境中，无法做到完全随机实验，证据评估中更多采用的是非随机对照试验方法，因此可参考非随机对照试验方法的评价指标（methodological index for non-randomized studies，MINORS）[①]，提出教育政策证据信息资料研究过程元评估的评估指标（表4-1）。

表4-1　证据信息资料评估流程的元评估指标

序号	评估条目	评估内容
1	明确地给出了研究目的	所定义的问题应该是精确的且与可获得文献有关
2	总体的周延性与样本的随机性	所有具有潜在可能性的个体（满足正常范围内）都在研究期间被纳入研究视野，样本抽取时采用随机抽样的方式
3	预期数据的收集	收集了根据研究开始前制定的研究方案中设定的数据
4	证据指标能恰当地反映研究目的	证据能明确地解释用来评估所定义的指标，具有与指标内涵一致性特征
5	证据评估的客观性	对客观指标的评估采用评估者独立测量法，对主观指标的评估采用评估者焦点会议法。否则给出所采用方法的理由
6	评估时间是否充足	评估时间应足够长，以使得能对关键指标及可能的隐性事件进行评估
7	样本流失率是否低于5%	应对所有抽中的政策客体进行随访。否则，样本流失的比例不能超过总体研究对象的5%
8	是否估算了样本量	根据预期评估结果，计算了可检测出不同研究结果的样本量及其95%可信区间；且提供的信息能够从有统计学差异及估算把握度水平，对预期结果与实际结果进行比较
9	对照组的选择是否恰当	对于政策影响效应的评估；实施政策干预性试验，随机选择政策对象，实施随机干预措施
10	对照组是否同步	对照组与试验组应该是同期进行的（非历史对照）
11	组间基线是否可比	对照组与试验组起点的基线标准应该具有相似性。没有可能导致使结果解释产生偏倚的混杂因素
12	统计分析是否恰当	用于计算可信区间或相对危险度（RR）的统计资料是否与研究类型相匹配

注：9—12条用于评价有对照组的研究的附加标准

[①] 曾宪涛，庄丽萍，杨宗国等. Meta分析系列之七：非随机实验性研究、诊断性试验及动物实验的质量评价工具. 中国循证心血管医学杂志，2012，4（6）：496-499.

（三）对证据评估结果偏倚风险的元评估

　　教育政策评估是根据教育政策的证据进行政策过程、政策绩效的分析与探讨，证据质量影响政策评估结果，证据偏倚风险对于每一个政策评估的效应估计值的影响巨大。了解证据偏倚风险有利于提升证据的质量或大众对效应估计值的信赖度。因此，在进行政策评估时，有必要对证据的偏倚风险进行评估，从而增强对证据的信心。偏倚风险的评估是证据评估过程中必不可少的环节，包括对整体证据偏倚风险评价以及对具体证据偏倚风险的评估。证据评估结果偏倚风险的元评估主要是出于对证据质量的考虑，有助于对于某项研究获得的证据的优势或不足进行充分讨论。偏倚风险评估结果也可能影响纳入排除和数据分析，在发现高偏倚风险可能导致证据质量降低的情况下，可以进行证据的再研究，以获得高质量的证据。比如，原始研究若存在较高风险的选择偏倚、结局确认偏倚和失访偏倚，那么控制研究的设计特征之后，这种关联就不再具有统计学意义，就无法证明证据结果与政策效果之间的关联性。教育政策证据中，高偏倚风险的研究与类型越多，则越有可能降低证据质量，如果总体估计值有可能受到高偏倚风险的影响，就需要在使用证据时据此降低证据质量等级。如果证据存在"严重的偏倚风险"，就降低了证据质量，此种情境下可以选择不降低效应估计值的证据。在证据质量评价中，实际评价的是对证据的信心，筛选出系统化、结构化的评价证据，找出证据分歧的原因和依据，将评估判定为"高偏倚风险""极高偏倚风险""低级证据"进行再审视。这可以作为证据质量评估的起点，选择合适的证据质量等级，促进证据研究质量的提升。

　　应用偏倚风险评估工具的目的是方便、结构化地明确偏倚风险的可能来源，并且据此探索这个偏倚风险对于估计值的影响，而非涵盖研究中可能出现的问题和不足。有关偏倚风险的考量最终应纳入证据质量评价，用于评估我们对于证据的信心，帮助我们更加明智、审慎地解读和应用证据，而不是盲目地根据已有证据进行决策。表4-2为参考Cochrane偏倚风险评估工具①，结合教育政策证据评估的实际情境，构建了教育政策证据评估偏倚风险的元评估指标体系。

表4-2　教育政策证据评估偏倚风险的元评估指标

评价指标	评价内容
选择偏倚	是否采取随机抽样抽取了样本，以便判断政策执行与分配情况是否能预知，证据评估结果是否代表政策实施客体，以此证据对政策进行评估是否影响持续改进的方向

---

① 汪洋. Cochrane偏倚风险评估工具简介. 中国全科医学，2019（11）：1322.

续表

评价指标	评价内容
供给偏倚	信息采集过程、评估过程是否保持了客观性与公正性，以防受利益驱使或外界压力而采取主观规避措施，提供的是否是有效的信息，证据是否弱化
测量偏倚	测量工具的可行性与有效性对证据判断的风险大小
随访偏倚	完整地报告了每个主要结局指标的数据，包括样本流失及退出的，是否明确报道了样本流失及退出，每组人数（与随机入组的总人数相比），样本流失/退出的原因，以便系统评价者进行相关的处理，防止影响数据结果的完整性
报告偏倚	描述的信息可供系统评价者判断，选择性报告研究结果的可能性及相关情况
其他偏倚	除上述偏倚外，提供的信息是否可评估存在其他引起偏倚风险的因素

四、完善教育政策证据评估的设计与实施流程

证据评估的方式方法间既有区别又有联系，有各自的优势与不足，在教育政策证据评估过程中，需要利用方法之间的互补性，使教育政策证据评估更加完善。在这部分，我们以教育政策评估中的案例来说明教育政策证据评估中需要考虑的要素，完善教育政策证据评估，鉴别出高质量的证据。

教育政策评估不像自然科学家通过实验室的条件控制，保持其他因素不变，根据严格的实验程序来研究事物之间的因果关系，探讨实验结果以及影响结果的原因及其产生的影响。教育政策不能进行实验室实验，只能在实际的时空中运行，然后在实际时空中进行评估。下面以大学贫困生奖学金政策对学生学业成就的影响评估为例，通过评估过程了解如何进一步完善教育政策的证据评估。在这一政策评估中，要从错综复杂的影响学生学业发展的各种要素以及相互作用过程中梳理出特定原因和影响，我们需要考虑两个问题：反事实情境的构建和潜在原因变量的变异性。

反事实情境的构建。构建反事实情境，需要提出这样的问题：如果大学贫困生这个政策没有实行，而其他条件不变，那么大学里贫困生的生活状况与学业状况将会怎样？如何构建这个反事实情境？通常的做法是，选择一群不受贫困大学生资助项目影响的贫困大学生作为行为主体，把他们的生活与学习经历作为反事实情境下的实验对象，即不实行资助政策情况下的参与者，这部分大学生的发展结果和接受资助政策的贫困大学生发展结果之间的差别，是在两组人在其他方面的进行差异控制的条件下出现的，这个政策的影响结果就是这个差别。

教育政策证据评估过程需要借鉴社会实验的方式构建反事实情境。我们将符合政策资格要求的申请人进行随机分配，构成实验组或控制组。在大样本情况

下，政策参与者形成的实验组与未受政策影响的控制组中的成员在各种特征上基本相同，所以两组结果均值之差就是政策影响的一个无偏估计量（表4-3）。

表4-3　按反事实情境构建手段分类的评估方法[①]

实验状况		控制/对照的选择	对结果平均差异的调整
1	高控制	个体控制组，随机分配	无
2	准控制	个体对照组，结构模型	根据可观测量和不可观测量进行调整
3		分组比较	只根据可观测量进行调整
4	弱控制	a. 其他项目	无
5		b. 其他年龄组/性别	无
6		c. 自身历史（之前/之后）	无
7		d. 其他国家	无
8		e. 行为主体的推测	推测性
9		f. 专家解释	不适用
10	零控制	总结果	不适用

在上述的评估方法中，对于弱控制实验则需要考虑更多的不可测量因素对结果差异的影响，避免由于选择偏差而产生数据结果的偏误。构建反事实情境的其他方法称为弱实验性方法，因为这些方法没有使所有相关影响保持不变。随着对实验情境的控制逐渐减弱，数据资料也从精确数据逐渐转变为模糊性数据，推测的意味更加明显，证据的级别开始逐渐降低。控制最严格的是完全随机实验方法，研究对象进行了完全随机分配，研究对象的其他要素也进行了随机分配，两组实验对象的其他条件处于平衡状态，实验结果就是两组平均数之差，具有无偏性。这种方法中的反事实情境构建比较成功，但是在政策评估中，却很难做到完全随机实验。基于教育事实情境中的教育政策评估更多选择的是准实验研究方法。在随机条件下，构建尽可能相似的实验组与对照组。根据可观测到的信息对实验组与对照组之间的差异进行控制与调整，回归分析通过实验组与对照组之间其他因素（如学习时间投入、专业差异、就业期望等）的差异对实验结果的差异进行调整。

"构建反事实情境要求所关心的原因变量具有足够的可变性。如果关注点根本不发生变动，它的效果就不可能被分离。我们必须搜集和筛选数据，以保证充

---

① 冈特·施密德，杰奎琳·奥赖利，克劳斯·朔曼等. 劳动力市场政策评估国际手册. 杨伟国，陈华娟等译. 北京：中国人民大学出版社，2014：201.

足的识别变动。"① 准实验性方法与弱实验方法通常更适合于政策与制度问题的研究。教育政策证据评估的设计流程需要不断完善，多种方法和多种证据来源比单一的方法和来源更可靠。

就证据生产的科学性而言，高质量的证据一般具有科学和真实、系统和量化、动态和更新、共享和实用、分类和分级等共同特征，但不应将"证据等级"或"随机对照试验"等单一方法作为衡量证据质量的唯一标准，还应综合考虑可信度（技术证据的充分性）、显著性（评估与决策者需求的相关性）、公正性（证据生产过程是否公平对待不同利益相关者）等标准。就证据使用的有效性而言，要建立知识转移机制以促进证据使用，使决策者可用、能用和善用证据，不仅要发挥好智库专家作为信息中介、知识提供者或知识经纪人的作用，培训研究人员如何更有效地提供决策证据，培训决策者如何查找、了解和使用证据，而且要通过制度化途径改进证据使用或促进知识向政策转化，比如建立关于各政策领域备选方案有效性的"证据库"，形成循证决策实践指南，完善智库作为结构化知识经济人的作用，建立由相关机构、规则和实践规范组成的专门服务于循证决策的"证据咨询系统"。例如，美国国家科学基金会（National Science Foundation，NSF）特别重视与绩效目标相关的数据采集、证实和认证工作。例如，NSF的项目结题材料过去都是开放式的纸质结题报告书，后来要求结题报告提供更详细的内容，而且全部进入由NSF维护的网络系统，便于人们方便快捷地查询。NSF还将以往监督同行评议的外部专家委员会的职能进行了拓展，除了继续监督同行评议过程（即投资过程的一部分）之外，任务重点转移到了评估各资助计划的结果。NSF的评估数据源包括其中心数据库（电子化的项目结题报告系统、申请书系统、项目批准系统、评议专家系统、财务系统、绩效评估报告系统等）、分散的信息源（如科学出版物、NSF发布的新闻简报、包括外部专家委员会报告和咨询委员会报告在内的独立评估报告、各科学局及下属各处的年度总结、各项计划的年度总结等）和NSF内部建立与维护的本地数据库。必要时，NSF还利用其外部建立与维护的合同数据库。通过这些信息源，NSF就可以有效开展制度化的绩效评估活动。②

从发展趋势来看，无论是证据生产还是证据使用，都离不开专业化智库的有

① 冈特·施密德，杰奎琳·奥赖利，克劳斯·朔曼等. 劳动力市场政策评估国际手册. 杨伟国，陈华娟等译. 北京：中国人民大学出版社，2014：202.
② 上海社会科学院政府绩效评估中心. 公共政策绩效评估：理论与实践. 上海：上海社会科学院出版社，2017：20.

效参与。只有发挥智库数据中心与实验室的证据生产功能，通过数据收集、数据分析、行为实验、仿真模拟、预测研究、系统评价和元分析等决策支持技术，将政策相关信息转化为"决策证据"，才能建立可经受时间和实践检验的高质量证据库，随时随地提供各种实质性政策有效执行的行为证据和制度证据，并以通俗易懂的方式呈递给决策者；只有通过构建由智库数据库中心与实验室、相关政府部门、政策法规、实践规范和技术设施共同组成的证据咨询系统，形成并推广循证决策模式，才能促进高质量的有效使用，实现良好的公共治理或循证治理。

第五章　教育政策证据的运用

第一节　教育政策证据的运用范畴

　　教育政策证据的价值在于帮助教育做出循证决策，即教育政策决策活动是建立在证据的基础之上，而不仅仅是决策者"拍脑袋"的结果。

　　关于政策制定的内涵，美国公共政策学者萨巴蒂尔认为，公共政策的制定包括如下几个过程：界定问题，并提交给政府，由政府寻求解决的途径；政府组织形成若干备选方案，并选择政策方案；方案得以实施、评估和修正。[①]德洛尔在其著作《公共政策制定检讨》中，广义地运用了政策制定，将政策过程或者政策系统的运行分为4个不同的政策制定阶段（表5-1）。①元政策制定阶段，即对制定政策的政策进行分析，包括处理价值，处理实在，处理问题，开发资源，设计政策制定系统，确认问题、价值和资源，决定政策制定战略7个环节。②政策制定阶段：包括资源的细分，按优先顺序建立和排列操作目标及其他重要价值；准备一组主要的政策方案选项，包括一些"好"政策；预测政策的成本和收益；选择最好的政策；评估最优方案并确定其好坏6个环节。③后政策制定阶段：包括发起政策执行、政策的实际执行、执行后的评估3个环节。④反馈阶段：多层面联结所有阶段的交流与反馈。[②]

表5-1　德洛尔的政策过程阶段划分

主要阶段（major stages）	次阶段（sub-stages）
元政策制定阶段	1. 处理价值（processing values）
	2. 处理实在（processing reality）

---

　① 保罗·A. 萨巴蒂尔. 政策过程理论. 彭宗超，钟开斌等译，北京：生活·读书·新知三联书店，2004：3.

　② 转引自钱再见. 基于公共权力的政策过程研究. 南京：南京师范大学出版社，2013：18.

续表

主要阶段（major stages）	次阶段（sub-stages）
元政策制定阶段	3. 处理问题（processing problems）
	4. 开发资源（developing resources）
	5. 设计政策制定系统（designing the policymaking system）
	6. 确认问题、价值和资源（allocating problems, values and resources）
	7. 决定政策制定战略（determining the policymaking strategy）
政策制定阶段	8. 资源的细分（sub-allocating resources）
	9. 按优先顺序建立和排列操作目标及其他重要价值（making and prioritising operational goals and other significant values）
	10. 准备一组主要的政策方案选项，包括一些"好"政策（preparing a set of major alternative policies, including some 'good' ones）
	11. 预测政策的成本和收益（predicting benefits and costs of those policies）
	12. 选择最好的政策（identifying the best policies）
	13. 评估最优方案并确定其好坏（deciding whether the best alternatives are 'good' policies）
后政策制定阶段	14. 发起政策执行（motivating the execution of the policy）
	15. 政策的实际执行（executing the policy）
	16. 执行后的评估（evaluating the results）
反馈阶段	17. 交流（communication）
	18. 反馈（feedback）

从萨巴蒂尔和德洛尔对政策制定的理解中，可以看出政策制定其实包含一个完整的政策过程。换句话说，政策过程就是一个决策过程。在这个过程的每一个环节，都需要以大量的证据和信息作为基础。当然如果是用科学的方法、广泛深入的调查分析和睿智周全的成效预测得到的证据更为完美。一般认为，教育政策决策有3个重要维度：科学性、民主性和合法性维度。以证据为基础的教育政策决策则可以完美体现政策制定的科学性、民主性，增强政策的合法性。因此，证据使用不是政策过程某一个阶段的事情，而是整个政策过程都应该使用的。只有这样，政策制定的过程才是理性的、科学的，也因为有了公众参与的信息（即听取了公众的诉求和愿望）而表现为民主的。政策过程的每一个环节都有独特的价值，都会影响政策目标的实现，因而，政策过程的各个环节都要有章可循、有据可依。科学证据为教育政策决策提供了更加广泛的理念和经验，使得政策的形成能够基于坚实的技术基础，并为决策者提供大量的政策选择以供考虑，这也让决策者在决策中能够获得自信。故基于证据的政策思想可以在识别政策问题、设计和选择政策、预测未来、监督政策的实施、评估政策影响等方面发挥巨大作用，

以促进形成更好的政策。

第二节　教育政策过程中的证据应用

一、以证据为基础，构建政策问题

（一）政策问题与政策问题构建

问题是指期望状态与实际状态之间的差距。只有对问题有了准确的认识，才能够抓住问题的本质，进而给出可能解决问题的方案。好的开头是成功的一半，问题的良好表达就相当于解决了一半问题。对决策者来说，用一个设计精妙的方案去解决一个错误问题（本不用解决或不该解决的、根本不是问题的问题），其带来的不良影响比用有重大缺陷的方案去解决一个正确问题还要大得多。这不仅是政策资源的浪费问题，而且可能引发更大的社会问题。[①]

政策问题的构建是指对政策问题察觉、界定和描述的过程。问题察觉是指某一社会现象被人们发现并扩散，逐渐引起社会公众和政府有关部门关注的过程；问题界定是指对问题进行特定分析和解释的过程；问题描述是指运用可操作性语言（如运用数量的、文字的、符号的、图表的等表达方式）对问题进行明确表述的过程。政策问题的构建是公共政策过程的首要环节，处在政策制定过程的开端，也因此决定了政策过程的发展方向，甚至决定了政策执行的成败。公共政策制定实质上就是政府决策系统对已经界定的政策问题采取行动的过程，政策问题的正确建构是政策行动获得成功的前提和条件。准确的政策问题界定有助于找出产生问题的原因和多种可能的演变方向，进而综合各种利益要求，拟定政策制定所要达到的目标。在公共政策制定过程中，最为致命的错误就是为解决一个错误问题进行政策决策，因为这不仅浪费许多宝贵的精力、智力、时间和其他政策资源，而且这种浪费也是以将真正的政策问题搁置起来不予处理为代价的。因此，要想成功地解决问题，就必须找到解决真正问题的正确方案。我们经历的失败更多的是因为解决了错误问题，而不是为真正问题找到了错误的解决方案。

对于如何找到真正的政策问题，政策学家邓恩给出了若干问题构建的方法（表5-2），以及它们各自的目的、程序、知识来源和执行的评价标准。

---

① 谢明. 公共政策分析. 2版. 北京：首都经济贸易大学出版社，2015：61.

表5-2 问题构建的方法[1]

方法	目标	程序	知识来源	评价标准
边界分析	估计元问题的边界	饱和抽样、启发问题、累积	知识系统	既定范围内的正确性
类别分析	澄清概念	概念的逻辑划分与分类	个别分析人员	逻辑一致性
层级分析	明确可能的、可行的及合理的理由	原因的逻辑划分与分类	个别分析人员	逻辑一致性
综摄法	确认问题间的相似点	建立个人的、直接的、象征性的、幻想的类比	个别分析人员或集体	比较的合理性
头脑风暴	产生想法、目标、战略	产生想法和评价	集体	一致性
多角度分析	产生洞察力	综合运用技术、组织和个人的观点	集体	洞察力的改进
假设分析	冲突性假设的创造合成	明确利益相关人，提出假设，质疑，集中并合成	集体	冲突
论证图形化	假设评估	合理性和重要性的评估排序并制图	集体	最佳的合理性和重要性

　　教育事关国计民生，重大教育政策的影响广泛而深远。合理的教育政策需要以科学的方法揭示真实的教育问题。以调查研究为基础的教育研究可以通过所得到的证据信息将教育问题从问题情势中准确地界定出来。问题情势是指社会公众广泛关心的具有代表性的问题现象。[2]教育政策涉及千家万户，社会关注度高。教育的一些突出问题被媒体报道后，很容易成为社会关注的焦点，该问题逐渐成为问题情势。此时需要政府做出进一步的判断：这种问题是否已经足够严重？是否要作为政策问题列入议事日程并讨论解决方案？与大多数公共政策问题一样，媒体和公众的主观社会感知并不能作为构建教育政策问题的充分依据。这就要求研究者、决策者对教育问题进行广泛、深入的调查研究，通过具体的数据、事实对问题情势进行界定，从而帮助决策者更好地界定教育政策问题。

（二）义务教育均衡化发展问题的构建

1. 义务教育的非均衡发展

　　义务教育在国民教育体系中具有基础性和先导性地位。义务教育由政府提供，具有强制性、免费性和普及性，是体现教育公平的领域和范畴。但我国义务义务教育的非均衡发展问题依然存在。①地方办学、分级管理。该理念在1985年5月颁布的《中共中央关于教育体制改革的决定》中有明确规定，又被1986年颁

---

①　威廉·N. 邓恩. 公共政策分析导论. 2版. 谢明，杜子芳等译. 北京：中国人民大学出版社，2010：162.
②　闵维方，文东茅等. 学术的力量：教育研究与政策制定. 北京：北京大学出版社，2010：84.

布实施的《中华人民共和国义务教育法》（以下简称《义务教育法》）从法律高度予以明确。由于地方、不同级别的人民政府之间的财力差异大，义务教育的发展也产生了明显的区域差别和城乡差别。②《义务教育法》中规定了教育普及策略是分为"三步走"的梯度普及策略，这也增大了地区之间的差别。③改革开放后，基于效率优先的理念制定的重点学校制度在为国家多快好地培养人才的同时，也造成了义务教育学校之间的差异。

2. 义务教育均衡化发展问题的提出与构建

以义务教育均衡化发展政策为例，闵维方等认为，正是以北京大学为代表的全国众多学者的学术研究为政策问题的明晰和政策方案的制订做出了重要贡献。

在北京大学教育学院承担的"北京市公办义务教育学校办学条件均衡化研究"项目中，项目组在市教委基础教育处的帮助下，对北京市18个区县的2600多所公办义务教育学校进行了详细的问卷调查，并对相关指标进行了区县之间、城乡之间、学校之间的比较。该数据为教育行政部门准确了解北京市教育资源配置现状，尤其是办学条件的差异性提供了宝贵的资料，对制定北京市义务教育办学条件标准有着重要的参考价值……王蓉教授为了搜集第一手的资料更是经常深入艰苦的西部地区、农村地区，常常一次就要在外连续调研半个月以上，以至于她时常称自己为"土豆派"。这类深入的调研有助于更全面、真实地反映教育问题，为科学决策提供坚实的参考依据，减少决策的主观性和盲目性。

北京师范大学、中央教育科学研究所、上海教育科学研究院等诸多研究机构长期从事义务教育均衡化问题研究：曾满超、蒋鸣和、杜育红、王善迈等都是其中具有重要影响的代表。在这些研究中，一类是以省为分析单位，如曾满超对29个省（区、市）的研究、蒋鸣和的研究、杜育红等的研究[1]；另一类是以县为单位，如早在1992年，蒋鸣和就利用全国范围的县级数据对中国义务教育生均经费进行了分析[2]。这些研究一般发现了生均教育支出与地方经济发展水平及财政能力的相关性，并对生均教育支出的不均等程度进行了测度。这些研究和学术交流使该问题领域的研究方法和研究水平得到了改进和提高：测度教育发展不均衡程度的指标如极差、极差率、变异系数、基尼系数、泰尔系数等被逐渐引入，多元

[1] Tsang M. Costs of education in China: Issues of resource mobilization，equality，and efficiency. Education Economics，1994，2（3）：287-312；王善迈，杜育红，刘远新. 教育发展不平衡的实证分析. 教育研究，1998（6）：19-23；曾满超. 教育政策的经济分析. 北京：人民教育出版社，2000：76-109；蒋鸣和. 市场经济与教育财政改革. 教育研究，1995（2）：15-19.

[2] 蒋鸣和. 中国县级教育财政的模式. 中国大连教育财政政策研讨会提交论文，1992年8月17日至22日.

回归、多水平回归等计量方法也得到了采用。通过文献分析可以发现，不论学者采用何时何地的调查统计数据，利用何种统计方法，得出的基本结论几乎一致，即我国义务教育资源配置的地区、校际差距显著，已经到了非改不可的地步……正是众多学者的反复研究和多方呼吁，这一问题才得到更高度的重视和更有效的解决。①

政策问题提出后，很快受到上级教育行政部门的重视。2002 年 2 月 26 日，《教育部关于加强基础教育办学管理若干问题的通知》首次提出"积极推进义务教育阶段学校均衡发展"的目标。2005 年 5 月 25 日，《教育部关于进一步推进义务教育均衡发展的若干意见》印发，成为第一个全面阐述义务教育均衡发展的政府文件。2006 年 6 月 29 日，《义务教育法》第一次修订，明确规定了"国务院和县级以上地方人民政府应当合理配置教育资源，促进义务教育发展"，义务教育均衡发展被赋予法律意义。

二、提供有力证据，把握政策议程时机

（一）政策议程

议程是指政策共同体中的政府部门和其他主体，在任何给定的时间给予重要关注的一系列议题或问题。政策议程是指社会公共问题进入由政策行动主体构成的政策子系统的范围，并成为政府特别关注的、在深思熟虑后下定决心要加以解决的公共政策问题的过程。②议程设置是政策议程的创建过程，是指政府识别出问题是一个值得关注的"公共"问题（不是只影响小部分人的一般问题，也不是政府无力解决以至于只能被迫接受的"背景"条件）。议程设置涉及问题界定和政策启动的最初阶段，这些阶段通过一定方式影响政府基本的政策决策行为。

社会上的人们经常会向政府提出大量的需要采取行动的诉求，而在这成千上万的公众诉求中，只有其中的一小部分诉求能引起政策决策者的密切注意。只有那些被决策者关注到并且感到必须加以处理的诉求才构成了政策议程。众口难调，加之政府的精力、资源有限，不可能把所有的社会问题都加以解决。这个工作一般由公共管理者来充当证明和核实政策的制定者以及公众诉求的筛选机制和"守门人"角色。把社会中的一些特定问题排除在政策问题之外，即"不决策"，

---

① 闵维方，文东茅等. 学术的力量：教育研究与政策制定. 北京：北京大学出版社，2010：89.
② 胡象明，涂晓芳. 公共管理名著导读. 北京：北京航空航天大学出版社，2013：86.

这也是决策者常常使用的一种重要政治策略。而政策议程就是将政策问题纳入政治或政策机构的行动计划的过程，它提供了一种政策问题进入政策过程的渠道和一些需要给予考虑的事项。因此，政策议程就是将政策问题提上政府议事日程、纳入决策领域的过程。议程设置是指通过各种政治通道而产生的想法或议题被提交给某一政治机构（如立法机关或法院）审议的过程。

罗杰·科布和查尔斯·艾尔德认为，可将政治议程分为两种基本类型：一类是政治辩论的系统议程，包含那些被政治共同体成员普遍认为值得引起公众关注并属于现任政府权威机构合法权限范围内的所有问题。另一类是制度议程，又称政府议程或正式议程，是指有待权威决策者积极、认真考虑的一组明确的项目。[①]

系统议程和制度议程是政策议程两个不同的阶段。一般来说，系统议程在前，制度议程在后。某一个社会问题先进入公众议程，被公众加以关注和讨论；然后，由于该问题自身的特殊性、重要性、严重性以及迫切性等，引起决策者的关注，由系统议程进入制度议程，最后出台相应的政策。在现实生活中，也可以看到，在全国和地方的人民代表大会和政治协商会议上，各级人大代表或政协委员就人民群众普遍关心的问题提出的许多提案、意见和建议并非都能被列入制度议程。出现这种情况的原因是多方面的，或是问题本身的性质、规模和影响尚未达到应该或能够解决的程度，或是问题的表达方式和途径不符合既定的组织体制和工作程序，等等。[②]

现实中也会出现某项议题跳过系统议程阶段而直接进入制度议程的情况，这是因为决策者可以根据自己对社会发展变化的研究分析，主动寻找问题，把它列入自己的议事日程。不过，具有重要社会影响的议题在未通过系统议程之前，是不太可能直接进入制度议程的。

议题进入系统议程，必须具备3个先决条件：①问题受到社会广泛关注或至少广泛知晓；②相当数量的公众共同认为，有必要采取某种行动以解决问题；③人们共同感觉，该问题属于相关政府机构职权范围之内的事情。此处的"共同认为"和"共同感觉"与主流的舆论气候有关，这种舆论气候以共同体的主导规范、价值和意识形态为条件。议题只需得到政治组织中的多数而不是全体公民的认同。

---

① 转引自杰伊·沙夫里茨，卡伦·莱恩，克里斯托弗·博里克. 公共政策经典. 彭云望译. 北京：北京大学出版社，2008：127-128.

② 徐晨. 公共政策. 北京：对外经济贸易大学出版社，2015：108.

（二）农村义务教育免费政策议程的开启

1. 我国的义务教育法

1986年颁布的《义务教育法》是我国第一部关于义务教育的法律，第一次把实行九年义务教育制度作为关系民族素质提高和国家兴旺发达的大事提了出来，在促进我国基础教育的发展上功不可没。尽管其第十条规定：国家对接受义务教育的学生免收学费，不过在具体实施过程中，许多义务教育学校以"学杂费"名义的收费不断攀升，以致"免收学费"落实不到位。

随后国家规定可以适当收取"杂费"，但在政策空隙中依然衍生出乱收费现象，被国家出台的"一费制"政策遏制。但是，"一费制"政策并没有实现收费额度的降低，只是将名目繁多的各种收费标准进行了统一，因此并没有从根本上解决义务教育的收费问题。在这种背景下，许多学者开始关注义务教育免费问题。学者借鉴国外发达国家的经验，认为免费应是义务教育的基本特征之一，并开始论证义务教育免费的意义和可行性。如河南师范大学的孙士杰教授早在2000年就撰文《试论我国实现完全免费义务教育的现实可能性》。2002年7月，在教育部领导下，社会科学院、中国科学院等近百名专家、学者，对中国教育与人力资源问题进行了联合研究，并提出了《从人口大国迈向人力资源强国》的报告。该报告向政府提出发展教育十大新举措。其中之一就是"实现九年义务教育全免费"。但是，这些研究都没有开启义务教育免费的"政策之窗"。那么2006年以来，我国义务教育开始的免费时代是如何开启的？

2. 周洪宇的建言

周洪宇是华中师范大学教育学院教授、博士生导师、长江教育研究院院长，也是十三届全国人大常委会委员、湖北省人大常委会副主任、中国民主促进会第十四届中央委员会常务委员、全国人大代表。他曾经谈到，在他为农村义务教育免费呼吁之前，已经有很多学者论述义务教育免费问题。他所做的是抓住了"胡温新政"即将启动的新机遇，并为这一呼吁找到了理论根据，提出比较有操作性的步骤。[①] 正是因为周洪宇在该问题受到社会广泛关注和人们共同感觉该问题政府应该解决的时代氛围下，不失时机地加以研究和关注，才加速农村义务教育免费政策进入系统议程，并进而成为政府议程。

周洪宇在实地调研中发现，在中央实行分税制后，中央财力增强，但地方财

---

① 周洪宇. 智库与治理：周洪宇国是建言（下卷）. 武汉：湖北教育出版社，2017：393.

力增长不明显，尤其是中央投入教育的部分很小，原来县级以下即农村自己负担整个教育经费的78%又不被允许收取，农村地区的教育投入下降明显，使得原本基础薄弱的农村义务教育经费缺口变得更大。他觉得需要从公共财政的角度思考教育问题，尤其需要分析政策建议部分关于用钱的标准是什么，总量是多大等内容；还要考虑给政府一个关于农村教育经费中央和地方政府怎么分级承担的具体建议；此外，还要有一个实施的步骤，要明确怎么分类、分步实施。

2003年3月2日，周洪宇在北京参加两会，接受了《中国教育报》编辑的约稿，3月4日发表了题为《实行义务教育完全免费制应自农村始》的文章，建议国家首先从农村开始逐步实行九年义务教育完全免费制。3月6日下午，温家宝总理出现在湖北代表团，阐述了"三农"问题的重要性。在与会代表合影的时候，周洪宇借机将《实行义务教育完全免费应自农村始》的建议报告呈交了温总理。温家宝同志当时微笑着说："农村义务教育这个问题的确很重要，你提得很好，很及时，我会带回去研究处理的，谢谢你。"① 当天晚上，教育部基础教育司就找到周洪宇了解情况，全国人大办公厅驻会工作人员将他的意见报送到中共中央政治局常委会。随后，周洪宇又写出了《关于实行农村九年义务教育完全免费制的建议》提交给了大会，就政府该不该为义务教育买单、有没有能力买单、谁来买单、如何买单4个问题进行了论述，提出了"分类承担、分步实施"的八字方针。以后他在各个场合，通过各种渠道，包括在很多媒体上写文章呼吁，每年也会不断地提出义务教育免费的建议。2005年，温家宝总理在其所做的政府工作报告中明确表示："从今年起，免除国家扶贫开发工作重点县农村义务教育阶段贫困家庭学生的书本费、杂费，并补助寄宿学生生活费……到2007年在全国农村普遍实行这一政策，使贫困家庭的孩子都能上学读书，完成义务教育。"② 2006年6月29日，新修订的《义务教育法》明确规定："实施义务教育，不收学费、杂费"，从法律的层面确立了义务教育经费保障机制。当年，农村义务教育实现全免费。2008年秋，城市义务教育实现全免费。2010年，各地陆续出台政策，全面免除城市地区义务教育教科书费，学校不得再以任何名目向学生收取涉及教材的一切费用，严禁向学生统一收费征订各种教辅教材。短短几年时间，我国义务教育事业发展就实现了从农村到城市，从试点到推广，全面免除城乡义务教育学杂费的"四大步跨越"。

---

① 李斌. 改革开放30年身边的点滴变迁：义务教育实至名归. 中国青年报，2008-12-16（01）.

② 温家宝. 2005年政府工作报告——2005年3月5日在第十届全国人民代表大会第三次会议上. http://www.gov.cn/test/2006-02/16/content_201218.htm.（2006-02-16）［2020-07-20］.

王绍光曾依据政策议程提出者的身份与民众参与的程度区分出6种议程设置模式（表5-3）。周洪宇作为大学教授、教育局官员和两会代表，有理有据地提出了农村义务教育免费的政策建议，熟练地运用了借力模式（在两会期间发表相关文章，舆论造势）和内参模式（在和总理见面的时候呈递建议），最终促成了义务教育免费政策进入政府议程。

表5-3　议程设置模式[①]

民众参与程度	议程提出者		
	决策者	智囊团	民间
低	I 关门模式	III 内参模式	V 上书模式
高	II 动员模式	IV 借力模式	VI 外压模式

三、以实证研究为基础，提供政策方案

（一）政策方案及其特征

当公共问题被列入政策议程后，围绕如何解决问题，常常会形成多种政策方案。教育生活的复杂性决定了教育政策问题必然牵涉很多方面的利益和行为。不同的主体站在不同的立场看教育问题，就会有不同的理解和利益计算方法，自然也会形成不同的解决方案。政策方案的多样性为决策者提供更大的选择范围，有利于促进决策科学化和民主化水平，也会带来方案选择的困惑。好的政策方案通常具有以下6个特征。[②]

1. 清晰陈述政策目标

教育政策方案要明确提出希望达到的目标。目标必须符合党和国家的大政方针和发展大局，要有足够的针对性。因此，提出政策方案的主体需要对具体教育问题所处的国情和环境有充分的了解，需要对具体问题的性质有充分的分析。

2. 提供充分的信息与数据

好的政策方案要围绕特定问题提供尽可能充分的信息，包括历史发展状况、与问题相关的各项数据以及未来的发展趋势。此外，对于那些可用于认识和解决问题的主要知识，从比较的角度来看，其他国家或其他领域可资借鉴的经验教训

---

① 王绍光. 中国公共政策议程设置的模式. 开放时代，2008：42-56.

② 夏书章. 行政管理学. 6版. 广州：中山大学出版社，2018：221-222.

等也是重要信息。当代，通过统计分析和大数据分析来揭示相关因素之间的关系，并以可视化的方式来展现，也越来越重要。

3. 设计关键步骤与策略

好的政策方案必须兼具操作性和可行性。操作性保证在目标的指引下，政策方案可以高效、有序地实施，可行性则意味着要立足国情、因地制宜地执行政策方案。因此，在政策方案制定过程中，为了顺利实现预期目标，必须考虑政策中关键步骤和执行策略的设计，细化重要操作的执行程序、关键指标和具体要求。

4. 确定政策相关部门的职责与权限

政策的执行主体对于政策的实施成效会产生重要影响。政策的直接执行者和操作者必须明确自身职责，对于需要跨部门协调的教育政策问题更是如此。为了避免操作过程中的责权混乱，在制定政策方案之际，需要对政策涉及的相关人员的责权和追责程序加以表述。

5. 计算用于政策的资源

高质量的政策方案设计需要提供政策实施所需人力、物力、财力等方面配套情况的计算和预估，最好还有一些开源节流方面的设计。

6. 预测可能有的风险与代价

考虑到政策方案制定的全面性和完整性，好的政策方案需要提前预判政策的执行效果，便于对后续政策进行及时的调整和纠偏。政策方案需要预先研判可能出现的技术风险和价值风险，并说明承担代价的理由以及可能的救济途径。

（二）教育经费4%方案的提出

多方人士认为，1993年的《中国教育改革和发展纲要》中教育经费占国民生产总值到2000年达到4%的指标规定，主要是借鉴了北京大学厉以宁教授团队的政策方案及其论证结果。当时，教育先行的理念已经确立。国内教育学人已普遍了解西方的教育经济学和人力资本理论，"经济发展，教育先行"的理念深入人心。现实的教育投资状况却与人们的理性认识截然不同。在长期的计划经济体制下，我国形成了"一工交、二财贸、剩下多少给文教"的财政支出格局，财政投入严重不足，教育经费捉襟见肘，严重制约了教育事业的发展。早在1980年1月16日，邓小平在《目前的形势和任务》的报告中就指出："经济发展和教育、科学、文化、卫生发展的比例失调，教科文卫的费用太少，不成比例。甚至有些第三世界的国家，在这方面也比我们重视得多。印度在教育方面花的钱就比我们多。像埃及这样的国家，人口只有四千万，按人口平均计算，他们在教育方面花的钱，也比我们多几倍。总之，我们非要大力增加教科文卫的费用不可。"[①]教育经费短缺问题是新闻媒体和社会各界高度关注的热点。教育界人士考虑到教育对国民经济、国家的重要作用，开始呼吁国家提高教育经费，并展开了对教育经费的大规模实证研究，试图通过研究成果来论述提高教育经费投入的可行性和必要性。但是，经济界及财政部门认为现阶段国家财力紧张，不应一味地加大新投入，而应当把现有教育资金花在刀刃上，提高经费的使用效率。面对教育界和经济界人士的不同意见，国家迫切需要根据证据做出决策。

1982年，国家哲学社会科学"六五"规划教育课题明确把教育和经济之间的关系作为重点研究课题，该项目由多个单位共同承担。项目名称采用厉以宁教授的意见，确定为"教育经费在国民收入中的合理比例与教育投资经济效益分析"，级别定为国家级课题。在具体分工中，北京大学是主要课题承担单位，共12人参与其中，承担10项子课题，其他的参与单位承担剩下的3项子课题。

在研究方法的选用上，课题组成员之一的北京师范大学王善迈教授提出："回答政府教育支出占国民或国内生产总值的合理比例，首先需要解决的是方法论问题。"[②]为了确定"合理比例"，课题组成员采用多种方法进行分析，如国际比较分析、国内历史现状分析以及经济计量分析。在证据研究中，极为强调证据标准的科学性，根据经济基础决定上层建筑的论断，一国教育事业的资金投入程度直接取决于该国经济的发展水平。寻找教育经费拨款的合理界线，最直接的办法就是计算实际需要和可能供给，但是影响供需的因素有很多且不好预判，这种方法具有较强的主观随意性和巨大弹性，难以得出客观标准。王善迈教授认为："课题组研究的目标，是找出同等经济发展水平条件下政府教育支出的合理比例。这就需要进行国际比较。"[③]因此，在确定收集方法时，研究人员试图通过国际比较找出教育拨款的规律性，这项任务就交由北京大学经济系陈良焜教授负责。

1982年，教育部教育规划办公室主任周贝隆向陈良焜介绍他的新发现：在读联合国教科文组织的一篇文章中，他发现若以某一年一些国家的经济发展水平

① 邓小平. 邓小平文选（第2卷）. 北京：人民出版社，1994：250.

② 人民日报：教育经费4%是如何设定的. http://edu.sina.com.cn/l/2010-05-24/1117188602.shtml?from=wap.（2010-05-24）[2020-10-05].

③ 人民日报：教育经费4%是如何设定的. http://edu.sina.com.cn/l/2010-05-24/1117188602.shtml?from=wap.（2010- 05-24）[2020-10-05].

（人均 GDP）为横坐标，以这些国家的政府财政对教育的拨款（公共教育经费）占该国 GDP 的比例为纵坐标，把这些点画在坐标系形成散点图，可以发现一个集中走势，这些点均围绕一个斜率大于零的直线上下分布，这说明里面暗含着规律。但是，想要更加确定这一发现，保证证据研究的科学性和严谨性，不能单凭一年的数据，还需要对多个国家若干年的数据进行全面细致的分析。当时的研究条件较为落后，全国只有北京图书馆里存有研究所需的相关资料，并且考虑到并不充足的研究经费，只能采用手抄的方式收集证据。为了保证所收集证据的全面性，课题组成员历时 3 个多月，每天乘坐公交车，从联合国教科文组织、世界银行和国际货币基金组织的年鉴中收集了 1961—1980 年 100 多个国家的各种数据。通过研究分析这些数据，课题组形成了一个统一的关于教育经费投入和评价的预测模型，可以对未来的教育经费投入进行预测和规划。

当时，我国 20 世纪末经济发展的战略目标是人均 GDP 为 800—1000 美元。把 800 美元带入模型中计算，结果是 4.06%。也就是说，当人均 GDP 达到 800 美元时，对应这个经济发展水平的国家的教育经费占 GDP 比例的平均水平是 4.06%。如果这是一个合理的水平，我国公共教育经费比例不应低于 4.06%。①

"基于证据"决策区别于"理性主义"决策的区别点之一在于，前者更加考虑所寻"证据"应用于复杂环境中的有效性，考虑到了环境的特殊性对"证据"的考验。由于上述标准采用的是资本主义国家的数据，为了验证研究组获得的"4.06%"指标在社会主义国家的有效程度，北京师范大学教授、全国教育经济学研究会的理事长王善迈又建立了"苏联东欧国家的教育投资及其与我国的比较"子课题。这一研究得出的结论是：20 世纪末人均 GDP 达到 1000 美元时，教育经费的合理比例是 3.79%。与前述利用市场经济国家数据的模型得出的结论相差不大，都在 4% 左右。至此，"4% 左右"作为 20 世纪末与当时经济水平相适应的公共教育投入目标在研究层面获得了共识。

1986 年，厉以宁教授将作为项目成果的研究报告送呈政治局常委胡启立同志，胡启立做批示后转政治局常委传阅。同年，新华社《国内动态清样》刊登了厉以宁的研究结论，引起了某些中央部委的讨论。此外，身为全国人大常委会委员的厉以宁还经常在人大有关会议上提出公共教育经费问题，并以研究结论为证据，与一些代表联署提出增加教育经费拨款比例的议案，引发了组织层面对"4%政策"目标的讨论，进一步增加了该研究成果的影响力。与此同时，王善迈教授

---

① 闵维方，文东茅等. 学术的力量：教育研究与政策制定. 北京：北京大学出版社，2010：35-36.

也经常在学术领域积极宣传"4%"的重要意义，并且执笔撰写报告向党和国家领导人反映。这一系列活动扩大了研究成果的影响力，也引起了决策层的注意。

另一位关键的证据传播者是时任国家教委教育发展研究中心主任的郝克明教授，他也是1993年《中国教育改革与发展纲要》的主要起草人之一。在该纲要出台之前，郝克明邀请陈良锟作为国家财务司和计划建设司主持召开的《全国教育事业"九五"计划和2010年发展规划》会议的技术支持，分析规划期内各级教育发展的规模、前景以及对应的教育经费的投入的需求和供给，并且专门分析了当时财政性教育经费供给缺口达到20%的情况与对未来教育发展的影响，其目的是通过具体的计算数据形象地说服各方面人士支持财政性教育经费的政策目标。[①]

1988年6月，国务院成立了包括"教育经费小组"在内的教育工作研讨小组，专门对教育问题进行深入的专题研究。"教育经费小组"主要成员有国家教委财务司司长王显明、财务司综合处处长黄尧、副处长王建国等，他们组织的大量专家经大量调研之后也认可"4%"的结论，即"根据联合国教科文组织《统计年鉴》公布的材料，教育经费占国民生产总值的比例，1985年全世界平均为5.7%，发达国家平均为6.1%，发展中国家平均为4.0%。我国教育经费所占的比例不但低于全世界平均水平，也低于发展中国家的平均水平"[②]。

总之，"4%"政策目标的提出有大量数据的支持，并经过严格的分析探讨，有着缜密的逻辑依据，因此成为主张增加公共教育经费者的有力证据。"它运用了多种研究方法，对大量的资料进行统计分析，建立了相应的模型，提出了基本的数据资料，尤其是量化的资料，给出了明确的百分比和适用的条件，经过多轮反复的验证，结果比较稳定，在研究者内部分歧较少，符合国际层面的标准和要求。"[③] 最终，经过国家教委的多方协调和努力，"4%"这个具体比例被写进了《中国教育改革与发展纲要》。这时，距离1986年厉以宁教授第一次向中央领导报告研究成果，已经过去7年。

（三）高等教育内涵式发展方案的论证

自1978年以来，我国高等教育发展的道路经历了几次转折，有一个比较明显的从"外延式发展"（1978—1988年）到"内涵式发展"（1988—1998年）再到"外延式发展"（1999年至今）的过程。第二个发展阶段（1988—1998年）的"内

---

① 闵维方，文东茅等. 学术的力量：教育研究与政策制定. 北京：北京大学出版社，2010：38.

② 黄尧. 中国教育宏观政策研究. 北京：高等教育出版社，2002：25-26.

③ 闵维方，文东茅. 学术的力量：教育研究与政策制定. 北京：北京大学出版社，2010：45.

涵式发展"阶段的政策方案是利用以闵维方及其同事们为代表的众多专家学者敏锐的问题意识和扎实的实证研究的结果。

1993 年，中共中央、国务院印发《中国教育改革和发展纲要》，其中提到"90 年代，高等教育要适应加快改革开放和现代化建设的需要，积极探索发展的新路子，使规模有较大发展，结构更加合理，质量和效益明显提高。高等教育的发展，要坚持走内涵发展为主的道路，努力提高办学效益"。这是中央文件首次正式提出高等教育要走"内涵式"发展道路，"内涵式发展"作为一个重大的政策方案得到了采用。所谓"内涵式发展"的道路，是指通过挖掘原有公立高等教育系统的内部潜力来扩大高等教育的容量，这种扩张方式也称之为体制内扩张。

闵维方曾谈到，1985 年的《中共中央关于教育体制改革的决定》提出了关于高校规模效益的相关问题，说明国家已经意识到这个问题相当重要，但那时还缺少对此问题基于严格系统的实证分析的理论认识。鉴于当时我国高等教育发展的实际状况和相关研究的不足，他认为对中国的高校规模效益的实证研究迫在眉睫，不仅具有重要理论意义，而且具有现实的政策意义，因为从当时的高校规模来看，我国 20 世纪 80 年代 10 年间的高等教育在校生总数翻了一番，高等院校平均规模的成倍扩展主要是通过建立新校实现的。当时我国比同期美国和苏联的3000—4000 人的高等学校平均规模小得多，即使不增加学校数，只是通过扩大现有学校规模，也将使我国高等教育规模成倍增长。从这个意义上讲，走"内涵式"的高等教育发展道路在我国有很大潜力。[①]

闵维方因学缘结构好（懂教育学、教育经济、教育财政、教育投资等）和斯坦福大学的留学背景，被世界银行邀请参与"世界银行中国贫困省教育发展项目"研究工作，并在项目执行阶段担任专家组组长。他运用项目省报上来的高校统计数据，特别研究了高等教育领域存在的规模效益问题。他们通过研究发现，我国大学的平均规模不到 2000 人，规模效益较差。因此，他在 1989 年就把高校应采用内涵式发展还是外延式发展作为中国高等教育发展战略中的重大问题提了出来。随后，闵维方和他的同事丁小浩、梁续军、姜力争、郭苏热等又分别从多角度（包括考虑学校类型、不同主管部门、不同地区以及控制高校投入的质量因素等）、多种分析单位（包括以学校为分析单位、以学校内部系和专业为分析单位）对中国高等教育的规模效益现象进行了深入的理论分析和实证检验。

---

① 闵维方，文东茅等. 学术的力量：教育研究与政策制定. 北京：北京大学出版社，2010：146.

四、集思广益，制定教育政策

（一）我国政策制定的特点

当前，中国决策制度具有以下几个显著特征：①政党—国家内部纵向的集中规划与分散决策，中央权威与地方自主相混合；②党管一切与部门挂帅相交织；③国家与社会间互动，一元决策与多元参与。①沈荣认为，中国特有的政治文化环境和政治体制，决定了政策制定过程有党的领导、精英决策、群众路线和"摸着石头过河"的政策制定模式四个特点。②周光辉认为，随着决策体制改革的深入和发展，一个中共主导、多方参与、科学论证、过程开放、依法运行的决策模式已在决策体制改革的实践中初步形成。③

王绍光等以国家"十二五"规划的出台为例，提出了中国中央政府"集思广益型"决策模式。他们认为，这就相当于"自下而上"驱动与"自上而下"驱动政策模型的结合，从"屈群策"（发散思维）到"集众思"（集中智慧），从"广纳言"（征求意见）到"合议决"（集体商定），是"自下而上"驱动；而从"集众思"到"广纳言"，从"合议决"到"告四方"（传达贯彻），是"自上而下"的驱动。"集思广益"型决策体现了中国民主集中制的政治原则，从决策过程看，是反复的"民主、集中、再民主、再集中"的过程；从制度形式看，是一个"参与、集成、再参与、再集成"的过程；从各方表达意见看，是一个"屈群策，集众思，再屈群策，再集众思"的过程；从形成《中华人民共和国国民经济和社会发展第十二个五年规划纲要》文本看，是一个"讨论—修改—再讨论—再修改"的过程。④

（二）《国家中长期教育改革和发展规划纲要（2010—2020年）》的制定

制定《国家中长期教育改革和发展规划纲要（2010—2020年）》，是我国政府面对新的历史机遇和挑战做出的重大决策。2008年8月，国家科教领导小组召开

① 郑永年等. 内部多元主义与中国新型智库建设. 北京：东方出版社，2016：77-78.
② 沈荣. 当代中国政府与过程. 天津：南开大学出版社，2008：259-261.
③ 周光辉. 当代中国决策体制的形成与变革. 中国社会科学，2011（3）：101-120.
④ 王绍光，鄢一龙，胡鞍钢. 中国中央政府"集思广益型"决策模式——国家"十二五"规划的出台. 中国软科学，2014（6）：1-16.

会议，正式启动该纲要研究制定工作。国务院成立了以温家宝总理为组长、国务委员刘延东为副组长、国家科教领导小组成员参加的领导小组，并成立了以国务委员刘延东为组长、14 个部门参加的工作小组。同时，组织了由 500 多位专家学者参加的 11 个重大战略专题组和 100 多位各领域高层次专家组成的咨询组。在境内外先后召开座谈会、研讨会 1800 余次，参与人员超过 3.5 万人次。

研究制定工作大体分 4 个阶段：

1）调查研究阶段。2008 年 8 月—2009 年 2 月，重大战略专题组开展 36 项专题调研：8 个民主党派中央、4 个社会研究机构、6 个教育学会平行调研；驻外 60 个教育处组进行国际调研；委托联合国教科文组织、欧盟等国际组织开展比较研究；部署东中西部 9 省（区、市）开展分区域规划研究。还针对人民群众关心的 20 个热点难点问题，组织力量进行深度调研。整个调研阶段形成 500 多万字的报告。国家中长期教育改革和发展规划纲要工作小组办公室在前期征求专家及有关方面意见建议的基础上于 2009 年 1 月 7 日印发《教育部关于做好国家中长期教育改革和发展规划纲要公开征求意见工作的通知》，开始向社会各界开展第一轮公开征求意见工作。2 月 6 日，教育部就该纲要举行发布会，该纲要工作小组办公室调研组组长韩进司长谈道："到现在为止，如果全都算上，大概有 110 万条反馈意见……收到意见的规模在教育部的历史上是空前的。"①

2）起草论证阶段。2009 年 3 月—2010 年 2 月，成立了专门起草小组，邀请 200 多位知名专家学者、有关部委司局长、地方教育部门负责同志、大中小学校长和教师等直接参与起草、修改和论证工作。文本初稿形成后，先后 4 次大范围征求意见。全国人大、全国政协、民主党派中央、中央有关部委、地方教育部门和学校、企事业单位以及海外教育界人士等 660 多个单位、1800 余名各界人士提出意见建议 6100 多条。文本前后进行了 40 多轮大的修改。②

3）草案意见征求阶段。第一轮从 2010 年 1—2 月，侧重于问需于民，各界人士通过各种渠道发表意见建议 210 多万条，发来信件 14 000 多封。③ 2010 年 2 月 28 日至 3 月 28 日，《国家中长期教育改革和发展规划纲要（2010—2020 年）》（征求

① 教育部就《国家中长期教育改革和发展规划纲要》举行发布会. http://www.china.com.cn/zhibo/2009-02/06/content_17234908.htm.（2009-02-06）[2021-10-05].

② 《国家中长期教育改革和发展教育规划纲要（2010—2020 年）》工作小组办公室负责人答记者问. http://www.gov.cn/govweb/gzdt/2010-07/30/content_1667785.htm. (2010-07-30)[2021-10-05].

③ 《国家中长期教育改革和发展教育规划纲要（2010—2020 年）》工作小组办公室负责人答记者问. http://www.gov.cn/govweb/gzdt/2010-07/30/content_1667785.htm. (2010-07-30) [2021-10-05].

意见稿）》全文公布，进行第二轮公开征求意见，侧重于问计于民。采取的方法，一是通过新闻媒体、各大网站征求社会各界人士意见；二是利用两会时机，充分听取人大代表、政协委员意见，征求中央有关部门、各民主党派中央、各省（区、市）党委政府意见；三是召开各种形式座谈会，有针对性地听取意见；四是征求联合国教科文组织、世界银行、经合组织、欧盟等国际组织的意见。第二轮公开征求意见过程中，直接收到意见、建议2.79万条；各界人士通过网络、媒体发表评论看法约249万条。[①] 中央主要新闻媒体累计刊发相关报道1200多篇。

4）审议发布阶段。经过20个月的努力，该纲要送审稿形成。2010年4—7月，中央召开多次会议，审议并通过该纲要送审稿。

这次研究制定《国家中长期教育改革和发展规划纲要（2010—2020年）》，动员人力之多，覆盖范围之广、社会参与度之高，可以说史无前例。该纲要的研制过程充分体现了以下特点：把满足人民群众愿望与遵循教育规律相结合、把立足国情与借鉴国外有益经验相结合、把广纳群言与专家咨询相结合、把听取教育系统意见与听取社会各方面建议相结合、把充分讨论与凝聚共识相结合。这是该纲要文本最终得到社会广泛认同和充分肯定的重要原因。

总体来说，《国家中长期教育改革和发展规划纲要（2010—2020年）》的整个制定过程映射着科学决策理念，体现了"基于证据"的决策方式，在制定的每一阶段都开展了全面具体的调查研究，真正做到了循证研究。这里的民意就相当于"证据"，通过不断收集、归纳、梳理民意，在系统分析各种意见的基础上起草文件，如果没有达到"最佳"状态，便反复地对政策文本进行推敲研究、调试标准，直至找到最佳方案，形成定稿。劳凯声认为，这次纲要的制定过程体现了现代的决策理念："并没有一个先入为主的东西来主导我们纲要的起草，而是在经过了充分的讨论，最后一点一点把它集中起来，而且我们起草的东西最后要拿到底下去征求意见，最终再反馈回来，这样一个起草过程确实是体现了现代决策。"[②] 表5-4是《国家中长期教育改革和发展规划纲要（2010—2020年）》政策完整制定过程主要事件。

---

① 《国家中长期教育改革和发展教育规划纲要（2010—2020年）》工作小组办公室负责人答记者问. http://www.gov.cn/govweb/gzdt/2010-07/30/content_1667785.htm.（2010-07-30）[2021-10-05].

② 讲述：教育规划纲要背后不为人知的故事. http://news.sohu.com/20100301/n270480478.shtml.（2010-03-01）[2020-09-10].

表5-4　《国家中长期教育改革和发展规划纲要（2010—2020年）》制定过程
重要时间节点表

阶段	时间	事件
调查研究阶段 （收集证据） 2008年8月— 2009年2月	2008年8月29日	温家宝总理主持召开国家科技教育领导小组第一次会议，审议并原则通过《国家中长期教育改革和发展规划纲要（2010—2020年）》制定工作方案，正式启动研究制定工作
	2008年10月14日	刘延东组长主持召开了《国家中长期教育改革和发展规划纲要（2010—2020年）》工作小组第一次会议，具体部署了调研工作方案
	2009年1月7日至2月7日	《教育部关于做好国家中长期教育改革和发展规划纲要公开征求意见工作的通知》印发，公开征求意见
起草论证阶段 （梳理证据） 2009年3月— 2010年2月	2010年1月11日—2月6日	温家宝总理在中南海先后主持召开五次座谈会，收集与会人员相关意见
草案意见征求阶段 （再次收集证据） 2010年1—3月	2010年2月28日	国务院新闻办公室举行新闻发布会，向社会各界公布《教育规划纲要》征求意见稿，启动第二轮征求民意工作
审议发布阶段 （公开证据） 2010年4—7月	2010年4月15日	温家宝主持召开国家科技教育领导小组会议，审议并原则通过《国家中长期教育改革和发展规划纲要（2010—2020年）》
	2010年5月5日	温家宝主持召开国务院常务会议，讨论研究《国家中长期教育改革和发展规划纲要（2010—2020年）》
	2010年5月27日	胡锦涛主持召开中共中央政治局常委会会议，审议并通过《国家中长期教育改革和发展规划纲要（2010—2020年）》
	2010年7月29日	正式发布《国家中长期教育改革和发展规划纲要（2010—2020年）》

五、以证据为基础，修正与调整教育政策

（一）政策调整

政策调整是政策过程中不可缺少的环节，是指在公共政策的实施过程中，根据政策评估和监控所反馈的信息对原有政策中不适应政策对象和政策环境变化的部分，采取渐进的方式，进行增删、修正和更新。[①] 教育政策的调整应遵循实事求是原则、渐进调适原则、跟踪反馈原则。政策调整是动态发展的，它需要不断收集反馈信息，然后提供给决策者，以帮助决策者判断对象和政策环境是否发生了变化以及发生了怎样的变化，并最终决定是否要对政策对象进行调整以及进行怎样的调整，这实际上也是一个追踪决策或循证决策的过程。教育政策调整的目的在于及时纠偏、发展完善现有政策，保证教育政策沿着正确的轨道实施下去，

---

① 杨道田. 公共政策学. 上海：复旦大学出版社，2015：208.

最终达到预期的目标。

（二）中小学校布局调整政策的调整

1. 中小学布局调整政策的启动

学校布局，又称教育布局或教育分布。中小学布局调整主要是根据自然和社会条件对区域内中小学的学校选址进行重新规划。国内相关研究最早始于1964年台湾的林文达教授，此后更多学者对学校办学规模和布局调整问题高度关注，在各地中小学校收集证据，展开了大量的实证研究，以推动学校布局调整的开展。比如，1987年，王玉琨以北京市丰台区48所普通中学为样本，研究中学的教育规模经济。[①] 20世纪90年代中后期，在我国大部分地区完成义务教育普及任务后，伴随着义务教育均衡发展、整合教育资源、追求高质量教育、实现学校规模经济的驱动，学校布局调整政策被列入国家政策议程之中。

我国中小学大规模布局调整政策始于世纪之交，1998年8月，《教育部关于认真做好"两基"验收后巩固提高工作的若干意见》颁发，提出遵循方便学生就近入学和充分利用教育资源、提高办学规模、效益原则，合理调整中小学布局。2001年5月，《国务院关于基础教育改革与发展的决定》印发，再次提出"按照小学就近入学、初中相对集中、优化教育资源配置的原则，合理规划和调整学校布局"，正式拉开了政策调整的大幕。2002年4月，《国务院办公厅关于完善农村义务教育管理体制的通知》印发，指出"县级人民政府负责制定本地区农村义务教育发展规划，组织实施农村义务教育；从实际出发，因地制宜，逐步调整农村中小学布局"。2003年，财政部印发《中小学布局调整专项资金管理办法》，与上述政策形成一套"组合拳"，按下了中小学布局的加速键，各地政府从自身利益出发，纷纷加大撤并速度和规模。从官方相关表述中，可以看出该政策源于三个因素：①税费制改革后地方教育资金短缺，县级政府寄希望于调整辖区内义务教育学校布局，以达到整合现有资源、提高资源利用效率、减轻财政负担的目的；②城镇化加速发展的需要；③农村地区生源持续减少，出生人数的减少和农村学龄儿童的流失使得农村学校"招不来生，留不住生""麻雀学校""空巢学校"大量出现，严重影响教育工作的正常开展。

虽然，中小学校布局调整政策是在当时特殊的教育背景下为了适应当时义务教育巩固提高的形势、合理配置农村教育资源、提高农村义务教育办学质量的重

---

① 王玉昆. 关于普通中学规模经济的调查报告. 中小学管理，1987（1）：17-19.

要举措，但因为在决策前（尤其是政策加速或激励政策加速前）缺少前瞻性的分析和研究，也没有对各地进行实地调研和试点，缺失相关"证据"的支持，导致后续一系列问题发生。

2. 中小学布局调整政策的调整

中小学校布局调整政策实施后，国家相关主管部门持续关注各地的政策执行状况，各地专家学者也对该政策的执行效果开展大量的实地调查，尽可能收集更多的科学可信的证据，以评估政策，总结问题。2005年初，教育部发布的《2004年中国教育事业发展状况报告》数据显示：2004年全年我国撤减小学3.17万所，初中973所，共计减少中小学4万多所。查阅教育部官网公布的《2005年教育统计数据》中关于各级各类学校数发现，普通初中由2000年的62 704所减少到61 885所，普通小学由2000年的553 622所减少到366 213所。全国人大代表、北京师范大学教育学院庞丽娟教授以实地调研结果为证据写成了一份题为"当前我国农村中小学布局调整的问题、原因与对策"的建议，预备在2006年两会期间提交，并由中国青年报刊出。[①] 庞丽娟首先肯定了中小学学校布局调整政策的成效，部分地区，尤其是一些经济较为发达的农村地区通过因地制宜、实事求是地合理调整中小学布局，确实实现了学校的规模效益，提高了教学质量和师资水平。同时她也强调，有一些地区的不合理的布局调整加重了个别家庭的经济和生活负担，产生了诸如上学路途遥远、就近上学成为奢望、家庭教育支出增加、辍学现象加剧、有些学校无法提供寄宿、现有寄宿学校大都条件简陋甚至无力配备一些基本设施、布局调整被错误地理解为"撤并"和"减缩"等问题。

在各种证据的支持下，为了对政策进行调适，2006年，《教育部关于实事求是地做好农村中小学布局调整工作的通知》提出，有的地方工作中存在简单化和"一刀切"情况，脱离当地实际撤消了一些交通不便地区的小学和教学点，造成新的上学难等问题，并对原先的政策进行了纠偏和微调。2008年后，学校布局调整仍较混乱，城镇化进程的加速使得一些地方政府出现自利行为，打着"学校进城"的旗号盲目撤点并校，甚至以城市教育取代农村教育成为一种潮流。

3. 中小学布局调整政策的再次修正

中小学布局调整政策继续引起学者的关注。2007年，薛海兰呼吁叫停地方政

---

① 全国人大代表深入农村调研发现，一些地方——学校布局调整不当造成义务教育倒退. http://zqb.cyol.com/content/2006-03/02/content_1325324.htm.（2006-03-02）[2020-07-08].

府盲目的撤点并校活动。① 2009 年两会期间，王宏旺等认为，"撤点并校"政策的实施带来了学生背井离乡独自求学、父母含辛茹苦将儿女送到城中读书、城镇学校校长惊惧农村学生如潮涌来等副作用，并记录了广东农民代表杨月娥的话，"学校撤并，孩子们不得不去镇上上学，一些孩子离家就是二三十里，车费、住宿费、伙食费，一年保守都要 1000 元，实际上农民的负担反而加重了"②。至此，被人们称为"撤点并校"的农村中小学布局调整政策再度引发公众关注。与此同时，万明钢为由布局调整带来的农村孩子上学遭遇的经济负担加重、辍学率反弹、寄宿生与校车安全等问题，以及由此导致的乡村文化断裂和乡土认同的迷失、县城里拔地而起的巨型学校等问题感到忧虑。他认为，教育是百年大计，若仅以节约资源或资源的效益最大化为出发点，毁掉的将不仅是教育，还有农村和孩子。③

至此，政府和社会公众较为清晰地看到了"中小学布局调整政策"的优缺点。从取得的成绩来看，我国中小学学校布局调整取得了很大的进步，一方面，它有效地解决了某些地方农村学校布局点散、规模小的问题，提高了学校的办学规模；另一方面，它有利于农村学校合理分配有限的教育资源，降低管理成本，并改善农村学校的办学质量。但是，在学校布局调整的过程中也出现了许多新问题、新矛盾，如个别地区不从当地实际情况出发，盲目搞集中办学，大兴寄宿制学校，强推校车制度，增加了家长的经济负担与学生的安全风险，浪费了大量教育资源，引发了一些矛盾与问题。学校布局调整所引发的问题损害了一些受教育者公平接受义务教育的基本权利，构成了义务教育质量提升的障碍。④政策的进一步调整再次成为百姓心声。

2010 年，《教育部关于贯彻落实科学发展观进一步推进义务教育均衡发展的意见》印发，提出"对条件尚不成熟的农村地区，要暂缓实施布局调整，自然环境不利的地区小学低年级原则上暂不撤并"，"要进一步规范学校布局调整的程序，撤并学校必须充分听取人民群众意见，避免因布局调整引发新的矛盾"。2012 年 9 月，《国务院办公厅关于规范农村义务教育学校布局调整的意见》印发，

---

① 薛海兰. 叫停盲目撤点并校. 内蒙古教育, 2007, 401 (7): 21-24.

② 王宏旺, 谢庆裕, 胡念飞等. 农村中小学"撤点并校"的八年之痛. 南方农村报, 2009-04-02 (04).

③ 万明钢. 以促进教育公平和教育均衡发展的名义: 我国农村"撤点并校"带来的隐忧. 教育科学研究, 2009 (10): 19-20.

④ 刘善槐. 农村学校布局调整决策的科学化民主化与道义化研究. 北京: 教育科学出版社, 2014: 1-2.

明确指出"规范农村义务教育学校撤并程序","坚决制止盲目撤并农村义务教育学校","已经撤并的学校或教学点，确有必要的由当地人民政府进行规划、按程序予以恢复"。

基于证据的教育政策在制定过程中是一个双向互动的过程，在该案例中，许多问题多次冲上热议榜单后，决策者迅速纠偏补救，在充分考虑到特殊地区的实际情况下，多次收集可靠证据，重新部署农村以及中西部边远山区交通不便地区的中小学布局调整推进工作。

第三节　教育政策证据的不当运用及规避

一、教育政策证据的不当运用

（一）实践性证据的疏离

实践的观点是马克思主义最基本的观点，中国共产党的思想路线就是一切从实际出发，理论联系实际，实事求是，在实践中检验真理和发展真理。实践是人们获得教育政策证据的前提和源泉，又是检验教育政策作用和效果的试金石。

教育政策证据的实践性是对证据的外在要求，是对证据来源与去路的内在规定：一方面表现为证据来源于教育实践，要求证据必须是基于现存的客观教育事实，指向现实亟须解决的公共教育问题，因此教育政策证据需要依照严格的教育科学研究程序来收集、整理和审查并且经查证属实，具有满足政策主体需要的客观价值；另一方面表现为证据通过政策指导问题的解决，要求证据有条理地佐证政策问题、梳理政策逻辑，通过政策的执行有效解决问题，并在教育实践中检验证据的可靠性和有效性。正确的决策需要进行全方位、来自实践一线的调查研究，并把所获得的信息作为进一步制定教育政策的证据。1930年5月，毛泽东在《反对本本主义》中说："你对那个问题的现实情况和历史情况既然没有调查，不知底里，对于那个问题的发言便一定是瞎说一顿。"[①] 毛泽东把调查研究作为发言权的基础和前提，只有真正在调查研究上下功夫的人才会有发言权。不仅如此，下功夫还要是"真功夫""正确的功夫"。1931年4月2日，毛泽东在《总政治部关于调查人口和土地状况的通知》中，对"没有调查，没有发言权"的论断做了

---

① 毛泽东. 毛泽东选集（第1卷）. 2版. 北京：人民教育出版社，1991：109.

补充和发展，提出"不做正确的调查同样没有发言权"①。2013 年 7 月 23 日，习近平在武汉召开部分省市负责人座谈会时强调，"调查研究是谋事之基、成事之道。没有调查，就没有发言权，更没有决策权。研究、思考、确定全面深化改革的思路和重大举措，刻舟求剑不行，闭门造车不行，异想天开更不行，必须进行全面深入的调查研究"②。调查研究得到的信息还需要政策研究者的分析和综合，这就需要政策研究者具有丰富的实践经验和对现实社会的准确理解。分析的方法就是辩证的方法。分析，就是分析事物的矛盾。不熟悉生活，不真正了解所论的矛盾，就不可能有中肯的分析。现实中，由于时间紧迫或其他原因，一些政策研究者或政策制定人员脱离实践，不在调查研究上下功夫，或者即便调查，也是一种不完全的调查，甚至是走过场的调查。闭门造车的科研作风助长了教条主义、偏见以及思想封闭，导致出现以此为基础的糟糕的科学研究和糟糕的教育政策。

在全国政协十二届三次会议上，胡卫委员提出，教育决策需建立在事实证据基础上，并指出在政策制定过程中，一些拥有决策权的人无视现实情况，仅凭自己有限的理解、假想、预测取代全面的调查、论证和科学的判断的现象依然存在，导致有些教育政策出台呈现短视性、随意性。譬如，一会儿让职业学校从行业企业剥离，一会儿让职业院校回归行业企业；一会儿民办高职升本成风，一会儿又让升本的 600 多所本科院校转为职业学校；先鼓励公办学校"转制"试点，后来又要"转制"学校"不进则退"等，这种"翻烧饼"现象让学校办学者无所适从。教育决策欠缺科学性，往往会对教育事业的健康发展产生不良影响。③

一些人在证据的提供上倾向于使用"书斋式"证据，在书斋里拍脑袋造制造证据，相互引用、闭门造车，甚至玩数字游戏，为了追赶时事热点或迎合上级领导的意思而忽视甚至无视现象背后的真正问题。由于同样的原因，现实中的民意作为另外一种形式的证据，有时被"命令式"与"座谈式"政策决策模式拒之门外，使证据缺少与外界的交流，脱离群众，降低了效能，从而出现教育政策证据实践性疏离。

（二）理论性证据的缺乏

教育政策证据的理论性是证据的内在要求，是运用科学的方法和手段，对大

---

① 毛泽东. 总政治部关于调查人口和土地状况的通知. 毛泽东思想研究，1983（1）：1-2.

② 习近平谈科学的思想方法和工作方法. http://cpc.people.com.cn/n/2014/0827/c164113-25550679-2.html.（2014-08-27）[2020-09-09].

③ 为国是谋划 为民生建言. http://www.shszx.gov.cn/node2/node5368/node5370/u1ai93157.html.（2015-03-03）[2020-09-09].

量质性证据和量化证据的概括总结所形成的关于政策问题本质及其规律性的知识理论体系，是系统的理性认识，表现为系统性、逻辑性及理性。系统性即从各个角度、各个层次去揭示政策问题的本质及规律，得出全面、正确的政策结论；逻辑性即各种类型的证据之间既相互独立又密切关联，以群组的模式有效佐证教育政策；理性即基于理性认识，辩证地看待各种类型的证据。

但在教育研究中，证据类型较为单一，难以形成全面、系统而富有逻辑的证据理论体系，进而导致证据理论性的缺乏。

第一，教育研究范式的单一。一方面，国内的教育研究仍是描述性研究占主导地位，以对研究对象状态的描述为最终结果，主要回答"是什么"或"怎么样"的问题，导致由此获得的描述性证据往往停留于对政策问题的解释说明上，虽然基于客观事实，但缺少分析性证据、批判性证据和伦理性证据对政策问题的论证。另一方面，已有的系统性实证研究存在规模小、时间短、重复验证少、结论说服力弱、影响小等问题，难以保证证据的质量。

第二，教育专家知识的局限性。知识的分门别类使得研究主体迈向更精深的研究领域，研究者为了在科学共同体中得到和保持一定地位，在实际工作中必须把自己的研究集中在某个学科中非常有限的领域内。"教育理论的跨学科、高综合、高分化、精细化特征，使得教育专家的知识具有必然的局限性与边界性"。[①]加之人的"有限理性"，即人本身的理性也是有限的，这就使得专家对于其教育研究问题的思考和研究内容的选择只局限于研究者专业研究领域内，难以做出综合性、全面性的判断。

（三）关联性证据的欠缺

教育政策证据的关联性是证据内容事实与政策事实之间的实质性联系，是证据的实质性与证明性的结合。实质性是指证据确能关联到政策的实质，对政策的制定和完善有实质意义；证明性是指证据对实质性政策问题的证明能力足够强劲，具有实质性的帮助，可以"证明成功"。因此，证据的关联性是证据有效佐证政策问题、梳理政策逻辑的程度，这在本质上要求证据包含高层次的知识与信息，具有信度、效度和可行性。信度指向证据的可靠性，即与要解决的问题在内容上准确对应，对形成的政策在成效上有力证明；效度是证据反映所要解决的问题与佐证政策的程度；可行性则是证据力的体现，是证据在逻辑上对政策的制定

---

① 邵泽斌. 教育改革的专家风险. 教育发展研究，2011（8）：1-6.

具有证明价值和指导作用。

在实际情况中，对政策问题的认证脱离政策实质以及一些带有价值偏好的研究所形成的结论导致证据理论性弱化。有些政策证据牵强附会、漏洞百出，与政策本身没有关联性或者关联性不强，作为证据的说服力不强，根本不能让人信服，依据这样的证据制定的政策，其科学性自然是难以保证的。以中等职业教育发展的有关研究为例，有学者对国家应大力发展职业教育给出的证据之一是"中国改革开放的实践表明，中等职业教育是中国经济发展的晴雨表"，其理由是"根据1991—2015年历年来教育部教育统计公报和国家统计局国内生产总值GDP的统计数据，40年来经济发展的历史沿革勾勒出这样一条轨迹，即当中等职业教育在高中阶段所占的比例，也就是职普比下降之日，也正是国内生产总值GDP下降之时。对这一现象的解读表明，存在着一种趋势，即在经济下滑时，职普比几乎也同步下滑，两者的枯荣线呈现一种正相关的关系"。[①] 很明显，作者在对现象解读的时候，已经将自变量和因变量的顺序搞反了，也忽视了教育的长期性和长效性。更何况，当其他影响GDP的因素存在时，如果单单以普职比作为改变GDP的唯一参考是违背统计学对于相关关系的定义的，该文作者的这种证明方式来自对政策证据关联性的片面理解。

（四）主观性证据的在场

教育政策证据是需要人来挖掘、解读和证明的，没有人的挖掘、解读和证明，那些所谓的材料都是没有价值的堆积物，不能被称为证据。那么，挖掘、解读和运用教育政策证据的人是谁？从理论上讲，教育政策相关的利益主体应该是挖掘、解读和运用教育政策证据的人。教育政策证据的科学性要求与教育政策相关的利益主体秉持公共利益的诉求，用客观的态度对材料进行客观的解读，服务于政策决策。但现实中，不同的利益群体为了不同的利益诉求，在挖掘、解读和运用教育政策证据时，可能带有个体或团体的主观愿望，与教育政策证据科学性要求的教育政策证据的客观性相背离，出现公说公有理、婆说婆有理的状况。

随着决策科学化、民主化的推进，专家在参与决策过程中的作用越来越大。他们可以提供与决策相关的证据，还可以帮助外行人理解这些证据，并把这些证据应用到政策议题中。他们还可以帮助政府提出并评估不同的政策方案，并根据评估的证据提出自己的政策建议。这就要求专家保持中立，做到不偏不倚。虽然

---

① 姜大源. 关于加固中等职业教育基础地位的思考（连载一）. 中国职业技术教育，2017（9）：21-36.

他们可能比较偏向于某一个政策选择，但是他们的建议要建立在对事实诚实、公开的评价上，然而并非所有专家都能达到这一要求。布鲁斯·宾伯认为，"客观性"应该是一个程度问题，专家要比单纯的政策鼓吹者更客观、更中立、更可靠……很多关于专家意见的政治问题介于两者之间：一个是内在利益驱动的鼓吹过程，另一个是无私专家的理想见解。[①]其实，无私的专家的理想见解往往也是一个理想，因为专家也是人，作为个体，有时候会存在一种不能正确运用信息和证据的认知偏差。认识论认为，人类对事物的认知是以其"前见"为基础的。早前对事物的认识和理解即"前见"，前见确实是解释（该事物）的前提，理解自身就是一个"前见"，而且理解需要更多的前见：知识、经验、履历、身份、处境、文化、感官、情绪、思维、价值观、偏好，都会参与人对事物的理解。前见并不必然导致人们对证据和事实的偏见。不同的前见对人们认识未知对象的功能和作用并不相同。已有的正确的知识、认识方法和态度，对客观、准确理解已知的政策证据是必不可少的，我们不能够否定这样的前见。不正确的知识、不正确的认识方法和态度、情绪化、偏见等，可能导致证据和事实的使用者曲解证据和事实，甚至把证据和事实看作自己的"创造性解释的产物"。因此，认知偏差十分常见，对政策证据的选择性偏误时常发生，甚至还存在一种以符合人们已有观念的方式来诠释世界的倾向，无视或忽略相反的证据，只选择那些支持自己观点的证据这种带有偏见的做法。

邵泽斌在分析专家支持教育改革时会出现的"损公肥私"行为时谈到了三个方面的表现：一是有的专家针对一个真问题，将一个不具有可行性和可操作性的建议论证成一个"放之四海皆准"的行动纲领；二是有的专家根据个人的需要"炮制"问题；三是有的专家为迎合某些有决策权的领导的需求，将其即时性的思想"火花"放大成改革的"熊熊烈火"，将决策者个体性的观点论证成"全局性"问题。[②]斯蒂尔曼也认为，"专家们的自主的、不相称的权力，加上他们对于某些事物的理解的局限性，便成了对于公共利益的全面考虑的一个经常存在的威胁"[③]。

由于我国的管理体制或多或少地存在"条块分割"问题，不同公共部门在制定公共政策时也可能会有不同的利益诉求，因此会出现公共利益与部门利益的矛

---

① 转引自戴维·雷斯尼克. 政治与科学的博弈：科学独立性与政府监督之间的平衡. 陈光，白成太译. 上海：上海交通大学出版社，2015：89.

② 邵泽斌. 教育改革的专家风险. 教育发展研究，2011（8）：1-6.

③ R. J. 斯蒂尔曼. 公共行政学：观点和案例（下册）. 李芳，杜小敬等译. 北京：中国社会科学出版社，1989：433.

盾。少数缺乏大局意识的掌权人可能会更注重自己的本部门利益，为了论证其合理性，在政策证据的使用上自然会发挥其能动作用，在证据的收集和使用等环节将其主观需求渗透其中，导致证据内容的客观性堪忧。

在西方，政府操纵咨询委员会或专家小组、无视专家意见、曲解专家意见等情况司空见惯。部分专家甚至已经与政治精英联起手来，"专家和掌权的人，都会藏在电脑后面进行干预或强化他们的解决方案。然而，这种行为却不是新出现的。在所有的时代，专家都将自己解决问题的方案强加于人，而领导者总是把自己的意志和愿望藏在专家的决定后面"①。一些政策往往是先制定了（也许为了自我服务如维护某个群体的利益或为了经济繁荣），然后才寻找研究证据来掩盖其不完善的地方，使其看起来不那么专断并可以得到更广泛的接纳。拉瑟提到了一个例子：当她参加一个美国政府官员召开的会议时，有官员说"需要政策研究来支持当前的行政举动"，她感到非常吃惊。②

因此，从一线的教育研究者到教育决策者都可能出现政策证据的主观性，具体表现为证据使用者的有限理性、对已存证据断章取义、研究问题认定的随意性、个人偏好或倾向性的研究结论、咨询决策主体话语权的霸权等方面。例如：中等职业（以下简称"中职"）免费政策出台前，有学者以国外发达国家中职教育免费为论据论证该政策的合理性，如"德国完全免费的职业教育"等。对此，他们却忽视或无视了一个事实："在福利制度较为发达的欧洲国家，高中阶段的教育一般实行免费制度，无论学生是在普通高中、职业高中还是加入学徒制，基本都享受免费教育。"③

二、教育政策证据不当运用的规避

（一）扎根实践，多用民意证据

实践和民意是保持教育政策证据持久活力的动力机制，非来自实践、没有代表民意的政策证据很可能产生"纸上谈兵""隔靴搔痒"的政策效果。重视调查研究，一切从实际出发，打破生产封闭的"书斋式"和缺少民意的证据局面，应该成为推进证据科学化进程中亟须解决的问题之一。

---

① 米歇尔·克罗齐耶. 法令不能改变社会. 张月译. 上海：上海人民出版社，2008：153.

② 转引自 Phillips D C. The contested nature of empirical educational research（and why philosophy of education offers little help）. Journal of Philosophy of Education，2005，39（4）：577-597.

③ 臧志军. 免费中职教育制度的国际比较研究. 职业技术教育，2007，28（4）：78-83.

第一，证据要扎根实践的土壤。作为政策中心参与者的专家学者不是代表某一部分的利益群体发表意见，更不是在书斋里写文章为政府的改革决定摇旗呐喊，而是基于中立、客观的立场，运用相关的专业知识和技术，就人民所关心的教育问题开展专项调查研究，用数据建言政策；应基于不受功利价值干扰的事实判断去挖掘证据、认识证据、解读证据、评价证据，对到底"什么在起作用"以及"如何起作用"做出事实判断，从而为决策主体提供更准确、全面、丰富的系统信息。

第二，要关注教育政策边缘参与者生产和提供的证据。知屋漏者在宇下，知政失者在朝野。改革开放以来政府决策过程越来越注重民众的参与，但仍然存在公民意见表达和利益诉求渠道少、对政策制定过程监督缺失等问题。因此，政府应鼓励民众的参与，拓宽代表民意的利益群体诉求渠道，真实、广泛地了解民众心声，从而为政策的制定奠定民意基础。自媒体时代，舆情证据也不能被忽视。但值得注意的是，应根据问题的性质和特点来决定是以专家意见还是以舆情为主要决定因素。比如，鲍姆加特纳和琼斯认为，当问题被描述为技术问题而不是社会问题时，专家可以主导决策过程；当政策的伦理、社会或政治因素成为核心内容时，就会有相当大范围内的参与因素被考虑在内。[①]

第三，要关注政策环境证据。要透过纷繁复杂的教育表象证据，关注政策实施过程中和政策环境中的复杂性和不确定性，关注不同的利益相关主体的价值取向、主观能动性和利益机制，了解政策主客体之间的互动交流情况，考虑政策包含的多样化工具、执行政策的各层级地区不同环境和经济社会文化条件，以及影响政策效果形成的复杂多样的因素等。例如，对教育政策问题进行价值分析就非常必要，因为教育政策本身就是对价值的权威分配，但一定要坚持四个主要原则：合规律性与合目的性的统一、社会选择与个人选择的统一、兼顾与急需的统一、择优与代价的统一。全面考察政策证据的适应范围与效能，构建"全方位、多层次、宽领域"的证据结构体系，从而有效指导政策实践。

（二）改善研究，提高证据质量

第一，要提高政策研究的科学性。用数据描述现象，用模型解释变化，用理论分析原因，改善实证研究规模小、时间短、重复验证少、结论影响小等现象，构建系统的研究数据结构，从而增强证据来源的丰富性，增强证据的理论性和关

---

① 转引自迈克尔·豪利特，M. 拉米什. 公共政策研究：政策循环与政策子系统. 庞诗等译. 北京：生活·读书·新知三联书店，2006：193.

联性。教育研究者不仅要着眼于通过科学的研究收集各种事实性的数据、资料，得出有价值的结论，更要关注证据效果的预见性研究和政策实施效果的评估性研究。对证据效果的预见性研究有助于教育研究者用批判性的眼光看待证据，取其精华，弃其糟粕，从而选择出优质、关联性强的证据来指导教育政策的形成。对政策实施效果的评估性研究有助于教育研究者从成功的政策中积累经验，更重要的是从失败的政策中吸取教训，反思证据，提高证据的科学性。

第二，要保证教育研究视角的综合性。当前，学科领域的专门化虽然使研究者迈向更精深的研究领域，更具专业性，但同时也限制他们的研究视角。因此，研究者要注重对教育政策问题进行多视角、多领域的综合考量，跳出教育学科的单一视野，从社会政治、经济、文化甚至人口与生态问题等方面进行研判，也就是尽可能把教育问题放在一个"全景综合的视域"下，避免出现只顾解决教育问题而忽视其他问题的现象。

第三，要构建政策研究共同体。个人的力量终归有限，研究者要注重听取政策制定者、政策实施者以及其他政策研究人员的意见和建议，集思广益，建构政策证据获得性研究的共同体。这可以打破个人知识的局限性，填充理论与实践的鸿沟，实现知识的共享和证据的传播，实现对政策问题的综合性、全面性、多角度的认识与分析，完成政策证据质量和理论性的提升。关于政策证据理论性高的标准，可以借鉴希克和沃恩的观点：好的理论具有一致性（不含矛盾）、简单性（只依赖于很少数量的预设）、广泛性（能解释很多不同的现象）、保守性（能很好地与已有理论相契合）、成果性（能预测到新的事件或能解决新的问题）。①

（三）加强学习，提高证据能力

第一，形成遵循证据的良好氛围。广泛宣传重视方法、遵循证据的教育决策理念，使教育行政管理者、教职工生、学生家长等社会群体在分析教育问题时不再迷信经验、权威与媒体，学会检索证据、评价证据、利用证据参与教育治理。尤其是决策者要摒弃身份的优越性，主动学习最新的教育理念和教育理论知识，掌握教育基本规律，善于辨析教育发展的趋势，能够在重视社会利益的同时兼顾教育发展实际，充分挖掘教育政策证据中蕴藏的潜在价值。决策者要主动加强与研究者之间的联系，与研究者一道，系统、全面地寻找和检索证据、阅读证据，并以专业、科学的标准评价分析证据，对证据力量进行排序与组织，判断这些证

---

① 小西奥多·希克，刘易斯·沃恩. 做哲学：88个思想实验中的哲学导论. 柴伟佳，龚皓译. 北京：北京联合出版社，2018，38-39.

据与教育问题的相关性。

第二，政策证据提供人员和使用人员要乐于拥护别人的立场。教育政策相关主体要开放心态，善于发现别人研究或观点中的优点。帕顿和沙维奇认为，这并不是说要人们无原则地接受别人的观点或立场，而是乐于拥护其他争论方的观点能产生的积极作用：①它能提高争论的水平，展现双方的优点，显示问题所在和展示可选择性的解决办法。它能有助于达成妥协，否则如果留下的仅仅是争论或基于冲突价值观之上的争端，那么问题就不可能得到解决。②它可以提高分析技巧和处理陌生的相关材料的水平，在这一过程中，它或许会让人重新审视已经考量建立的理论。③它能巩固辩护程序的传统，即对已有政策（甚至一项好政策）的一种强劲挑战会产生一项更好的政策。[①]政策制定的环境以及政策过程本身的动态复杂性，需要政策制定主体从任何视角并利用以往在某问题领域有限的实有知识，对教育问题做出较为完善的决策。所以，政策制定主体需要知道如何有效地学到有关实际问题领域的知识，要善于发现别人的观点或研究中的优点，乐于听取一线工作人员的意见和建议，以提高根据环境变化分析和改变论据的能力。

第三，加强循证培训，防止论证谬误，向循证医学学习，广泛开展教育领域的循证培训。所有教育从业者（包括教育行政人员、校长、教师）都应接受关于研究方法、数据统计与分析方面的培训，鼓励其围绕行政管理、学校管理和课堂教学中的问题，运用规范的研究方法展开研究，避免证据中出现论证谬误。希克和沃恩认为，如果一个论证包含不可接受、不相关和不充足的前提，那么它就是一个谬误的论证。不可接受的前提一般包括预设结论、假两难悖论两种情况；不相关的前提包括含糊其辞（同一论证中的某词语在两种不同含义上被使用）、合成（对部分而言为真的也对于整体而言为真的预设）、分解（对于整体而言为真的对于部分而言也为真的预设）、人身攻击（当某人想通过批评或诋毁一个论证的提出者而非讨论该论证涉及的问题来反驳一个论证时所犯的错误）、来源谬误（基于一个论断的来源论证其真或假）、诉诸不当权威（试图通过引用专家或名人的权威来支持自己的看法时因专家选择不当而犯的错误）、诉诸大众（以所有人都相信某事作为推理证据）、诉诸传统（当人们因为某事是已被确立的传统的一部分而论证它就是真的或好的）、诉诸无知（将对手不能证伪的一个结论当作该结论为正确的证据和将对手不能证明一个结论当作该结论为错误的证据）、诉诸恐惧（运用伤害行为威胁某人来推进某人的观点）等；不充足的前提包括有轻率

———————————

① 卡尔·帕顿，大卫·沙维奇. 公共政策分析和规划的初步方法. 2版. 孙兰芝，胡启生，顾平安等译. 北京：华夏出版社，2002：12.

概括、错误类比、虚假原因等。①

（四）超越已见，保持证据客观

第一，证据研究主体要保证研究的客观、真实。研究者要秉持公益的价值观，超越个人私利和团体利益。"政策分析家在其职业生涯的行为中要考虑三种价值：分析上的诚实、对顾客负责以及对其个人有关美好社会观念的坚持。"②从研究选题、设计到数据的收集、结论的得出等都必须以客观事实为依据，研究者要秉持实事求是的态度与作风：在认定政策问题时，应选择那些真实存在的、与既定的价值、规范、利益发生冲突的、能被列入政策议程的问题，而不是仅凭问题的简单易解或领导的好恶等；在研究设计过程中，不得脱离教育活动和真实的教育情境，不得以个人意愿干扰研究对象；采集数据时，应尽可能地收集和分析全部、真实、可靠的事实材料，不可随意更改和杜撰研究数据，更不可随意取舍材料（即使是相互矛盾的材料）；得出的研究结果也要基于经得起重复验证与推敲、能够佐证政策问题的有价值的证据信息。

伦理原则有助于提升研究的可靠性、客观性，因为篡改或伪造数据去"证明"一个假说并不是通向真理的路。操纵统计分析以达成符合某个经济利益的结果，也不是减少偏见的好方法。科学研究应遵循的伦理原则包括：①诚实。要诚实地报告数据、结果、方法和流程、发表状态和利益冲突。不可篡改、伪造和歪曲数据。②客观性。在涉及其他科学家（如人事决策）或与公众的互动中（如科学咨询和专家司法做证），力求客观性。③慎重。避免因粗心大意而出现错误或疏漏，慎重而苛刻地审查自己与同行的成果，保持研究活动记录的良好习惯。④开放。分享数据、结果、思想、工具和资源，以开放的心态面对批评和新思想。⑤尊重知识产权。重视专利、版权及其他类型的知识产权，未经允许不使用未公开的数据、方法或结果，荣誉属于有功之人。⑥自由。研究机构、研究资助者和政府应鼓励思想、研究和交流的自由。⑦社会责任。努力做到对社会有益，避免或防止对社会造成危害。⑧胜任。通过终身教育和学习，保持并提高自身职业能力和专业素质。⑨合法性。了解并遵守相关的法律、监管条例和政策。⑩保护受试者。

---

① 小西奥多·希克，刘易斯·沃恩. 做哲学：88个思想实验中的哲学导论. 柴伟佳，龚皓译. 北京：北京联合出版社，2018：37-41.

② 卡尔·帕顿，大卫·沙维奇. 公共政策分析和规划的初步方法. 2版. 孙兰芝，胡启生，顾平安等译. 北京：华夏出版社，2002：29.

当研究中以人作为受试者时，要表现出足够的关怀和尊重，保护受试者的权益。①

第二，政策相关主体也需尽量规避自身主观性。证据被认识的过程就是人的主观认识逐步符合客观实际的过程。在这个过程中，政策相关主体尤其是教育政策决策者，需要将公共利益置于个人利益和团体利益之上，不能为个人的好处和团体的私利而歪曲政策证据，同时也要规避以偏概全、先入为主和非逻辑推理等误区，应秉持科学的态度认识和使用证据，保持思想的开放性和批判性。政策相关主体应看到，公众表达的意愿日趋强烈，民主观念和参与意识不断提高，要多与教育政策利益相关群体交流协商，与观点不同者在辩论中趋真；要多关注民意证据，反思政策证据运用不利情况的原因，在反思中求善。

尤其要强调的一点是，政策相关主体尤其是政策决策者的道德责任与伦理自觉。康德认为，责任是服从客观普遍原则的行为必要性，是一切道德价值的源泉，合乎责任原则的行为虽并不必然善良，但偏离了责任原则的行为完全肯定是恶，在责任面前一切其他动机都黯然失色，因为它是其价值凌驾于一切之上、自在善良的意志的条件。② 德鲁克也指出，管理者需要有一种道德原则，并将其作为自己的合法权利被人接受的依据。③ 他们应该把自己的权力建立在道德承诺的基础之上。这种道德承诺，同时又可以表明组织的目的和性质。

---

① 戴维·雷斯尼克. 政治与科学的博弈：科学独立性与政府监督之间的平衡. 陈光，白成太译. 上海：上海交通大学出版社，2015：47-48.

② 康德. 道德形而上学原理. 苗力田译. 上海：上海人民出版社，1985：48-53.

③ 彼得·德鲁克. 管理：任务、责任、实践（责任篇）. 王永贵译. 北京：机械工业出版社，2007：213.

第六章　教育政策证据的国外实践

第一节　教育政策证据研究的国际发展概况

20世纪90年代，随着循证医学的发展，按照"基于证据"的思想方法制定公共政策成为一种趋势。"基于证据"的思想方法逐渐扩展到护理学、公共政策学、心理学、教育学、司法学等社会科学领域。本节对教育政策证据研究的国际发展情况进行简要介绍。

一、教育政策证据研究的兴起

1995年，OECD的教育研究和革新中心（Centre for Educational Research and Innovation，CERI）在《教育研究与发展报告：趋势、问题与挑战》中较早地提出了促进和利用教育研究服务政府决策的理念。21世纪初，特别是2005年左右，为教育政策提供有效证据的思想又重新引起广泛的国际关注。为什么这种思想会在此时再度兴起？总体来说，就是为了使教育研究更好地服务于教育决策。欧盟委员会曾在《以知识为基础的教育、培训政策与实践》中提出："成员国和欧盟机构需要推行以证据为基础的政策和实践，包括更加健全的评估工具，以确定哪一个改革和实践是最有效率的，哪一个改革和实践推进得最成功。"[①] 具体来说，主要有以下方面原因。

第一，各国教育管理部门对教育质量和绩效的关注度越来越高，要求根据产出进行教育投入，提高公共资金使用效率。各国政府以及国际组织以前的重点集

---

① 转引自张正严，李侠. "基于证据"制定教育政策. 教师教育学报，2017，4（1）：87-93.

中于财政投入和教育参与方面，现在则更加关注教育投资和教学活动的结果。决策者越来越感兴趣的是教育到底能带来什么。财政部要求教育部门提供经费投入有效性的证据，并要求这些证据令人信服，从而对教育部门，特别是教育研究者提出了挑战。

第二，大数据时代要求对教育相关数据加强审核与评估。基于对学生成绩的更广泛的社会关注，各国更加重视 PISA 等测试和调查，所产生的相关数据激增，需要对这些数据进行甄别和评估，以挖掘教育决策的可用证据。在互联网等新技术的支持下，国家之间、地方之间的信息共享与交流规模扩大，所产生的大数据也需要审核和评估。此外，公众对教育系统更加明确和公开的不满等公共意见需要被收集和审核，以更好地服务于治理。

第三，传统教育研究面临现实困境。包括教育在内的各类政策制定者必须迅速、及时地根据现有信息做出决策。但传统的教育研究通常能提供的并不是"完美"的决策证据，其很少使用严格的定量研究方法，有些研究与政策需求相距甚远，有些研究成果相互矛盾。即使是一些较好的研究，也由于教育政策和研究者之间的脱节，研究成果相关信息没有被广泛传播，或者被决策者忽视，难以在政策上形成统一的行动方案。因此，OECD 各成员国在进行教育领域公共政策的制定与执行时，开始重视各种来源的证据在教育政策评估和绩效衡量中的应用，以促进制度改革的成功。法国、墨西哥、韩国、挪威、斯洛文尼亚等国家通过立法，制定新的评价框架或新的制度安排，建立更强有力的教育政策和政策评估制度。葡萄牙、芬兰等国家也相继成立了教育评估研究所或教育评估中心等独立机构，专门从事外部评估。

各国已认识到证据在政策制定、执行和评估过程中的重要性，在全球范围内呼吁所有教育政策和相关实践都应以证据为基础，所以为了增强评估的稳健性，证明改革措施与改革结果之间的因果关系，理解改革的原因与影响，有必要将证据与政策联系起来，促进政策改进和成功。例如，加拿大、挪威和英国的评价人员认为，在政策执行和评价过程中战略性地提供证据和使用数据可以改善结果。强有力的证据有助于说服选民和利益相关者，改革是必要的，应基于最好的现有证据进行充分知情的决策。与此同时，公众对教育体系有效性的证据有了更大的需求。正如《2018年教育政策展望：以学生学习为中心》所报告的，各国努力加强证据在改革进程中的作用，通过发展或利用国家能力来设计基于证据的政策。西班牙制定的"减少教育和培训中过早辍学现象的计划"（2008年）、日本制定的

《第三期教育振兴基本规划（2018年）》①等，这些长期的改革中都体现了基于证据的政策理念。拉脱维亚承诺促进以证据为依据的政策规划和执行，同时努力发展国家数据能力，以确定需要改进的教育领域和方向。土耳其根据劳动力市场不断变化的需要，通过教育部网站进行一系列问卷调查，对校长、教师、学生进行面对面访谈，以及各种论文、报告、宣传册、网站等证据的审核分析，服务于政府决策。

二、各国教育政策证据研究中的争议与共识

OECD 各成员国对于是否参与教育政策证据研究或基于证据进行决策的态度存在差异。基于不同的社会科学研究传统和文化，各国学者对教育政策证据的概念和方法的理解不尽相同，加上支持研究所需的资金和时间成本，使得证据研究实践存在差异以及争议，如谁来进行或参与这些研究，如何获得可靠的证据，如何评价政策证据质量等。而在争议过程中，各国学者也达成了一定的共识。

对于什么是证据、什么是"以证据为基础"、研究中的哪些证据在政策制定中起作用或应该起作用等问题的探讨甚至激烈的辩论，在21世纪初的几年急剧增长。一般来说，这里的"以证据为基础"是指"在教育决策和政策选择过程中认真和明确地使用现有最佳证据"②。随着辩论的进行，许多参与的人对最初探讨的"循证政策研究"这个术语越来越不满意。这主要是因为这样的决策看起来过于齐整，过于理性，如同一种客观的临床操作。然而，许多学者认为在证据和政策之间并不存在线性的简单模型，现实永远是复杂多样的。也有学者认为，这一术语有点模棱两可——循证政策研究究竟是属于研究，还是属于决策？对这一问题的不同倾向使得不同研究机构的组织目的和功能存在差异，甚至影响到其对证据标准和证据研究方法的采用。例如，OECD 的 CERI 更倾向于累积统计证据和开发关键指标巩固其研究工作，促进国际教育决策，注重在各国不同的标准和文化间取得共识和平衡，促进不同决策系统间的开放。美国的 WWC 则更倾向于将循证政策研究视为一种严谨的科学研究，虽然它也具有检验各种教育改革措施，为教育实践提供指南作用，但相对而言，更重视量化研究方法的严格应用及对因果

---

① OECD. Policy implementation and evaluation: Learning from experience and evidence. In Education Policy Outlook 2018: Putting Student Learning at the Centre（pp.155-175）. Paris: OECD Publishing，2018.

② OECD. Evidence in Education: Linking Research and Policy. Paris: OECD Publishing，2007: 16.

关系的证明。

OECD 各成员国更多的争议集中在对方法和标准的讨论上。总体来说，在政策证据的评估中，各国主要使用了实证研究方法：①用以支持决策的事前审查。如斯洛伐克共和国的一个项目先构建了一个体现效率特征的量化指标体系，通过事前研究收集和整理全面的证据，支持扩大儿童保育设施的决策。②实施后不久即进行的外部评价。如西班牙《教育改进组织法实施进度表》（2014 年），其中实施进度表包括各年级实施一年后的外部评价。③长期的纵向追踪研究。如澳大利亚的"促进土著学生成功的行动计划"项目（2013—2017 年），该项目属于阶段性监测项目，在每个评估阶段都进行了包括学校领导的调查、案例研究、关键利益相关者访谈等方面证据的评估。

然而，围绕实证研究方法也产生了一些问题。各国学者发现，实证地证明改革与结果之间的因果关系，评估政策举措结果，需要使用稳健的研究方法和证据评估方式，如使用随机对照试验等方法。基于伦理原则，各国往往会禁止或至少阻止随机对照试验，OECD 的公共部门正致力于开发和提供更具可行性的模型、工具和环境，使此类实验能够在准实验基础上进行。许多 OECD 成员国已经制定相关倡议来推进模拟政策实验和准因果性教育政策评价，如丹麦的教育预测梦想模型、新西兰的综合数据基础设施和加拿大的纵向生命路径数据库等。然而，这种实验研究方法也具有明显的局限性。就其本身而言，随机对照试验和其他以实验为重点的评估结果并不被视为判断教育政策有效性的充分证据。这是因为这些实验无法全面地考虑到教育政策价值性的背景信息，通常只能解答具体的研究问题，而不能让人信服地解释问题产生的原因和机制。实验结果可以帮助人们判断改革是否产生了影响，但不一定能解答为什么或如何产生影响。进一步的深度理解往往来自定性证据。理想的情况是，教育系统应有能力进行以实验为重点的评估，但也应考虑到其他类型的评估。

第一，随着政策评估数量的持续增长，元分析方法（meta-analysis）开始流行。所谓元分析，就是用统计的概念与方法，收集、整理与分析之前学者针对某个主题所做的众多实证研究文献，或者说是对具有共同研究目的的一系列独立研究的统计结果进行统计整合、找出问题之间或所关切的变量之间的明确关系模式、弥补传统文献研究不足的一种分析方法。学者注意到数据和信息间经常相互冲突，而这种冲突挑战了教育政策证据的信度与效度，因此需要进行证据的量化整合（即所有相关研究成果的统计性结合），通过证据的这种元分析来鉴定一个干预措施或研究是否有效，并甄别和比较不同研究的效应及其类型，解释研究结论的差异。近年来，一些新的教育政策研究开始采用这种方法。例如英国政府下属的教育捐赠基金会开发的特殊工具包，这种工具包以可视化的图表形式显示相关研究成果，体现政策证据的相对成本、强度和影响之间的关系。丹麦教育研究交流中心致力于为某一特定政策领域汇编有关研究成果，并进行系统的证据审查和综合。

第二，学者普遍认为质性分析在教育研究中具有较高的重要性，特别是强调批判性思维在证据评估中的重要作用。巴克利等指出，批判性思维以求知欲和对证据价值的信念为动力，应用于证据评价，主要内容包括识别证据研究的假设，提出研究问题，通过反思寻求更深层次的理解，并将研究成果反馈给教育决策者。它意味着围绕教育改革的假设、理论和证据，通过质疑和分析不断寻求改进，发展有效的教育政策证据评估能力。因此，批判性的教育政策证据研究超越了单一政策周期中的评估环节，批判性地分析政策周期的所有阶段，不断提高政策反馈信息的系统转化，并进行实际干预。[①]

第三，学者主张开发新的政策评估方法。2013年，欧盟委员会将事前评估和总结性评估联系起来，以一种更加结构化的方式改善整个政策周期：在推出新政策之前，尽可能地对以前的行动和当前的政策进行全面评估并吸取经验，使之成为标准做法；在事前影响评价和总结性评价之间应有连续的互动，总结性评价受事前评价所规定的框架的影响，新政策的事前评价则受此前总结性评价相关证据的影响。

三、教育政策证据研究机构的发展

推进各国教育政策证据研究的发展，有3个关键点：一是研究人员的发展；二是基础研究设施的发展；三是教育实践者和决策者相应思想的转变与能力的提高。这三方面的需求是通过各国教育政策证据研究机构的发展得到满足的。

除了 CERI 外，主要的教育政策证据研究机构还包括：英国 EPPI 和卓越与社会关怀研究所（Social Care Institute for Excellence）、美国 WWC、新西兰的迭代最佳证据合成项目（Iterative Best Evidence Synthesis Programme）、加拿大的加拿大学习委员会（Canadian Council on Learning）、丹麦的知识与信息交流中心（Knowledge Clearinghouse）、荷兰的知识办公室（Knowledge Chamber）。

---

① Buckley J, Archibald T, Hargraves M, et al. Defining and teaching evaluative thinking: Insights from research on critical thinking. American Journal of Evaluation, 2015, 36（3）: 375-388.

总体来说，这些研究机构的主要功能如下：

1）进行教育政策证据的评估与整合，服务于教育决策和教育实践。

2）设立证据的评估标准，探索教育政策证据评估与合成的多种方法。

3）发挥科研和教育平台功能，推动教育政策证据研究方面的科学交流与人才培养。

如前所述，虽然这些研究机构都强调采用多元且高质量的研究方法和技术，根据证据本身的特点，从证据的产生、收集、提取到证据的转化和应用，进行因果、并列、层次性等逻辑分析和证据评估，但是由于组织目的和宗旨方面的差异，它们在功能表现、证据标准和研究方法采用等方面均存在一些差异。

CERI 注重"基于证据"制定的教育决策，要求各成员国制定的"所有教育决策都应基于最好的证据"①。CERI 通过一系列工作坊的进行，在华盛顿特区、斯德哥尔摩、海牙和伦敦等地进行专家学者的国际交流，对证据构成的量化方法、证据评估的相关利益者诉求、证据评估的具体方法等方面进行探讨。

英国 EPPI 的功能也趋向综合，除了教育政策证据研究及方法的探索外，也重视与其他机构进行合作，建立了伦敦最佳证据医学教育（Best Evidence Medical Education，BEME）国际合作中心和评估团体支持平台，基于这些平台开展相关科研项目。该中心还组织召开了伦敦系统性证据评估和研究系列研讨会，进行系统性证据评估方法和证据应用研究方面的学术交流和信息分享。

与前面两个机构相比，美国 WWC 更像专门的教育政策证据评估与研究机构，功能相对单一，即通过量化研究方法的应用，对一定范围的研究成果进行评估和严格检验，从而评价各种教育改革措施的实际效果，为教育实践提供指南，因而在证据评估和合成等方面对量化研究的技术要求最高。

我们还应注意到，这些研究机构都越来越认同对基层教师进行证据评估标准和研究方法的专门培训的理念，认为教育改革不仅仅是政府官员的事，更应得到基层教师的理解和欢迎。在那些自上而下的教育改革中，应落实基层教师真实的改革意图，使基层教师能够积极推动这些改革，而不再是改革的旁观者。因此，基层教师应该通过一定培训，在思想观念和能力方面获得相应发展，学会理解教育研究及其成果，加强研究与课堂实践的联系。基于以上考虑，很多研究机构提供教师培训机会，例如，EPPI 提供两种硕士学位学习项目，即社会政策和实践领域系统性证据评估的硕士学位（MSc in Systematic Reviews for Social Policy and

---

① OECD. Evidence in Education: Linking Research and Policy. Paris: OECD Publishing, 2007. https://doi.org/10.1787/9789264033672-en. [2019-07-18].

Practice）项目、社会政策和社会研究的硕士学位（MSc in Social Policy and Social Research）项目。EPPI 还提供教育政策证据研究方面的个人课程修习和教育培训工作坊，为希望进行系统性证据评估研究的团体提供定制的培训、资源集合和支持。WWC 也积极进行针对基层教师的系统的线上培训，使教师理解其严苛的教育政策证据评估标准，掌握相应研究方法。

第二节　从事教育政策证据研究的主要国际机构

一、CERI

1968 年，OECD 下设 CERI。CERI 是 OECD 教育和技能司的一部分，致力于实现所有人的终身学习，并不局限于正规教育系统，以教育研究为驱动开展相关工作，关注新兴趋势和问题；致力于帮助各成员国寻找其在发展教育事业以及提高教育质量的过程中所遇到的困难，提供解决方法和前瞻性创新性议程，确定和发展有利于工作和更好生活的知识和技能，创造繁荣和促进社会包容，并提高政策执行的成效。在 OECD 教育和技能司领导下，CERI 长期致力于以前瞻性的研究方法、丰富的国际比较经验，帮助 OECD 成员国改进教育产出，走向教育前沿，应对时代挑战。[①]

（一）CERI 的目标

CERI 的目标：一是提供和促进国际比较研究，以及相关创新和关键指标体系的建立；二是探索教育和学习领域的前瞻性创新研究，促进和支持教育实验研究；三是促进教育研究、创新和政策发展之间的联系。

基于以上目标，CERI 集聚了相关国际研究和专业知识，认可不同国家的有效做法，并针对教育政策、实践和产出成果等前沿问题进行了一系列主题的新探索。

（二）CERI 的主要任务

其主要任务包括以下几个方面。

1）预测和描述未来。

---

① OECD. CERI. https://www.oecd.org/education/ceri/. [2019-07-18].

2）针对已出现的挑战，开发概念性或分析性框架。

3）培养、支持和评价政策与实践领域的创新。

4）为发展提供"试验台"（test-bed）。其中包括：①支持教育政策和实践的新工具和新技术；②新的评价及其工具；③探索教育系统能力的建设；④监控进步的指标。

5）激励知识创新、扩展和应用。

6）系统层面的测量和监控。

（三）参加CERI的成员国

CERI的工作由CERI理事会监督管理，理事会由CERI成员国指定的专家组成。参加CERI的成员国包括澳大利亚、匈牙利、挪威、奥地利、冰岛、波兰、比利时、爱尔兰、葡萄牙、加拿大、以色列、斯洛伐克、智利、意大利、斯洛文尼亚、捷克、日本、西班牙、丹麦、韩国、瑞典、爱沙尼亚、拉脱维亚、瑞士、卢森堡、土耳其、芬兰、墨西哥、英国、法国、荷兰、美国、德国、新西兰。

（四）CERI的相关活动

为促进各国教育政策证据研究的发展，2003年CERI在理事会的建议下，在研究、创新和知识管理相关研究的广泛领域开展证据在教育政策方面的应用研究，强调证据支持的政策研究是对教学与学习领域及其他实践性和创新性过程的重要补充，作为创新之源不应被政策制定者所忽视。[①]总体来说，CERI进行的相关活动主要在以下三个方面（图6-1）。

1. 在教育政策证据支持下开展系列研究

根据图6-1和往年的研究项目情况可以发现，CERI主要有四个研究领域，其所包括的具体项目如下。

第一个领域是教育未来（future of education）。

（1）21世纪的孩子们

近年来，孩子们的童年发生了很多重要变化。这些变化对每个阶段教育的学

---

① 杨红旻，范笑菡. "基于证据"理念下CERI中心的主要活动及贡献. 河南科技学院学报（社会科学版），2019，39（12）：59-63.

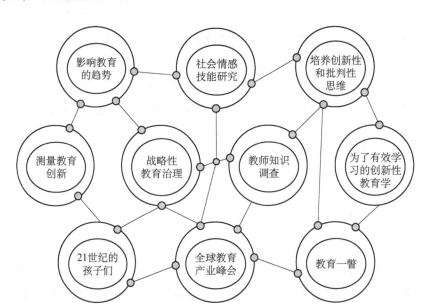

图6-1 2017—2018年度CERI研究项目总览

资料来源: Overview of CERI Projects in 2017—2018①。

校规划、教学、学习,以及孩子们与父母、学校、社区之间的关系等产生了影响。21世纪的孩子们(21ˢᵗ Century Children)项目包括以下主要内容:鉴别分析关于0—18岁群体的影响因素的跨学科研究,开发一个分析框架,以便将其与教育研究和政策相联系,分享经验和共同挑战,鉴别分析相关案例的成功经验,明确研究间的分歧和进一步研究的需求。

(2)影响教育的趋势

为未来做准备就意味着认真审视关于世界变化的证据,战略性地思考教育可能需要如何适应这些变化。影响教育的趋势(Trends Shaping Education)项目包括以下主要内容:鉴别分析并强调影响教育未来的主要趋势,如城市化、技术、全球化、家庭结构的改变及其他;反思这些趋势对于教育意味着什么;帮助国家制定强健的发展战略以应对未来挑战。

(3)未来的科技

CERI致力于帮助政策制定者了解人工智能(artificial intelligence,AI)和机器人可能会如何影响教育工作,以及教育应当如何应对未来的变化。未来的科技(Future of Skills)项目致力于解决以下两个问题:①在未来几十年里,AI和机器人难以替代人类的哪些能力?②为了使大多数人具备AI和机器人没有的能力,需

---

① OECD. CERI. https://www.oecd.org/education/ceri/. [2019-08-09].

要进行哪些教育和培训工作?

第二个领域是教学创新(innovation in teaching and learning)。

(1)教师知识调查

教师知识调查(Teacher Knowledge Survey)项目的意义在于:发现教师实际上懂得与有效学习有关的知识,对如何改进有着基本理解和见识,包括为促进教学成功进行的新任教师教育和专业发展,教师的筛选、留任和专业发展等。该项目包括以下主要内容:评价教师候选人、处于职业生涯不同阶段的教师、教师教育的承担者的一般性教育学知识基础,将这种知识基础与他们的学习机会和学习动机相联系。

(2)为了有效学习的创新性教育学

为了有效学习的创新性教育学(Innovative Pedagogics for Powerful Learning)项目的意义在于:通过构建可靠的循证框架去理解教与学中实际发生了什么,是设计和执行支持有效学习产出的政策和相关实践的一项基本前提。该项目的主要内容包括:在创新性教育学方面产生强有力的证据支持的框架和概念;整理和分析教育学以提升质量,"有力"地学习;理解创新性教育学如何能应用和通过创新网络相应地增长;为创新性学习环境的设计开发材料。

(3)培养创新性和批判性思维

培养创新性和批判性思维(Fostering Creativity and Critical Thinking)项目的意义在于:创新性和批判性思维使学生为创新型经济做好准备,并提升幸福度。教师需要指引学生理解这些技能关联的知识:如何设计教育学活动以使学生掌握这些技能,以及如何评价他们。该项目的主要内容包括:在创新性和批判性思维方面开发一种共同的、对教师友好的语言;提供一种形成性评价工具,在学生活动方面产生教育学资源和实例以支持有效教学和这些技能的学习;监督教育学战略对于掌握这些技能的影响;为实践和理念方面的知识交流提供一个平台。这个研究领域的研究还有创新性学习环境和教育与培训的创新战略等。

第三个领域是管理知识(leveraging knowledge)。

(1)战略性教育治理

对不断复杂化的教育系统的有效管理取决于以下方面:治理过程的正确化;意外事件管理的灵活化和适应性;与利益相关者进行开放的对话;将教育系统视为一个整体,使证据支持的教育政策研究更有效。战略性教育治理(Strategic Education Governance)项目的主要内容包括:探索治理方面的前沿主题;组织同伴学习研讨会以支持各国现行的治理改革；提供政策工具来帮助各国改进教育系统的治理。

（2）全球教育产业峰会

在教育部部长和创新者之间进行的关于教育产业的对话促进了关于教育部门所面对挑战和合作发展创新性回应的更好理解。全球教育产业峰会（Global Education Industry Summit）的主要内容包括：全球教育产业峰会每年由一个不同国家主持，仅凭邀请参加；每一次峰会发布一个由主办国选择的主题；2018年峰会由爱沙尼亚主持，主题是教育及相关领域的数据。这个领域的研究还有治理复杂的教育系统（governing complex education system）

第四个领域是测量进步（measuring progress）。

（1）教育一瞥

教育一瞥（Education at a Glance）项目的意义在于：以一种系统方式比较各国教育指标，为政策制定者、教育者、学生、父母和公众提供教育状态观察的相关数据。该项目的主要内容包括：根据已有技术标准，收集来自OECD成员国和主要合作者的数据；出版比较教育系统不同方面的指标；提供国与国之间的教育系统状态的概览；提供关于特殊主题的进一步分析和观察的信息。

（2）测量教育创新

测量教育创新（Measuring Innovation in Education）项目的意义在于：了解是否需要教育性实践及需要程度；系统层面的改变帮助瞄准政策和学校干预以改善教育产出；塑造创新和改进的文化也要求理解创新的驱动，包括数据和技术的使用、教育性研究与发展投资、采取的学习组织模式。该项目的主要内容包括：确定教育创新的驱动因素；确定跨教育系统的有意义的创新；构建衡量指标，考察教育创新之间的关系。

（3）社会情感技能研究

社会情感技能研究（Study on Social and Emotional Skills）能够帮助学生在当今社会中茁壮成长，是改变世界、实现更好的经济和社会发展的基础。它包括提高对社会和情感技能的关键作用的认识，评估10岁和15岁青少年的社会和情感技能，为帮助发展社会和情感技能的政策和实践提供见解。

2. 在教育政策证据支持下，推动OECD各成员国教育政策方面的改革

CERI曾指出，OECD所有成员国的教育政策和制度体系都面临越来越大的社会压力，即要求它们表现出更高的责任感和效力，所有教育决策都应基于最好的证据。然而，随时可供管理者决策使用的证据资料往往是不适当的，未经严谨的审核和评估往往彼此矛盾，也没有共同的行动方针。因此，CERI汇集了来自OECD成员国的教育政策证据研究方面的专家，从教育决策者、研究人员和利益相关者——教师、媒体、家长等视角，研究在使用证据以提高教育政策成效时所面临的问题。CERI在《2018年教育政策展望》（Education Policy Outlook 2018）中不仅分析OECD各成员国教育公共政策的发展趋势，评价了这些政策的影响，还研究了政策执行过程中的挑战，提出对政策实施的改进意见。而这些工作是通过各国有关重要政策的实施和教育政策证据的回顾与分析完成的。[①]

在OECD各成员国教育政策证据的评估过程中，CERI总结了能帮助各国提高教育政策绩效的4条重要原则。

1）要涉及所有利益相关者，包括学生在内，并确保他们的持续参与。《2016—2017年教育政策展望调查》中指出，OECD成员国正致力于提高利益相关者对政策制定与执行的参与，来保证教育改革的成功。

2）在政策执行和评价过程中应鼓励使用各种证据，包括战略性地使用数据，提升证据在教育改革中的作用。

3）应在政策证据评估的相关概念方面努力增进共同理解，共享教育政策的目标和标准。

4）要确保资源的公平分配和平等使用资源的能力。

CERI还强调了在政策改进过程中提高证据评估能力的重要性，提出应全面理解政策生态系统的复杂性，开发政策执行策略时进行持续的决策学习，促进真正的决策转变。

由上可见，教育政策执行与评估中的证据应用研究，一直是CERI的重要活动内容和贡献。CERI承担着监控与测量OECD各国教育系统，建立国际教育评价指标体系，进行政策证据整合等工作，为各国教育政策的制定提供可靠的证据与建议的任务。从其功能来看，CERI实际上发挥着组织的智库作用，推动了OECD成员国近年来的教育变革。

3. 召开教育政策证据方面的系列工作坊与研讨会

该项目集中于一系列工作坊，这些工作坊将该领域的重要学者聚集在一起进行研究以及政策方面的经验交流和实践。工作坊回顾了证据支持政策研究的重要

---

① OECD. Policy implementation and evaluation: Learning from experience and evidence. In Education Policy Outlook 2018: Putting Student Learning at the Centre（pp.155-175）. Paris: OECD Publishing, 2018.

方面（包括方法、成本和能力等，这些组成了教育研究的证据），这些证据如何被最好地利用，相关参与国家应对挑战的可能措施，等等。2004—2006年，以证据为基础的教育政策研究由四个工作坊组成。该项目直接产生CERI新的跨越教育研究界限的项目，并于2007年6月出版了《教育领域的证据：连接研究和政策》（Evidence in Education：Linking Research to Policy）。

具体来说，2004—2006年CERI所举行的工作坊包括：

1）2004年4月第一次工作坊（华盛顿特区），关注问题是：什么构成了证据？该次工作坊的讨论集中在比较一定范围的包括随机化对照实验的现有社科研究方法论的优点与缺点。

2）2005年1月第二次工作坊（斯德哥尔摩），主要关注相关利益者的多元化，包括研究者、政策制定者、实践者和媒体，以及他们之间的交流需求、优先顺序和产出。

3）2005年9月的第三次工作坊（海牙），主要关注研究与政策、实践之间的有效调节机制，经纪（中介）机构的角色和成就，包括成功案例。

4）2006年6—7月的第四次工作坊（伦敦）与经济和社会研究委员会的教学与学习研究项目相合作，目的在于探索证据为基础的政策研究的执行方面相关事务。

二、英国的EPPI

英国的EPPI是一个专门负责开发和研究政策证据的中心，设在伦敦大学教育学院社会科学系的社会科学研究部。该中心的工作始于1993年，2001年确定为EPPI的当前名称。除了英国国家经济和社会研究委员会等政府部门和慈善机构外，该中心还与其他国家的相关研究机构开展广泛的国际合作。[①] EPPI在社会科学与公共政策领域系统评价及其法学方面一直处于领先地位，其研究主题涵盖犯罪、教育、社会政策、社会护理、技术研究与开发、证据的运用等。此外，EPPI还提供政策咨询服务，以支持政策制定者和参与者基于证据进行决策，整体上推动了英国和世界各地的循证决策和实践。

（一）EPPI的目标

EPPI的目标：一是确定英国和其他国家教育、卫生和/或社会福利"委托"或"公共服务采购"的研究证据；二是调查健康、教育和社会福利服务"联合委

---

① EPPI. https://eppi.ioe.ac.uk/cms/Default.aspx?tabid=3226.[2019-10-06].

托"的影响；三是确定卫生、教育和社会福利服务联合试运行的影响因素。

（二）EPPI 的任务

EPPI 的任务：一是开发系统回顾和综合研究证据的方法；二是建设研究使用的研究方法的中心。

（三）EPPI 的理念

EPPI 的理念包括：强调证据评估中的人性化，关注利益相关者的看法和建议，将用户纳入证据评估的全过程各环节，保证评估主体的多元化和全面性；重视证据评估中的权变性，采用开放性的评估研究过程，集众家之所长，注重各领域评估专家自主选择适宜的研究方法。①

（四）EPPI 的相关活动

自 1993 年，EPPI 开展了多种研究项目，致力于基于坚实的政策证据研究和相关的专业性实践。其工作主要包括以下方面。

1. 开展各种系统性的证据评估

在包括教师培训在内的教育领域内，EPPI 针对广泛的主题进行系统性证据评估。1996—2018 年，该中心共进行了 227 项系统性证据评估，其中与教育有关的有 15 项。EPPI 在教育与培训领域内的活动主要包括：进行从早期教育到高等职业教育和终身教育等方面的教育政策证据的系统性评估，为相关机构提供支持，推动基于证据支持的教育决策和政策制定，并与卫生、社会保健、发展中经济体、体育、环境和犯罪等其他社会政策领域的研究相结合。

这些系统性政策评估主要涉及以下方面研究主题：①个人发展规划；②中学规模；③13—14 岁青少年的学校科目选择；④中低收入国家的技术与职业教育和培训；⑤艺术与运动学习对青少年的影响；⑥医疗保健职业的岗位学习与教学。

此外，与其他社会科学领域有所重合的研究主题如下：①成人学习与就业；②中低收入国家学校设施的提供；③学校心理健康；④学校的体育活动和营养教育；⑤第三级教育对经济增长和发展的影响。

从研究内容看，EPPI 的系统性证据评估主要有以下特征。

---

① 洪成文，莫蕾钰. "基于证据"教育政策研究的评估与整合——以英国 EPPI 与美国 WWC 的经验为例. 新疆师范大学学报（哲学社会科学版），2015，36（6）：121-127.

第一，EPPI中心的研究集中于青少年学习方面。主要项目有①：

1）个人发展规划对提高学生学习效果的系统地图和综合评价（2003年）。个人发展规划（personal development planning，PDP）是一个学生监控、建立和反映个人发展的过程，已被引入英国所有高等教育层次的院校。个人发展规划的定义为"一个由个人进行的结构化的和受支持的过程，以反思其自身的学习、绩效和成就，并规划其个人教育和职业发展"②。其主要目标是提高学生的能力，以了解他们正在学习什么、如何学习以及何时学习，并审查、计划和承担未来学习的责任。这项系统性评估旨在确定PDP在高等教育中的有效性。

2）了解文化和体育参与的影响：对青年人学习影响的系统回顾（2010年）。这项评估已产生两份报告：《了解参与文化和体育活动的影响：对青少年学习影响的系统回顾》和《了解文化和体育参与的驱动因素、影响和价值：系统审查和数据库的技术报告》。

3）分组时间安排对学业成绩的影响：系统性评估（2010年）。教育体系建立以来，学者一直在讨论学校的组织、在学校一天应该如何度过等主题。这项评估的研究对象就是关于学年或学日的最佳长度，以及教育政策制定者和教育专业人士所关注的各门课程学习所需时间等问题。这项评估是由儿童、学校和家庭部（Department of Children，Schools and Families，DCSF）委托进行的。

4）交通方式对儿童心理健康、认知和社会发展的影响：系统性评估（2001年）。孩子们用各种方法上学，如步行、自行车、公共汽车、汽车等。在上学的路上，他们会遇到各种各样的经历，这些经历可能会影响他们的学习、社会技能或心理健康状况。该评估的目的是确定现有的关于交通方式对儿童心理健康、认知和社会发展的影响的研究，以及进一步研究的潜力。

5）支持主流小学的情感和行为困难学生：对近期战略有效性研究的系统性评估（1999—2003年）。行为管理在英国及世界其他地区的教育政策实践议程中占重要地位。它提倡对所有学生的行为进行管理，并为可能有"情感或行为障碍"（emotional and behavioral disorder，EBD）或"社会、情感和行为障碍"（social，emotional and behavioral disorder，SEBD）的儿童提供专业的发展方法，这是行为管理政策、包容性学校教育和提高学术标准等交叉研究领域的又一有趣

---

① EPPI Centre. List of EPPI Centre Systematic Reviews. http://eppi.ioe.ac.uk/cms/Default.aspx?tabid=62.［2019-09-31］.

② Evidence for Policy and Practice Information and Co-ordinating Centre. A systematic map and synthesis review of the effectiveness of personal development planning for improving student learning. https://www.qaha/ac.uk/crntwork/progfileHE/contents.htm.［2020-04-06］.

问题。英国政府提倡教师为儿童提供许多有关学习与发展支持的策略，要求尽可能地将学生纳入主流学校，并达到更高的学术标准。这项评估的目的在于评估哪些战略是有效的，对谁有效，在什么情况下有效。

6）在主流的小学教室支持情绪和行为困难学生：干预有效性的系统性评估（2003 年）。在主流教室内支持那些可能被认为有 EBD 或 SEBD 的儿童，是行为管理政策、包容性学校教育和提高学术标准等交叉研究领域的有趣问题。这项研究系统梳理了 1999 年以前的文献，并评估了不同策略在主流小学教室促进儿童学习和支持 EBD 儿童等方面的有效性。

7）二级护理教育督学：第一阶段报告（2009 年）。该报告包括一个系统性的快速证据评估，主要以 3 个问题为引领来进行相关评估：教育督学的教育、培训、支持和认证有哪些可能的不同方法或模式？教育、培训和支持计划对教育督学和医疗保健行业类似角色的影响是什么？在研究生医学教育主管的教育、培训、支持和认证方面，可以确定哪些障碍和促进因素？

第二，EPPI 与其他社会政策领域重合的研究主要集中在弱势群体就业、青少年犯罪、贫困等方面。

1）一项系统的快速证据评估：对有共同精神健康问题的人进行干预对就业结果的有效性（2007 年）。2006 年，预算宣布对改善精神健康和就业成果所需的政策进行审查。在适当的帮助和支持下，如果有可能找到或继续工作，有利于自己的健康和福利以及改善经济状况，那么就有太多适龄人员想要工作却被排除在工作之外。该报告的快速证据评估为政策审查小组提供了部分证据基础，系统地评估了针对精神健康问题人群就业干预措施的有效性研究。

2）支持人们获得有意义的工作：在社区成人精神卫生服务中使用康复方法（2008 年）。其所考虑的恢复社会模式强调了无论心理疾病症状是否持续存在，个人都有机会控制自己的生活并参与社会各个层面的重要性。使用心理健康服务的人有机会获得并参与成人社区心理健康服务的职业和培训干预，这是支持个人康复旅程的一个方面。

3）减少青少年再犯罪的选择性干预措施系统综述（2012 年）。司法部规定的审查问题是：对少年犯的刑事司法/惩教服务干预是否使犯罪率（包括犯罪频率和严重程度）降低？政策制定者和从业者需要有效、可靠的证据来证明潜在有效的干预措施可能降低再犯罪率。关于青少年犯罪的研究文献十分丰富，反映了学者对这一问题的持续关注。然而，相关的研究文献大多杂乱无章，广泛分布在不同媒体和不同国家，因此有必要对研究进行系统审查，以便对研究证据进行系统、透明的总结，并为政策制定提供依据和帮助。

4）工作中的贫困：系统性审查（2009年）。这篇系统性的综述涉及两个研究问题：①针对有受抚养子女的家庭减少工作贫困的障碍和促进因素进行的研究的性质和范围是什么？②对于有依赖儿童的夫妇家庭，干预措施减少工作贫困的效果如何？

5）有针对性的青年扶助：对有未来不良后果风险的青年进行有效早期干预的快速证据评估（2008年）。针对性青年扶助（Targeted Youth Support，TYS）是一项针对弱势青年人的倡议，涉及确保各机构共同努力满足青年人的需要。该倡议的基本原理是，需要一种协作的"联合"方法，因为年轻人可能有复杂、多样的需求，而主流服务或单独的专业服务无法满足这些需求。

6）系统快速的证据评估：改进高成本高伤害家庭单位服务提供协调的干预措施（2007年）。这项评估旨在发现，对于跨越一代以上的持续存在多个问题的家庭，改善服务提供的协调性是否能改善家庭关系状况。

7）健康、教育和社会保健的委托：健康和社会保健机构联合委托的模式、研究书目和深入审查（2012年）。这项研究的主要目的是，确定英国和其他国家教育、卫生和/或社会福利"委托"或"公共服务采购"的研究证据。调查健康、教育和/或社会福利服务"联合委托"的影响，确定影响卫生、教育和/或社会福利服务联合试运行影响的因素。

2. 在证据应用于教育政策制定与执行方面开展工作

EPPI参与了许多在英国和国际教育中使用证据的项目。以特定教育为重点的证据使用项目包括欧洲教育的循证式政策与实践（Evidence Informed Policy and Practice in Education in Europe，EIPPEE）项目、英国教育证据门户网站的工作、与苏格兰国民保健署合作，采购和综合研究证据，以支持医疗专业人员教育协作的设计、交付和评估；与英国教育捐助基金会合作，并与ESRC教学和学习研究计划合作。

目前已进行网络分享的研究报告主要有：

1）在基于网络的研究门户中的证据标准和证据主张（Evidence Standards and Evidence Claims in Web-Based Research Portals，2018）。该研究报告分析了在14个进行研究成果分享的网络门户中所提供的证据标准的性质。

2）英国WWC：目标、方法和背景（UK What Works Centres：Aims，Methods and Contexts，2018）。该项目调查了英国的WWC，对其目标、战略、用

以满足目标的具体活动及相关背景进行比较，以帮助这些现有的和潜在的中心进行规划。

3）一个关于NICE指南实施情况的辖域评估（Scoping Review Characterising the Activities and Landscape around Implementing NICE Guidance，2016）。该评估调查了在日常实践中实施NICE指南的战略，特别是由国家级组织和网络操作的实施战略的影响。

4）英国医疗、公共卫生和社会关怀真实世界数据的来源的鉴别和评价（Identifying and Appraising Promising Sources of UK Clinical，Public Health and Social Care Real-World Data，2016）。这个项目日常收集健康卫生和社会关怀干预实践的真实数据及评价专家意见。

5）EPPI其他关于证据使用的研究：引导和生产一个新千年人口研究数据使用的说明图：数据在哪里未充分应用？在哪里缺失？（Piloting and Producing a Map of Millennium Cohort Study Data Usage：Where Are Data Underutilised and Where Is Granularity Lost?）这是第一个使用系统性方法的证据评估，用以审查英国新千年人口研究数据的使用情况。

3. 在系统性证据评估和证据合成的方法方面开展大量研究

EPPI对复杂性和混合方法审核较为关注，用以理解与决策相关的研究，以及该研究在实践中应用的方法，并出版了一些研究成果。

主要研究内容如下：

1）进行证据评估的技术。主要内容包括：用户参与技术，不同类型的证据评估技术，方法论挑战及其他，文本挖掘、自动化和信息技术。

2）初始阶段的方法。主要内容包括评估队伍和顾问团的建立、信息管理方法。

3）收集和描述性研究方法。主要内容包括相关研究的检索方法、相关研究的描述性分析。

4）评价与合成技术。主要内容包括研究发现的整合技术、质量评价方法、结论和建议。

5）研究证据的应用技术。主要内容包括传播、阐释和应用等方面的技术。

4. 与其他机构共建合作平台

系统性证据评估、证据应用和方法论等方面的研究在以下合作平台上进行。

1）伦敦 BEME 国际合作中心（London BEME International Collaborating

Centre，London BICC）。该中心是与伦敦大学医学院、伦敦金斯顿大学和圣乔治伦敦大学健康信息学和多专业教育中心（CHIME）以及健康、社会保健和教育学院等机构合作的。该中心致力于通过系统性评估来促进证据使用于医疗保健教育和培训政策和实践，提供系统性证据评估方法的教育和培训，以及一系列支持证据用于决策的活动。正在进行中的工作还有医学院本科生一般性实践方面的学习、医疗保健职业岗位上的本科生学习等。

2）评估团体支持（review group support）平台。EPPI为很多教育证据评估团体提供支持，其中包括英国政府教育部资助的一个大型教育政策证据中心，该中心在2000—2010年运行，并出版了50多个涉及广泛教育主题的系统性证据评估。合作方有英国教育发展和培训机构（UK Teacher Development and Training Agency），为其提供教师教育和培训；加拿大学习委员会（Canadian Council for Learning），研究集中于全纳教育和特殊教育需求；EPPI也支持丹麦教育研究所（Danish Education Clearinghouse）的员工培训，并为其提供评估团建议。

5. 召开了系列研讨会

在EPPI组织下，2018年每月第3个周二在伦敦大学教育学院召开了伦敦系统性证据评估和研究系列研讨会（London Systematic Reviews and Research Use Seminars），这些研讨会的目标是鼓励伦敦地区在系统性证据评估方法和证据应用研究方面的讨论和信息分享（也欢迎其他地区的访问者）。除了讨论证据评估和整合的方法外，研讨会的主题还涉及经济、安全等社会科学多个领域，在教育方面则主要有2018年10月3日进行的关于"使用多语种学习者的母语来支持学业成功和语言方面的进步：证据告诉我们什么"的研讨，发言者为牛津大学的Hamish Chalmers。[①]

6. 进行了相关教育与培训

在证据评估的教学和支持方面，EPPI积累了15年以上的经验。该中心提供不同类型的硕士学位和短期课程培训等。

EPPI提供两种硕士学位学习项目：第一种是社会政策和实践领域系统性证据评估的硕士学位项目，项目目标是进行证据整合和应用方面的知识教育和实用技能培训，由EPPI导师指导学位论文和相关教学；第二种是社会政策和社会研究的

---

① EPPI Centre. Seminars and Events . http://eppi.ioe.ac.uk/cms/Default.aspx?tabid=3471. [2019-10-10].

硕士学位项目。该项目为社会政策和相关研究方法提供一个扎实的理论和实践基础，其中包括系统性证据评估。该项目具有 ESRC 1+3 培训认证，但不作为博士研究的预备。该项目的两个核心模块，即理解政策过程和政策实践的证据，是由 EPPI 的人员承担的。

中心还提供以下没有硕士学分的个人课程修习：系统性证据评估设计与规划；复杂政策方面的系统性证据评估；研究的参与与影响；系统性证据评估包括元分析、质性整合、整合的混合方法。

EPPI 为希望进行系统性证据评估研究的团体提供定制的培训、资源集合和支持，主题涉及广泛的政策和实践领域。该中心支持了 30 个以上的英国和国际团体从事不同研究领域的证据评估。

在系统性证据评估和应用方面，EPPI 提供很多教育与培训工作坊，这些工作坊的举办地点既包括英国，也包括其他国家，如为新西兰教育部、新加坡成人学习研究举办工作坊等。除了这些定制的工作坊和硕士培养项目外，EPPI 也通过英国经济与社会研究理事会（Economic and Social Research Councils UK，ESRC）布卢姆斯伯里博士培训中心，为博士生提供系统性证据评估的教育与培训。除一般的系统性证据评估教育与培训外，它也为教育研究者提供元分析的教育与培训。EPPI 相继为加拿大语言和识字研究网络，牛津大学继续专业发展中心、社会工作部、国际发展部，欧洲食品标准局，中央兰开夏大学，伯明翰西米德兰兹政府办公室（Government Office for the West Midlands，Birmingham），苏塞克斯大学科学政策研究所，南非约翰内斯堡劳大学，丹麦奥胡斯大学，贝尔法斯特皇后大学的社会学、社会政策和社会工作学院等组织提供了量身定制的讲习班，并将这些讲习班作为英国经济与社会研究理事会研究发展计划（ESRC Researcher Development Initiative）的一部分。

7. 建立了相关数据库

EPPI 建立了英国高等教育 PDP 评估研究数据库。该数据库由学习和教学支持网络委托开发。该数据库为想了解 PDP 等研究的用户服务。它提供了关于 40 多个变量的研究详细信息，如 PDP 的特征、样本和背景以及研究结果。需要注意的是，应小心处理研究结果，因为这些研究还没有进行质量评估，并且需要在对所有 PDP 研究结果进行系统审查的背景下对个别研究结果进行具体解释。

三、美国的WWC

WWC是美国联邦教育部所属美国国家教育科学院（Institute of Education Sciences，IES）的一个评估中心，成立于2002年。近年来该中心的工作团队有300人左右，分别来自美国国家教育科学院、各研究机构和大学的6个组织。[①] 该中心效仿"循证医学"的做法，尤为重视对证据的应用，主要工作就是审核和综合科学证据，对不同领域的教育实证研究进行严谨的实质性调查、评估与统计，是美国教育干预（项目、产品、实践和政策）科学证据的中心和可信来源，从而帮助教师和行政管理人员进行基于证据的决策。[②]

（一）WWC的目标和任务

WWC对现有的不同教育项目、产品、实践和政策的研究进行证据评估，其目标在于为教育工作者提供他们所需的信息，以做出基于证据的决策。

证据评估是该中心的主要任务，因而不会对教育干预措施进行排名、评价或认可。该中心专注于对高质量研究的结果进行审核和评估，以回答"什么在教育中起作用"这一问题。这些对项目、政策或实践的审核和评估通过应用一套一致和透明的标准与系统的评估过程来进行，注重标准性和独立性，以确定干预的所有研究和评估每项研究的质量，确定哪些研究符合严格的标准，并总结高质量研究的结果，为教师、管理者和决策者提供需要了解的信息和有效证据，例如是否对干预措施进行过研究，研究是否可信，以及干预是否有效等。并通过易于使用的报告来帮助他们做出明智的、基于证据的决策，最终提高学生成绩。

（二）中心的相关活动

1. 开展各种证据评估

WWC针对广泛的主题进行教育证据评估，这些主题主要分为12个领域：读写素养（literacy）、数学（mathematics）、科学（science）、行为（behavior）、残障儿童与青少年（children and youth with disabilities）、英语学习者（English learners）、卓越教师（teacher excellence）、特许学校（charter school）、早期教育

(early childhood，Pre-K)、K12（kindergarten to 12th grade）、毕业之路（path to Graduation）、高等教育（post-secondary）。

WWC针对每一个主题领域的不同教育政策、项目、实践，检索、确认相关研究，并评估其研究质量以及对于教育政策干预措施而言的证据等级。

2. 制定并实施了审查和综合教育研究的标准

WWC确定现有的教育干预研究，评估研究质量，总结和传播符合WWC标准的研究证据。WWC团队设计了不断更新的标准和程序手册，以跟上不断发展的教育研究，并使评审人员和用户能够获得清晰的理解。WWC于2008年5月发布了WWC标准（1.0），并于同年12月发布了WWC程序手册2.0版和标准手册2.0版，以指导教育政策证据研究。到2020年1月，WWC所发布的最新的经过改进的程序和标准已经到了4.1版。^①WWC程序手册4.1版详细描述了WWC在系统审查过程中使用的程序，而WWC标准手册4.1版提供了WWC用于审查研究的标准的详细说明。同时，一些评审可能继续使用4.0版和3.0版程序和标准手册进行。而研究人员用来衡量和扩大干预措施影响的方法仍在不断发展。

WWC程序手册和标准手册主要介绍了干预报告和实践指南中综合研究结果的一般程序。①确定审核的主题领域，旨在选择介入成果具有广泛影响的教育领域。②确定审核的范围，包括主题领域的重点、常用术语的概念、一般性标准，特定主题的参数和文件检索方法。③文献检索，对电子数据库和网站进行检索，并征求专家建议，初步筛选出一定的研究文献。④对所筛选的研究文献本身发现的情况进行审核和报告。⑤根据审核和干预报告，提出实践指南。

WWC程序手册和WWC标准手册4.1版有哪些新变化？^②

1）在4.1版之前，WWC通常使用计票方法来确定干预报告和实践指南中的多个研究如何为证据评级提供依据。现在，WWC将使用固定效应元分析的结果来描述来自多个研究的证据，用方差的倒数加权效应大小。

2）确定干预报告中有效性评级的新程序。WWC现在将使用固定效应元分析平均值、其统计显著性以及来自完全满足WWC标准的研究的权重比例来确定干预措施的有效性评级。

3）删除"实质上重要"的名称。此前，WWC将在统计上不显著且 p 值大于

---

① WWC. Summary of Changes to WWC Procedures and Standards in the Version 4.1 Handbooks. https://ies. ed.gov/ncee/wwc/Docs/referenceresources/WWCHandbookSummary-v4-1-508.pdf.［2020-03-20］.

② Summary of Changes to WWC Procedures and Standards in the Version 4.1 Handbooks. https://ies.ed.gov/ ncee/wwc/Docs/referenceresources/WWCHandbookSummary-v4-1-508.pdf.［2020-03-20］.

0.25的描述为"实质性重要"。更新后的手册仅根据其符号和统计显著性来描述效应大小，而不考虑其重要程度。

4）取消WWC单案例设计（single case design，SCD）标准的"试点"名称。SCD标准已被完全纳入WWC标准手册4.1版。

5）计算SCD研究效果大小的新程序。在可行和适当的情况下，WWC将为符合WWC标准的单个案例设计研究计算可比效应大小。这些计算的语言和公式已被添加到4.1版手册中。WWC将使用视觉分析技术来评估SCD研究的评级是否满足以及如何满足其SCD标准，并告知设计可比效应大小的估算值。WWC不再使用基于视觉分析的SCD实验比例报告有效性评级。

6）估算效应大小和标准误的新程序。WWC阐明了回归不连续性设计的效应大小是如何估算的，同时也更新了双重差分效应大小的计算。4.1版程序手册包括了符合WWC标准的研究成果的效应规模和标准误的相关计算公式。

7）在一个领域内合成多种效应大小的新程序。现在WWC合并某研究领域的多个非独立的效应大小，纳入了这些效应之间相关性的信息，以获得更有效的方差估计。

8）系统检索文献原则的更新。WWC指定教育资源信息中心（Educational Resource Information Center，ERIC）作为其审查的初始研究来源。作者现在需要为多学科数据库指定额外的搜索程序。

9）对WWC程序和标准的其他改进。

3. 发布研究成果，并建立网络数据库

WWC将干预定义为旨在提高学生成绩的任何教育计划、产品、实践或政策，然后针对教育政策干预措施，对所筛选的研究文献本身发现的情况进行个别审核和干预报告，并提出实践指南。该中心将这三种研究成果和相关资源建立数据库，并发布到该中心网站上，以方便相关人员进行交流、查询和应用。

4. 进行教育政策证据评估标准的在线培训

为帮助教师、管理者、研究者等相关人员了解教育政策证据评估标准的要素，提高证据评估过程的透明度，并推广严谨的高质量研究的成果，WWC专门提供了在线培训系列。这个培训系列包括9个模块，每个模块侧重WWC程序和标准的不同方面，从介绍性的模块开始，通过视频、文字说明等形式逐一阐述了培训的目标、主题和具体组织。参训者完成前6个模块就可以获得完成证书；完成系统评审模块就可以在线接收和打印相应证书。而要获得WWC标准的认证，

就必须学习所有模块，并通过多项选择的在线认证测试。

第三节　教育政策证据研究的典型案例

本节主要选择两个典型案例进行深入分析，一个代表英国EPPI的系统评估方法，另一个代表美国WWC的元分析方法。

一、PDP证据评估研究

（一）PDP简介

PDP通常被描述为一个人反思和规划自己学习的过程。20年来，作为一项重要的政策举措，PDP在英国中等教育乃至高等教育和继续教育领域开始盛行。1991年，英国教育与就业部在全国成就记录（National Record of Achievement，NRA）中推出PDP的理念，为16岁以上的国民提供现代学徒培训和其他培训计划的同时，在一个可识别的框架下，记录学生学业进步，以协助教育、培训和就业之间的过渡。此后，虽然NRA逐渐被"进步档案"（progress file）系统取代，但进步档案系统仍体现了PDP的核心思想。1997年，英国高等教育调查委员会在著名的《迪尔英报告》中建议，每个学生都应该有一份进步档案，以帮助学生更加明确自己的学习成效，并将学习作为一项终身活动。2002年，英国高等教育质量保证机构（Quality Assurance Agency，QAA）将PDP界定为：一个由个人进行的结构性的且受支持的对其自身学习、学业表现或学业成就进行监测和反思，并对其个人教育和生涯上的发展进行规划的过程。[①] QAA要求英国所有高校于2004—2005年建立起PDP系统，以帮助学生更加明确高等教育的成果（学业成就），并支持学习是终身活动的理念。

从高等教育发展历程和相关研究文献可以看出，PDP并非一个新概念，它曾在高等教育中以不同的化身出现过[②③]，它也不是英国所独有的现象。从其内容核

① Evidence for Policy and Practice Information and Co-ordinating Centre. A systematic map and synthesis review of the effectiveness of personal development planning for improving student learning. https://www.qaha/ac.uk/crntwork/progfileHE/contents.htm.[2020-04-06].

② Assiter A，Shaw E. Using Records of Achievement in Higher Education. London：KoganPage，1993.

③ Ashcroft K，Foreman-Peck L. Managing Teaching and Learning in Further and Higher Education. Philadelphia：Falmer Press，1994.

心、使用语言和教育学理论基础等方面来看，各国学者对于PDP及其文件包的理解有所不同。有学者认为对PDP文件包的评估是一种诊断工具，有学者认为PDP是一种个人的自我反思和目标设置方面的发展。各种文献关于PDP及实践的解释广泛多样，总体来说，学术界将PDP理解为一系列的活动，涉及反思、个人目标设置、监控、评价、决策和生涯管理。

PDP主要被运用于自我管理方面，初始目标是提高个人对于其所学习的是什么和如何学的理解能力，并能够反思、规划其自身的学习并承担起相应责任，以帮助学生实现以下目标：①成为更有效、独立、自信、自主的学习者；②理解如何学习以及与学习有关的更广泛的背景；③提高学习和生涯管理的通用技能；④在学业成就方面，明确个人目标，评价学业进步；⑤鼓励对终身学习的积极态度。

QAA规定，PDP个人进步档案包括以下内容。①成绩单：关于学习者学习和成就的记录，由院校提供。②学习者的个人学习记录和学业成就清单：用以明确个人目标的进步评估和规划，在此基础上选择材料，编写个人简历等陈述文件，并提供给雇主、导师和其他需要者。③对整个个人发展过程的结构性以及各种支持性资源的记录：用以发展个人对自身学习进行反思、对自身教育和生涯发展进行规划的能力。

学者认为，中学成绩记录不仅有助于中学生进行学业反思，还可以继续支持中学后阶段15年以上的学生发展，这就使得学生进入高校后可以有一份完整的基于证据的个人进步档案。[①]PDP也帮助学生发现自己在职业技能方面的成长。

当表示为一组操作和过程时，PDP包含以下要素：①规划（内容是如何实现个人发展目标及适应相关变化）；②行动（通过执行行动，积累经验，来深化认识和学习）；③记录（思想，想法，经验，通过写作、音频、视频以及其他方式记录学习的证据）；④审查（对已经发生的事情进行反思，理解这一切）；⑤评估（判断自我学业和学习，并确定需要做些什么来进行开发/改进/继续）。

由上述分析来看，PDP的发展现已超出收集证据的原始用途，而成为专业发展和终身教育的一部分。[②③]

英国教育部门的决策者要求变革传统教学、课程设计和学生的学习方式，这

---

① Hargreaves A. Record breakers? In Broadfoot P（Ed.），Profiles and Records of Achievement: A Review of Issues and Practice. London: Rinehart & Winston，1986: 203-227.

② Slusarchuk B. Progressing through lifelong learning: The features of progress files. Adults Learning，1998，9（6）: 10.

③ Pickles T A. Encouraging students to acquire key skills and manage their own learning. In Cross-Roads of the New Millennium. Proceeding of the Technological Education and National Development Conference，Abu Dhabi，2000: 8-10.

一系列变革应基于大量以证据为基础的研究，而不能仅仅依靠决策者的直觉和模糊经验。从证据的角度来看，PDP代表一系列从反思、记录、行动计划及与其相一致的行动中不断探索其联系并有所收获的证据体系建构。学习者要承担起自行规划学习、按计划行动和生成学习相关证据等方面的责任。这些行动及其积累的经验与许多正式课程和非正式课程的具体学习经历相联系。在北美文献中，术语"自我调节"（self-regulation）或"建立自我作品集"（portfolio building）都表达了类似的行动、过程、支持机制和目标。英国一些研究组织将PDP相关记录、文件等视为证据，主张根据PDP系统的文件进行问题诊断，或者根据经验研究及其研究结果组成的证据来证实PDP对学生学习的改进效果。

（二）EPPI的系统性评估方法

2002年，受学习和教学支持网络（Learning and Teaching Support Network，LTSN）通用中心的委托，英国伦敦大学与EPPI合作进行了英国高等教育中第一次关于PDP证据的系统性评估，作为其与个人进步文件实施小组（Progress File Implementation Group，PFIG）合作计划的一部分，旨在表明对建立高等教育个人进步文件的支持并实现政策实践相关研究的承诺。PFIG由英国大学联盟、校长会议有限公司（Standing Conference of Principals Ltd，ScoP）、QAA、LTSN的代表组成，旨在帮助机构解释和实施PDP政策，并监督实现政策目标的进展情况。EPPI综合分析了与PDP政策实践有关的大量研究文献，对这些文献进行了系统性评估。[①]

1. 系统性评估的目的

系统性评估的目的包括：①创建一份关于高等教育和相关教育PDP流程的实证研究图，为未来的研究提供信息；②综合已知的PDP对高等教育和相关教育学生学习影响的证据，为政策制定者和政策使用者（包括学生）提供参考。换句话说，系统性评估主要回答两个问题：①在高等教育和相关教育中使用PDP进行了哪些实证研究？②进一步深入地进行系统性评估时，有什么证据表明将反思、记录、计划和行动的过程连接在一起可以改善学生的学习？

---

① Evidence for Policy and Practice Information and Co-ordinating Centre（2003）. A systematic map and synthesis review of the effectiveness of personal development planning for improving student learning.. https://www.qaha/ac.uk/crntwork/progfileHE/contents.htm.[2020-04-06].

2. 系统性评估的方法

EPPI系统性评估方法如图6-2所示。

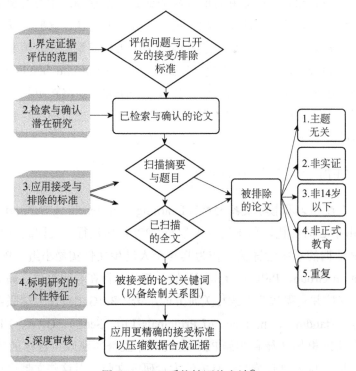

图6-2　EPPI系统性评估方法[1]

参照图6-2，简要阐述EPPI所使用的系统性评估方法的几个关键。系统性评估的第一个关键就是建立一套标准，以检索和确认现有研究，对它们进行接受或排除。这套标准有多个，集中在主题标准、社会-人口/历史标准、教育背景、研究类型等方面。时间和语言在检索论文时也起到排除作用。

（1）主题标准

研究应以PDP为主题。由于PDP是一个较新的术语，因此有必要使用规定其基本组成部分的标准，而不是简单地使用这个术语。

评估人员提出以下与主题有关的标准：①各种背景下的具体学习经验。学习可能不仅仅发生在学术性课程的领域，除了学术/学科背景外，一个人所处的教育

---

① Evidence for Policy and Practice Information and Co-ordinating Centre. A systematic map and synthesis review of the effectiveness of personal development planning for improving student learning. https://www.qaha/ac.uk/crntwork/progfileHE/contents.htm.p18.[2020-04-06].

环境可能包括专业和职业、基于工作和与工作相关的环境，关键/核心/可转移技能发展或学术课程以外的职业和个人发展。②与PDP相关的元认知或学习意识。③PDP战略。被确定为涉及PDP的过程至少隐含地包括"反思""行动""计划""记录"等战略的使用。④PDP战术。指PDP单个工作的具体过程，包括"反思"及其他战略的具体使用过程。⑤学习成果的证据标准。旨在获取学习的内部证据，如参与者自己对学习能力提高的判断，或学习结果的外部证据，例如基于考试成绩提高等证据的判断，提高学生留下来继续学业的保留率或提高就业率。

（2）社会-人口/历史标准

社会-人口/历史标准包括：地理位置不限，仅限英语，研究报告时间为1982年以后，学生年龄为14岁及以上，进行研究的国家不受限制。

（3）教育背景

尽管PDP可能在任何教育背景下使用，但系统性评估的对象仅为接受正规教育的学习者。

（4）研究类型

由于本次评估的目的是评估反思过程的效果，有必要限制所检索和接受的必须是包含经验证据的研究。

为尽可能多地检索相关文献，文献类型包括已发表和未发表的，文献来源也为不同的电子数据库，如英国教育索引（British Education Index）、社会科学引文索引（Social Science Citation Index）、社会学文摘（Sociological Abstracts）、ASSIA（Applied Social Sciences Index and Abstracts，应用社会科学索引和摘要）、ERIC、心理学文摘数据库（PsychINFO）、Zetoc，等等。检索的期刊种类超过了3016种，经缩小范围后，期刊种类也达到了54种，检索时间为1982—2002年。检索的范围除了电子数据库的期刊外，还包括手工检索的期刊，重要期刊论文和博士论文的参考文献。在检索过程中，第一个关键是以评估专家提供与PDP有关的关键概念作为检索词，不断改进检索策略。评估小组还进行了互联网检索，除了ERIC外，还通过谷歌（Google）对网络上的学习日志、进步档案等进行检索，检索词包括"personal development plan""personal development plans""personal development planning"。评估小组检索的范围还包括可能包含PDP背景资料的众多网站，如教育科学部的进步档案网站、大学相关网站、记录学业成就的网站和美国Alverno学院网站。

系统性评估的第二个关键是利用关键词，标明研究的个性特征。凡是符合接受标准的论文或报告全文通过 EPPI 的教育关键词系统 V0.9.5 进行编码，这样做的好处在于整理文献的详细信息方便搜索，快速总结每个研究的核心内容，编制 PDP 的文献清单，建立数据库。EPPI 的教育关键词系统 V0.9.5 可以以文献的具体信息作为对文献进行分类的标准。其中的重点信息包括研究的主题焦点、主要研究对象（如教师、学习者等，包括年龄和性别的人口统计），而学习者的重点是情境学习（例如学习者的课程和教育背景）。信息中还包括学习者正在使用的 PDP 类型概述，相关的两个关键字分别是 PDP 干预的主要特征（例如行动计划、目标设置等）和 PDP 干预的子概念（反思、规划、记录、行动）。课程信息、教师与学习者的互动等信息也被列为关键字，以便审查和演示这些变量如何与其他变量交互作用。评估者将 PDP 干预的结果类型分为"参与者观点"（参与者主要指学习者）、"心理测试"、"考试"和"其他"四种，以便详细描述 PDP 的影响。关键词中还包括研究的"理论/思想框架""作者的叙述"等信息。这一阶段的工作可以帮助评估者了解文献的研究思想与方法、文献的影响与地位、研究中存在的差距，可以帮助评估者进一步关注 PDP 研究的特定区域，并明确深入审查的标准，缩小深入审查的文献范围。

系统性评估的第三个关键是深度审核。为了使评估者进一步评估文献，通过最相关的信息回答前面所提出的问题，即 PDP 究竟是如何改善学生学习的，就需要制作文献关系图，从而帮助评估者找出能够证明 PDP 对学习有影响的最严格的"证据"。在深度审核中，研究文献的接受标准进一步缩小到解决系统性评估问题的研究上，集中到研究类型和结果措施这两个变量上。研究类型变量指的是对政策或实践干预过程的研究，通常只筛选出干预过程属于"研究人员操纵"类型的，而不是"自然"类型的。因为评估的目的在于寻找与反思、行动相关的过程的效果证据，所以确定研究方法是很重要的，有助于评估所采取的干预措施的影响。对研究人员操纵的干预措施的评估将提供最多的确凿证据。结果措施变量指的是研究结果的类型，根据特定关键词可以将研究结果分为"参与者观点""心理测试""考试""其他"四类。虽然参与者观点对于理解 PDP 过程很重要，但是无法确定干预措施对学习者行为的影响，因此评估小组排除了仅为参与者观点类型的研究，还要深入审核文献中"研究人员操纵干预"的结果是否具有独立性。对于经过层层筛选进入到深度审核库里的研究，使用一个标准化模板来提取数据。EPPI 关于教育研究中的数据提取与质量评估指南 V0.9.5 版本（EPPI 2002）包括一组问题，使审阅者能够详细说明研究的目的、性质和干预特点，样本的性质和特性，分析方法、测量、研究结果和结论等。指南主要是对 EPPI Reviewer

软件的应用说明。深度审核主要采取 4 个标准来评估每项研究的研究质量和证据权重。证据权重 A：质量评估是根据研究设计的公认质量标准进行的吗？证据权重 B：处理相关问题或子问题的具体系统性评估的研究设计和分析的合理性。证据权重 C：研究重点的相关性（包括概念性焦点、背景、样本和测量）。证据权重 D：考虑到执行的质量，设计的适当性与研究重点的相关性，本研究的整体证据权重是多少，以提供回答具体系统性评估的问题。数据提取过程（包括证据权重标准）提供了审核和评估研究证据的依据。这些工具使评估小组能够考虑不同的人在不同的环境中进行反思、记录、计划和改善学习的行动（即 PDP）时使用不同的方法。

经过以上审核和评估程序，最后的结果为：经过电子数据库的检索确认了 14 271 篇文章，此外又进一步确认了 168 篇参考文献，经过 LTSN 的评估顾问推荐的 145 篇，以及经过手工检索期刊得到了 23 篇，共计 14 439 篇文章。经过对文章主题和摘要的检索，确认了 982 篇潜在文献。经过全文检索，进一步排除了 169 篇文献。从接受的 813 篇文献中，根据接受标准和 EPPI 关键词编码软件，又进一步筛选出 157 篇文献，并编制系统关系图。最后对确认了属于"研究人员操纵干预"类型的 25 篇文献进行深度审核，并与 45 篇属于"其他评估"类型的文献进行比较，最后综合研究结果，以找出学习产出与 PDP 类型之间的关系。在深度审核中的 25 项研究中，有 4 项被认为作为证据的权重较高，有 15 项被认为权重中等，有 6 项获得较低权重。研究的一个共同的局限性是所依据的实验设计只是准实验设计，而不是完全的实验设计。另一个问题是学生分组是根据他们的班级或学校进行分组而不是随机分组的，但没有明确的迹象表明对结果分析中的聚类进行了统计调整。因此，很多 PDP 相关研究并不能用来进行高质量的证据评估。经过对文献的深度审核，有 3 篇高权重的文献表明，PDP 对促进学生学习具有积极成效。1 篇高权重的文献表明，PDP 对促进学生学习的成效是混合型的。在 17 篇中等权重的文献中，有 10 篇报告了积极成效，1 篇报告了混合成效，1 篇报告了消极成效，5 篇报告了无成效证据。而可以说明学生学习成果的证据可以分为"成就""学习风格""个人"三类，仅有 19 篇文献符合此证据标准。

（三）主要发现

大多数 PDP 相关研究是在美国或英国进行的，且美国和澳大利亚的许多研究是研究人员操纵干预型的，很少是描述性的。英国的许多研究是"描述性"和"关系探索"的。研究者最关心的是高等教育领域的学习者。与其他教育机构相比，高等教育的研究更侧重与特定课程相关的发展，而不是广泛的发展成果。高等教育中的研究经常使用学习日志、期刊和反思实践等资料，而较少使用行动计划和成就记录。中学的研究更有可能使用PDP中的自我调节，学习风格和对学习的态度等指标。知识增益是所有教育环境中研究的常见结果指标，尤其是在高等教育领域中。对于研究成果的测量，大多数研究成果变量是学习和学习方式的方法。其次是知识增益、技能和身份；职业或就业结果很少见。衡量结果的最常用方法是通过参与者的观点。在结果测量类型中，工作或课程背景的影响几乎没有差异。

大多数研究报告了PDP对学习的积极影响，还有一些研究没有发现任何影响的证据，只有一项研究报告了PDP对学习的负面影响。大多数显示积极效果的证据来自证据权重评估为中等的研究报告，证据综合后的结论是PDP可以对学生学习产生积极影响。

在对学生成绩的研究中，25项研究中有14项测量"达标"，其中10项被评为具有高或中等权重的评估证据，这些研究都报告了"成就"对学生学习的积极影响。这表明PDP可以对学生成绩产生积极影响。

在关于学生学习风格结果的研究结果方面，25项研究中有14项测量了学习成果的方法，其中13项被评为提供高或中等权重的证据。在这13项研究中，9项报告对学习风格产生了积极成效，1项报告了混合成效，3项报告没有效果证据。这表明PDP对学生的学习方法产生了积极影响。

在学生个人成果的研究方面，25项研究中有4项测量了"个人"结果，3项评分为中等评分。其中，一项中等重要证据研究报告对个人变量有积极影响；另外两项研究分别报告了消极影响，没有效果证据。这些研究的证据不足以得出PDP对学习者的个人成果产生积极或消极的影响的结论。

PDP中，使用反思、学习日志、自我评估、自我调节的研究，比使用行动计划、成就记录、自我意识和自我激励等其他方面的研究多。实验研究还倾向于关注通过PDP学习的定向而非自导的方法。目前还很难根据不同PDP方法、背景变量和人员变量对不同方面的影响进行更为具体的评估。

（四）主要启示

第一，在决策方面，系统性评估的结果虽然证实了PDP的核心政策主张支持学生学习成绩的提高，但缺乏其他功能的研究证据，尤其是更广泛的自我发展和提高就业能力方面的功能，这就意味着PDP的这些作用在现阶段无法得到证实。

因此，教育部门应在鼓励发展PDP的同时，有针对性地进行政策导向，并进行必要的资金投入，以最有效地扩展学生有关PDP战略和背景的知识。

第二，在实践方面，系统性评估提供了许多有趣的PDP实践案例，为学生、教师和学校提供了依据。评估者肯定了PDP对学生成就和学习方法的积极影响，但没有足够的证据来断定PDP可以对个人的身份等产生怎样的影响。此外，这项评估的重点虽然是高等教育领域，但调查结果将促使其他正式学习环境中的教育者和学习者（如继续教育学院）也通过PDP辅助学习。那些支持在院校或像LTSN这样的国家机构开发PDP的员工和教育开发商，主要受PDP的政策的影响。PDP实践者根据其信仰和经验学习，不断产生有关PDP的争议，系统性评估和证据合成则为PDP变革人员提供了一系列研究来帮助他们的工作。同样，院校管理者也可能在致力于重大变革计划和对新系统的投资之前需求这样的证据。

第三，在研究方面，对PDP及其类似主题的研究仍大有可为，但目前所面临的问题是作为一个新兴研究领域，其在所用术语或研究重点方面缺乏连贯性。在英国，描述性发展研究和实验研究之间缺乏平衡。许多研究仍关注PDP对参与者观点的影响，而这只是研究学习方法效果的一个方面。此外，有独立效果评估的研究往往在所采用的研究方法或报告中明确哪些方法存在很强的局限性。通过评审产生的数据库可以为将来的研究提供参考。总之，在对PDP的研究方面，要更加注重系统性，要从重视实践发展转向重视知识建设。

二、InsideTrack© Coaching项目的证据评估研究

（一）InsideTrack© Coaching项目简介

很多人认为，获得大学学位是个人发展获得成功、提高收入的主要途径。以全日制工人的每周收入为例，2017年拥有副学士学位的人比仅具有高中文凭的全职工人高17%。[1] 然而，仍有很多学生因不适应大学的学习而选择中途退学。因此，美国政府教育部门制定了许多计划和政策项目来提高大学生学习的持久性和完成性，其中就包括InsideTrack© Coaching项目。

"Coaching"是20世纪70年代美国兴起的一种培训思想，音译为"客卿"。这一概念源于英语，最初意指马车，马车夫（客卿师）询问乘客（当事人）目的地

[1] InsideTrack© Coaching Intervention Report. https://ies.ed.gov/ncee/wwc/Docs/InterventionReports/WWC-PEPPER_IR-Report_InsideTrack_508.pdf. [2020-05-23].

（预期目标）后，驾车同行，使乘客顺利到达目的地。这一培训思想与传统培训思想不同，它更多的是指受培训者被培训教师（客卿人）洞察自我，从而充分发挥个人的潜能。这里的培训（客卿）是通过一系列有方向性、有策略性的过程，洞察被培训者的心智模式，向内挖掘潜能、向外发现可能性，令被培训者有效达到目标。基于前面的解释，InsideTrack$^©$ Coaching项目就是为大学生提供积极主动的个性化的辅导和训练，以帮助学生识别和克服所面临的学习困难或者非学习型的障碍，促进大学生的学业进步、个人持续发展和毕业。自2001年以来，该项目直接帮助了超过200万名学生，目前仍提供超过4000个子项目。以下是该项目的具体介绍。[①]

1. 项目目标

目标因每个学校机构所服务的学生而异。这些目标包括增加被录取学生的大学入学率，并为学生做好在特定机构取得成功的准备；提高当前在校学生的参与度、毅力、完成度和满意度；增加对于离开指定学校机构的学生的再入学率；并支持学生和校友的职业生涯发展。此外，该项目也为大学的教职员工提供能力提升培训和咨询服务（这项服务不在本次评估的范围之内）。

2. 目标人群

所有学生都有资格参与InsideTrack$^©$ Coaching项目，包括低收入家庭背景和家庭内第一代的学生、少数民族学生、研究生、在线和远程学习者、成人学习者等。该项目为不同的目标人群（如大学在校学生、准学生以及应届毕业生等）提供了不同的培训选项。

3. 实施方式

该项目主要是通过提供技术的方式与大学合作，实施其培训计划。该项目通过电话、视频、电子邮件、文本和移动应用程序等途径提供技术指导。培训教师收集相关大学提供的材料，包括课程大纲、成绩单和其他学生信息，以使培训适应学生的要求。该项目还支持大学建立自己的校本培训计划。

4. 培训时间

培训的频率、持续时间不仅取决于学生的需求和对培训的反应能力，还取决于培训机构的人才培养目标，如培训机构的目标是否帮助学生在大学学习中有一

---

① InsideTrack$^©$ Coaching Intervention Report. https://ies.ed.gov/ncee/wwc/Docs/InterventionReports/WWC-PEPPER_IR-Report_InsideTrack_508.pdf. [2020-05-23].

个取得良好的开端或提高学业完成率。学生通常接受两个学期的辅导和培训，并且至少与培训教师会面5次。

5. 干预措施

该项目的干预措施主要包括培训和uCoach$^©$技术平台两部分。培训部分为学生提供多种类型的辅导和培训，包括潜在学生辅导、"强势开始"辅导、学业辅导和职业培训。培训教师为学生提供量身定制的辅导和培训，并提供技术支持。这种支持包括帮助学生阐明自己的学习目标；确定成功路上的学术和非学术障碍；跟踪院校的最后期限；寻找和获取资源；掌握时间管理技能和学习技能；学会制定个人发展的战略。培训教师关注学生的校外生活，包括个人时间承诺、照顾义务、财务状况以及他们在学校的学习经历。uCoach$^©$技术平台是辅导和培训的技术平台，功能主要表现在：使培训教师能够通过多种渠道提供积极主动的一对一辅导；按预定的时间间隔发送自动化信息；跟踪学生的参与情况，进行辅导和观察；预测何时要去接触学生解决特定问题。学生可以随时通过平台与教练取得联系，反之亦然。自动化信息提醒学生有关截止日期、学习机会和资源。平台还包括自主资源，学生可以访问，接受关键主题的指导。这个平台可与其他院校系统（如学习管理系统）整合，来监控学生的需要，并提供适切的资讯和资源。

6. 培训费用

培训的费用因计划的目标、规模、强度和持续时间而异。Bettinger 和 Baker 报告称，2004 年和2007 年，该项目的收费标准是每位学生每学期全方位课程服务费 500美元左右，其中包括固定费用和用于针对特定大学课程的自定费用。收费标准还根据接受服务的学生人数收取可变费用[①]。据报道，2013 年启动的 InsideTrack$^©$ Coaching 项目每位学生每学期收取390美元。

7. 项目运行成本

项目运行成本主要包括：

1）人员成本。所有 InsideTrack$^©$ Coaching 教练都具有大学学历，并且大多数具有高级学位。他们经过严格、正式的认证，包括平均每年超过100个小时的专业发展。教练的记录与学生的互动，他们会定期收到有关这些互动的反馈。

---

① Bettinger E P，Baker R B. The effects of student coaching：An evaluation of a randomized experiment in student advising. Educational Evaluation & Policy Analysis，2014，36（1）：3-19.

2）设施成本。InsideTrack© Coaching 不需要物理设施，因为大多数服务是通过电话提供的，也可以通过电子邮件、短信和移动应用提供。

3）设备和材料成本。uCoach©技术平台是InsideTrack©的主要组成部分之一。即使未提供InsideTrack© Coaching服务，该平台也可以直接授权给机构购买。

4）学生或家长支付的费用。学生通过手机、计算机网络与教练沟通。他们不为教练服务支付用户费用。

5）高校支持。大学向 InsideTrack©提供信息，以帮助定制教练与学生的互动。这个可能包含诸如学生成绩单，课程大纲或课程成绩数据之类的信息。大学也可以将其现有的机构系统（如学生信息系统、学习管理系统）与uCoach©技术平台合作。

6）资金来源。大学通常与InsideTrack©签约，为学生提供辅导和培训服务。

（二）评估方法和结果

WWC 根据 WWC 标准 3.0 版和"支持中学后教育成功"主题领域协议 3.0 版，对InsideTrack©Coaching 项目的相关研究进行评估，并探讨该项目对学生的学业进步和学位获得等方面的影响。具体方法如下：

针对每一个主题领域的不同教育政策、项目或实践，检索相关研究，然后进行筛选。筛选的一般性标准有 3 个：①论文发表的时限，以 20 年为限；②介入影响的初步分析，能否提供影响的有效证据；③研究的设计是否合格，重点在证据是否有科学性。最后是依据 WWC 审核的有效性等级结果进行列表排序。为了确定有效性等级，WWC 考虑了每项研究使用的方法、影响的方向以及有多少方法研究测试了干预措施。有效性等级越高，就越可以肯定研究所报告的结果，以及如果再次实施相同的干预将会发生什么。

1）有效性等级为积极（或消极）影响，说明所进行的干预很有可能改变一种结果，对证据的描述是一种积极（或消极）影响的有力证据。不存在绝对相反的证据。

2）有效性等级为潜在积极（或消极）影响，说明所进行的干预有可能改变一种结果，对证据的描述是一种积极（或消极）影响的有力证据，没有绝对相反的证据。

3）有效性等级为无可识别的影响，说明所进行的干预不太可能使结果发生变化，对证据的描述是没有确切的影响证据。

4）有效性等级为混合影响，说明所进行的干预对结果的影响不一致，证据包括有积极影响的研究、有消极影响的研究、不确定影响大于积极或消极影响的研究。

根据WWC标准3.0版和"支持中学后教育成功"主题领域协议3.0版，WWC确定了10项有关InsideTrack© Coaching有效性（对四年制大学生的影响）的研究，只有1项完全符合WWC标准，8项研究有不符合WWC小组设计标准的情况，1项研究不符合评估条件，没有研究有保留地符合WWC小组设计标准。

其中，Bettinger和Baker的研究[①]完全符合WWC标准。该研究主要是通过一项随机对照试验（randomized controlled trial，RCT）进行的，即在2003—2004学年和2007—2008学年对8所参与研究的大学进行了17次抽样进行干预实验研究。

（三）主要发现

表6-1列出了符合WWC标准的研究得出的InsideTrack© Coaching的发现。

表6-1　符合WWC标准的研究中InsideTrack© Coaching的发现摘要

产出	有效性等级	平均绩效表现（研究发现）		证据符合标准	
		干预组	比较组	研究数量	调查的学生数量
学分积累与学业持续	潜在积极（或消极）影响	66.4%的学生继续学业	61.4%的学生继续学业	1	3527
成就	无可识别的影响	35.2%的学生毕业	31.2%的学生毕业	1	1346

表6-2显示了完全符合WWC证据标准的InsideTrack© Coaching研究的结果，其中包括WWC计算平均差、效应大小和提高指数。需要注意的是，因为仅有一项InsideTrack© Coaching的研究符合WWC标准，结果的摘要将与个人研究结果相一致（如果有多项研究符合WWC标准，则需要根据不同权重整合研究的结果）。根据该研究的结果，学分累积与学业持续产出结果的有效性等级为潜在的积极影响，表明有该项目积极影响的证据，没有绝对的消极影响证据。这一发现是基于3527名学生的调查研究。成就产出结果的有效性评级为没有可识别的影

① Bettinger E P，Baker R B. The effects of student coaching：An evaluation of a randomized experiment in student advising.Educational Evaluation & Policy Analysis，2014，36（1）：3-19.

响。这一发现是基于1346名学生的调查研究。

表6-2 根据产出领域对InsideTrack© Coaching进行研究的发现

测量（研究）	研究抽样	样本大小	均值/%		WWC计算			p
			干预组	学生数	平均差	效应大小	提高指数	
大学学业持续/%	7次抽取/12个月随访	3527	66.40	61.40	5.0	0.13	+5	<0.01
学分积累和学业持续的平均产出	—	—	—	—	—	0.13	+5	—
学位完成/%	3次抽取/12个月随访	1346	35.20	31.20	4.0	0.11	+4	<0.10
成就的平均产出		—				0.11	+4	—

资料来源：Bettinger E P，Baker R B. The effects of student coaching: An evaluation of a randomized experiment in student advising. Educational Evaluation & Policy Analysis，2014，36（1）：3-19.

中学后的教育取得成功主要表现在大学入学、出勤、学术成就和劳动力市场成果等方面。根据证据评估，完全符合WWC证据标准的InsideTrack© Coaching项目研究报告了学分积累、学业持续和学位成就等方面的影响，而没有报告对大学入学、出勤、学术成就和劳动力市场结果4个领域的影响。

依据Bettinger和Baker的研究所报告的平均差、效应大小和提高指数，正数有利于干预组，负数有利于比较组。效应大小是干预措施对结果影响的标准化度量，表示接受干预的所有个体的预期平均变化（产出结果度量的标准差）。WWC计算的平均效应大小是四舍五入到小数点后两位的简单平均值；平均提高指数则是依据平均效应大小确定的。如果该组学生接受了干预，则提高指数可以解释为该组学生百分等级的预期变化。WWC还确定了平均值的统计显著性（p 值）。Bettinger和Baker的研究发现，InsideTrack© Coaching对学分积累和学业持续产生潜在的积极影响。提高指数是干预效果的量度，例如，+5的改善指数意味着平均比较组学生的百分等级将提高。如果他们参加InsideTrack© Coaching项目，则可以对学分积累和学业持续性结果进行评分。

证据表明，通过实施InsideTrack© Coaching项目，可能会增加学生在大学中的学业持续率，几乎不会改变学生的学位水平。对于上述Bettinger和Baker的研究，无须校正聚类或进行多次比较，也无须进行差异调整。干预组平均值通过计算在未调整的比较组平均值中加上OLS系数。这项研究的特征是对学分积累和学业持续具有统计学上显著的积极影响，因为估计的效果是积极的，并且具有统计意义。该研究的特征是对成就没有明显的影响，因为报告的平均效应在统计学上不显著。

干预报告还附带了符合 WWC 标准的 InsideTrack$^©$ Coaching 项目研究的详细信息，对研究特征进行具体描述，其中包括研究背景、研究方法、抽样、干预组与比较组的分组情况，研究发现和实施细节。

（四）实践指南

WWC 干预报告的基础上还提供实践指南。实践指南的作用主要是向教育工作者提供现有的最佳研究证据，从而将专家小组的知识与严谨的研究结果结合起来，提供具体建议，以应对教育方面的挑战。

在 InsideTrack$^©$ Coaching 项目等的干预报告基础上，WWC 于 2019 年出版了《利用技术支持中学后学生学习：给大学管理者、顾问和教职员工的实践指南》（Using Technology to Support Postsecondary Student Learning：A Practice Guide for College and University Administrators，Advisors，and Faculty）。该实践指南重点放在与改善中学后学习结果有关的技术的有前途的应用，为高等教育指导者、教学设计者、管理者、顾问和其他大学工作人员提供了 5 个通过有效使用技术支持学习的基于证据的建议：①使用沟通和协作工具，以增加学生之间、学生与教师之间的互动；②使用各种各样的、个性化的、容易获得的数字资源来设计和传递教学内容；③基于技术的最新发展培养自我调节的学习策略；④利用科技为学生的表现提供及时和有针对性的反馈；⑤利用模拟技术帮助学生解决复杂的问题。

该实践指南不仅包括具有可行性的建议，还包括支持建议的研究证据摘要，以及关于如何支持学生学习的说明。对于每项建议，实践指南都提供详细的实施策略，不仅通过相关研究提供辅助信息，而且提供专家小组的专业知识和可用于帮助实施建议的策略。此外，实践指南还提供相关工具和资源，以帮助从业人员掌握实用信息和了解实例，顺利实施建议。实践指南还说明了具体实施时会遇到的潜在障碍，并提供关于如何克服障碍的建议。

第四节　教育政策证据研究影响下国际教育决策的未来发展趋势

将教育政策建立在"科学"证据的基础上会促进各国政策趋同。本节论述了在教育政策证据研究的影响下国际教育决策未来发展的主要趋势，以及这种趋同趋势下所存在的问题。

一、教育政策证据研究影响下的各国政策趋同

所谓趋同，即"社会发展的相似趋势，在组织结构、过程和运行方面建立相似性"①。政策趋同即政策随着时间的推移朝着一个共同目标发展的过程所产生的影响。政策存在多种变体，包括扩散和转移，但趋同是独特的。政策趋同不同于政策扩散、政策借用或政策转移，因为政策扩散和转移的重点都在于过程，而不是效果或结果。

当今时代，世界各国教育系统的政策和教学方法都依赖于科学评估的结果和经验证据。事实上，由于教育方面国际数据的共享性和可用性，政策制定话语越来越多地以全球术语为框架。这种全球术语和国际数据使得各国政策广泛趋同，这是一个比简单地将一种政策、方法或模式从一个国家转移或借用到另一个国家要复杂得多的过程。

Humphreys指出，政策趋同尤其是基于证据的教育政策制定，其关键机制是跨国沟通。② 跨国问题的解决通常发生在跨国社区内。跨国社区即决策者之间的网络，他们对目的有共同的原则信念，对手段有因果关系的信念，对积累和测试新知识有共同的标准。例如，对于教育领域的性别平等，这些决策者有一个共同的想法，即哪些证据表明性别平等，以及如何将这些证据解释为沙特阿拉伯或其他国家有关女童教育的政策决定。虽然沙特阿拉伯和美国似乎没有明显的共同点，但它们的教育制度和与教育期望相关的规范惊人地相似，因为它们都体现了现代的大众教育思想。广泛获得的有关教育的国际数据创造了一个知识空间，在这个空间里，教育决策不受地理或政治的限制，而受合法证据的范围的限制。这种证据被用来支持或反对某项决策或政策。

在政策趋同机制下，各国教育研究为教育政策的制定与实施提供证据，具体而言有三种功能。

---

① Kerr C. The Future of Industrial Societies：Convergence or Continuing Diversity? Cambridge：Harvard University Press，1983.

② Humphreys P. Europeanisation，globalisation and policy transfer in the European Union. Convergence，2002，8（2）：52-79.

（一）从技术的角度来指导教育决策

技术和功能视角是政策制定者在教育决策中使用最频繁和公开表达次数最多的一种观点。教育决策者通过证据技术可以寻找到比较好的方法和途径，从而使一些具体的教育问题得到解决，例如，为了提高学生的学习效率，在提高效率的基础上以尽可能少的教学费用来进行有效的课堂教学，从而使每位学生得到最好的教学质量。很多学者进行了实际调查和研究，其研究成果服务于相关决策。这种教育决策方法是比较直接的，在技术上和功能上也是有效的。

（二）从政治的角度来引导教育决策

教育决策者的社会观点和政治诉求经常影响决策者对一些教育问题或者教育思想的看法，接着影响解决教育问题的方法即为影响教育决策。教育决策者在教育决策中使用"证据"，能够更迅速地推进教育问题的解决。然而，我们须注意到，从社会政治视角来解决教育问题，既可能对教育产生积极的结果，当然也可能产生消极的结果，也可能是二者的混合。因此，客观、理性的证据通过决策者的主观决定对国家内部的经济、政治或社会政策产生影响。

（三）从制度组织的角度来改进教育决策

在证据的支持下，政策制定的合法化模式一直存在，并且逐渐向制度化发展，成为许多组织系统的一部分，教育系统也包含在内。技术功能方法取得合法性后，也会成为公共教育决策的基础，而教育决策的具体过程可能更多地取决于一些政治诉求，以及其他更为具体的目的。

二、国际教育决策的三个发展趋势

在社会各界越来越关注教育问题的今天，提高教育决策质量无疑是提高教育质量与满足社会多元化需求的有效手段。"基于证据"理念的教育决策在世界各国得到快速发展，总体来看有三个国际发展趋势。这三个国际发展趋势分别是证据支持下以提高质量为目标、以促进平等为目标、以提高管理水平为目标。[①]

① Wiseman A W. The uses of evidence for educational policymaking: Global contexts and international trends. Review of Research in Education, 2010, 34 (1): 1-24.

（一）证据支持下以提高质量为目标的教育国际决策

教育质量是衡量教育水平的有效指标，教育决策成败关乎教育质量高低。提高教育质量是近年来教育国际决策的主要目标和内容。学者在这方面进行了大量的调查研究，试图为教育决策提供坚实的证据基础。这些调查研究集中在学生表现方面。使用学生表现的证据作为决策基础最充分的理由是，这种证据会为学生提供一个确切的指标，表明某些学生学习了多少，或者说，某种教育技术对学生的影响效果及影响程度。但是，衡量学生的学习和表现往往先有一系列的假设，例如，假设学生学习和掌握得越多，他们的考试成绩就越好；学生的学习成绩越好，老师或者学校就发展得越好。学生的考试成绩在这里就是进行决策的一个关键证据。学生发展或者学校的教育质量是这个假设链的底线，往往被认为是学者通过考试、家庭作业或者其他书面作业来评估学生表现的原因，因此这也是政策制定者依赖证据的原因。

提供质量证据的评估经常被称为总结性评估，因为它是一种总结个人或者组织表现的方式。因此，总结性评价是判定教育质量的工具。对学生表现进行总结性评估一般有两种形式。

一是对学生表现进行的单向、一次性的课程评估。总结性评估的目的是衡量学生学习的质量，它主要包括单元期末考试、期中考试以及期末考试。这种能提供证据的评估是一次性的，因为每门课程只提供一次。它们代表着学生在此之前所学到的知识的总和。总结性评估通常是单向的，因为在这些评估之后，老师没有机会针对特定的学生群体调整教学，又或者重新审视教育内容，以此希望学生更好地学习或以不同的方式学习他们第一次学习时可能错过的内容。换句话说，总结性评估的证据提供顺序是固定的，即从学生到老师再到决策者。教师既没有权利也没有机会为学生提供反馈或进一步的指导。同样，对学生来说，这类总结性评估也是一次性的，因为没有第二次机会来进行评估。学生在这些考试中要么考得好，要么考得不好，但是不管怎样，基于他们考试成绩的证据可以让政策制定者了解到他们眼中的教育质量。

二是区域、国家和国际层级的统一测试。这是更有效的衡量教育质量并为决策者提供证据的总结性评估形式。美国各州以及世界上许多国家都有这种类型的测试，当然它们的名称和内容各不相同。例如美国，在得克萨斯州，学生在整个学习生涯中都要参加"得克萨斯州知识和技能评估"，毕业后还要参加"得克萨斯州学术技能评估"；在宾夕法尼亚州，学生每年都要参加宾夕法尼亚州学校评估系统的测试；在俄克拉何马州，学生每年都要参加俄克拉何马州核心课程考试。对于国家层级的考试，例如美国的国家教育进展评估和沙特阿拉伯王国的国家考试，在核心科目中提供了具有全国代表性的成绩信息。

对于国家层级的考试，大约70个国家（包括美国）的学生广泛参加的国际评估是国际数学与科学教育研究趋势研究（Trends in International Mathematics and Science Study，TIMSS）和国际学生评估项目等大型国际教育研究的一部分。2007年，OECD对PISA在成员国的影响进行了评估：一是评估PISA在参与国和经济体中的相关性，二是评估PISA的有效性和可持续性，三是确定PISA的意外影响。PISA测评无疑对各国教育政策产生了影响，经合组织认为这一点很重要。2009年，伯纳德·胡贡尼尔强调了PISA测评的影响：PISA测评是用来监控和评估一个国家教育系统性能的工具，对国家和地方政策形成的影响不断增加。[①] PISA对所有被研究国家的政策都产生了影响，影响程度各不相同，许多国家通过在PISA测评上的表现来证明其教育改革的合理性。PISA的结果已被很多OECD成员国确定用于报告OECD成员国教育系统绩效。PISA测评对国家层面的影响大于对地方层面的影响，与此同时，对于学校实践和教学的影响更小。为了提高PISA在系统中所有层次的影响力，进一步促进可持续的变化，PISA测评需要教育决策者、媒体等各方协同以传播测评结果，解释PISA的结果并根据这些结果设计改进策略，使PISA的结果能够更大限度地被利用。各国教育决策者和媒体对PISA结果的重视程度越高，PISA测评的结果就越好。总之，PISA的结果关系到重大的政府决策，它为政府、学者和选民的教育系统提供了"丰富的信息"。

虽然这类评估的结果通常不会直接对个别学生产生影响，但是学校、地区、州和国家的学生平均分数作为被广泛接受的教育质量指标，对教育决策有很大的影响。尽管这些测试通常每年最多只对每个年级的学生进行一次，州、国家和国际评估的结果却经常被用来对一些关键的政策问题做出重要决定，比如学校和地区的资金使用。这可能对学生产生重要的间接影响，因为州或区级教育部可以利用这些评估的"证据"改变现有的资源分配、课程设置和课堂教学方法。简言之，在美国和其他国家的学校进行考试的主要理由是评估学生、学校和社区的质量是否接近"优秀"。然而，作为质量指标的优秀只是基于证据的教育决策的指标之一。这也说明质量与平等不可分割、密切联系。

---

① Bernie Froese-Germain. The OECD，PISA and the Impacts on Educational Policy. https://files.eric.ed.gov/fulltext/ED532562.pdf. [2020-05-23].

（二）证据支持下以促进平等为目标的教育国际决策

评估学生和学校表现的另一个重要目的是获得证据，以说明在教育系统中达到的平等程度。通过观察谁表现优秀、谁表现不好，教师、校长和决策者就可能发现学生、班级和学校之间存在的差异。通过观察这些表现上的差异，决策者可以计划或制定关于如何弥补学生、班级和学校团体表现不佳的政策。例如，如果一个老师给五年级的学生做了一个关于诗歌的小测验，她注意到很多学生没有回答有关习语问题，就可以对这些概念进行复习，并对学生提出要求，直到学生基本理解这个概念。当评估以这种方式使用时，有时候它被称为形成性评估，因为评估的结果被用来形成一个人、一个班或一个年级在一定时期的知识体系。

形成性评估的证据通常来自基于课堂的测试、测验和家庭作业，因为它使教育者能够灵活地决定如何评估，什么时候评估以及评估后如何处理课堂或学生事务。最重要的是，形成性评估有多种评价机会，使教育者能够发现这些变化或发现问题，从而调整教学，重新评价学生，看其成绩是否有所提高。关键在于形成性评估虽然导致教学方式的改变，但是很少在形成性阶段就达到教育决策的水平。形成性评估的目标是通过积极的指导和干预，在局部提高学习能力，从而提高考试成绩。以美国为例，鉴于许多州和全国性的考试是一次性的并且是单向的，这种考试为教育政策制定者提供了证据，那么我们有理由提出这样一个问题：州或全国性的考试如何能够受公平的驱动和具有形成性的影响？如果它们使现在或将来的教育方式改变或修订，即通过调整课程内容、教师的教学方式或其他与教育的卓越性和公平性相关的内容，它们就能形成证据。但这些大规模测试很难对现有参与测试的学生具有形成性的影响，决策者只能在这些证据的帮助下制定政策以使来年的学生受益。从这个意义上来看，大多数学区和州测试项目是学校更大的"责任"系统的一部分。

美国加州标准化测试和报告（Standardized Testing and Reporting Program，STAR）的结果供各州的学校负责人以及当地的政策制定者使用。STAR 结果表明，加州像其他州一样，来自各种社会阶层和不同经济背景的学生之间存在很大的成绩差距。对于一些差距较大的地区，教育政策制定者可以利用这一证据为学校制定政策，从而改变其课堂，缩小差距。同时，如果加州或任何其他州学生的平均分数没有显示出足够的年度进步，那么美国教育部可能削减相应的联邦资金。

如果大规模评估是一个更大的社会议程的一部分，那么它也可以是形成性的，目的是产生教育公平。教育公平通常以种族、阶级或性别的学习机会公正为目标。近代史上一个著名的例子是20世纪60年代后期的《科尔曼报告》。1966年7月2日，林登·约翰逊总统领导的政府发布了这份两卷本的报告。该报告指出，教育机会平等已被广泛认为是20世纪最重要的教育研究主题之一。《科尔曼报告》指出，学校资源对学生的成绩有一定的影响，但是家庭和同伴的影响才是学生成绩的重要决定因素。这一证据改变了美国和其他国家的教育决策过程。

（三）证据支持下以提高管理水平为目标的教育国际决策

基于证据的教育决策可以提高教育管理水平。提高教育管理水平意味着要由负责评估结果的个人或团体进行控制。因此，在教室里，老师可以控制学生学什么，促使学生通过课堂和学校系统取得进步。在州和国家一级，测试结果越来越与资金分配挂钩。在《不让一个孩子掉队法案》时代（即21世纪初）的美国尤其如此，因为有年度进步方面的要求。年度进步的要求与联邦资金分配和学校声誉息息相关。因为美国教育部有责任对学校和各州的表现进行评估，所以使用考试成绩作为证据和手段来控制学校的课程设置、教师讲授的内容以及学校教育的其他组成部分。

虽然只有一小部分学校的预算来自美国联邦政府，但这一小部分仍然是一个很大的数目。没有联邦资金的供应，大多数学校将无法运行，因为资金达不到预算要求。由于年度进步要求与联邦资金等相关，它就成为每个州学校系统重要的决策依据。例如，弗吉尼亚州有许多好学校被宣布为不合格学校，因为这些学校的学生在一年内的成绩没有在州考试中表现出较明显的上升。其中一些学校被宣布为"不合格"的原因是这些证据有一定的缺陷。例如，许多学校已经表现良好，当学生的表现已经在高水平时，提高分数就变得很难。另一个原因是，该州的许多学校为大量有特殊需要的学生提供服务，这些学生由于特殊需要而无法在州考试中取得与主流学生一样的成绩。然而不管原因是什么，这些学校中因为无法显示年度进步而失去了大量联邦资金。在此之后，许多州开始意识到这一点，开始调整其测试程序，以便显示年度进步。不幸的是，这种对政策证据的操纵，并不是大多数改革者所希望的解决方案，也降低了国家层面上的教育管理效率。

我们应该认识到，质量、平等和控制（即提高教育管理水平）这三个目标是不可能彼此分离的，每一个目标都部分地依赖另外两个目标。基于证据的教育决策服务于这三个目标中的任何一个，这一事实对于回答为什么在教育决策中使用证据的问题很重要。例如，学校教育的质量受班级、学校或社区教育平等的影响。质量是某些个人和团体可以正式使用评估来直接或间接地控制或指导教育的主要原因。证据基础为决策提供了基本原理或理由，并通过在质量、平等或控制方面表达决策，使决策科学化或合理化。

三、基于证据进行教育决策的批评与反思

虽然基于证据进行教育决策已成为各国教育系统广为接受的理念和实践，但是围绕这种做法仍然有一些争议、批评与反思。

有学者和政策制定者认为，通过对学生成绩的比较，可以引导政策制定者将国家或学校的政策建立在证据系统上，从而达到政策的合法化。但很少有学者对这些数据或者证据进行深入分析。学校教育环境对学生学什么、老师教什么以及教得如何等影响，相对来说还没有被探索。而基于直接比较学生平均成绩的政策建议常常是不成熟的。

还有学者认为，为决策者提供证据的评估和评估工具本身是不可靠的。从地方到全球，评估工具的可靠性问题主要体现在以下几个方面。

（一）文化差异问题

教育和文化的性质在不同国家之间有很大差异。每一项国际教育研究中都做出了许多努力，以使评估和问卷在各国之间具有可比性。科研人员和决策者需要考虑每个国家独特的国情背景和形势，对国际研究的结果进行过滤，进行跨国的"证据"评估和调查。然而，在地方层面上，还没有对这些工具的可靠性进行深入研究。来自不同文化背景的学生可能会对共同的问题做出不同的理解和反应方式。随着时间的推移，这个问题可能随着一些大规模的国际调查与测评的实施而减少。然而，我们须注意到，测试设计者的意图显然不应该是消除这种文化差异。这种文化差异对不同民族的身份至关重要，因此也无法消除。在解释调查与测评的结果进行证据评估时，要考虑到这些差异的存在，这是至关重要的。

（二）翻译问题

由语言多样化衍生出来的理解和翻译问题对开展大规模和国际化的证据研究也提出了挑战。一些大规模国际调查与测评常出现调查项目的翻译问题，对此的批评并不鲜见。有些学生在回答测评问卷中使用的是另一种非母语的语言。相比

他们的母语，这种语言会在一定程度上影响他们的测评表现和调查结果，需要对此进行严格的审查。

（三）不当使用问题

国际调查与测评，以及相应的政策证据评估，它们的结果也常出现不当使用问题。例如，PISA的影响应仅限于数学、科学和阅读，而现在PISA测评的结果越来越多地作为学生学业成绩和教育部门业绩的重要参考。因此，有学者批评PISA几乎完全转移了公众和政治家的注意力，趋向以数学、科学和阅读为核心学科，这使得历史、地理、公民学、外语以及学校里教的其他科目被边缘化。如果PISA测评的数据仅仅被视为一个国家学生表现的粗略估计，测评课程设置的局限性就可能无关紧要。但是，如果数据被视为对一个国家教育制度及其质量水平的最终判断，那么这种局限性的结果将是破坏性的。当前，学生成绩的国际比较测试结果经常被当作代表一个国家经济地位的间接证据。学校被视为现代化和经济生产力的指标，因此，学生的成就被不当地用于这些跨国比较，作为每个国家的发展水平和经济产出的证据，这是不正确的。教育和经济整体实力的直接支出可能与学生成绩呈正相关，但这种关系是脆弱的，并没有得到经济发展和生产力的其他衡量指标的支持。这对发展中国家来说确实是一个坏消息，因为这些国家的政府教育经费往往是经济强国（如美国）的两倍。这表明，也许教育本身并非国民经济发展的最佳指标或最佳贡献者。在测评课程的推动下，人们倾向于长期地将课程划分为核心科目（即读写、数学和科学和外围科目），导致学生不能得到全面发展。必须强调的是，有限科目的排名对国家教育系统的影响及其结果对教育公平的负面影响是PISA测评中最令人震惊的弊端之一。上述问题的存在以及PISA的重要性、PISA测评的争议性使得PISA成为一种高风险的测评。

基于上述问题，对于教育政策证据评估及其结论，教育研究者和政策制定者都应采取更加严格和谨慎的态度。

第七章　我国高中阶段教育改革的证据探索与应用

第一节　中等职业教育免费政策评估

一、中等职业教育免费政策的出台

在当代中国，各级人大代表是群众性利益表达和初步综合的重要途径，承担着一定的政策输入功能。在2009年召开的两会上，全国人大代表周洪宇带来了关于在农村职业高中教育免费的建议。他认为，将普及12年教育作为国家中长期教育改革与发展规划目标，逐步实施农村中职教育免费制是当下应首先着手进行的。由于农村基础教育薄弱，有相当数量的农民子女难以考入高中。只有提供免费中职教育，才能为更多农民子女提供谋生手段，使其走上知识改变命运的轨道。让更多掌握技能的农村青年留在本地致富，也是解决农村就业、建设社会主义新农村的迫切需要。

国家领导人在政府工作报告中的讲话实质上是向全社会发布公共政策的一种形式，其内容具有当然的合法性。温家宝总理在2009年的政府工作报告中直接回应了人大代表的建议，把中职教育免费纳入政策范畴，指出"大力发展职业教育，特别要重点支持农村中等职业教育。逐步实行中等职业教育免费，今年先从农村家庭经济困难学生和涉农专业做起"[1]。2009年12月，经国务院同意，四部委联合印发《财政部、国家发展改革委、教育部、人力资源社会保障部关于中等

---

① 政府工作报告——2009年3月5日在第十一届全国人民代表大会第二次会议上. http://www.gov.cn/test/2009-03/16/content_1260221.htm. (2009-03-16) [2020-06-07].

职业学校农村家庭经济困难和涉农专业学生免学费工作的意见》。2010年7月发布的《国家中长期教育改革和发展规划纲要（2010—2020年）》指出，"逐步实行中等职业教育免费制度，完善家庭经济困难学生资助政策"。2010年9月，财政部、国家发展改革委、教育部、人力资源社会保障部下发《关于扩大中等职业学校免学费政策覆盖范围的通知》，提出"为贯彻落实《国家中长期教育改革和发展规划纲要（2010—2020年）》精神，进一步增强中等职业教育吸引力，促进教育公平，从2010年秋季学期起，将中等职业学校城市家庭经济困难学生纳入免学费政策范围"。

二、中等职业教育免费政策的目的解读

（一）增强中等职业教育吸引力

我国于1983年提出了力争到1990年实现各类职业技术学校与普通高中在校生规模大体相当的目标。此后，普职结构大体相当的比例一直被视为合理结构。1991年，中职教育在校生数在整个高中阶段在校生中的比重已达45%，中职教育和普通高中的招生数比已接近1：1。[①] 1996年，中等职业学校招生数和在校生数占高中阶段招生数和在校生数的比例分别为57.68%和56.77%[②]，普职比接近4：6。1997年起，中职学校招生数量开始下滑。2001年，中职教育规模持续下滑，普职招生规模比为7.5：2.5。[③] 2002年，《国务院关于大力推进职业教育改革与发展的决定》出台，提出以中职教育为重点，努力保持中职教育与普通高中教育的比例大体相当。但是在吸引力不足的情况下，保持这个大体相当的比例似乎比较困难。难点之一是招生难。为完成招生任务，各级教育行政部门、各中职学校费了九牛二虎之力。难点之二是控辍难。好不容易招来的学生却流失的现象比较普遍。在这种情况下，中职教育免费政策试图通过"价格效应"来增强中职教育的社会吸引力，也就是利用财政政策实施免费的中职教育与适当的生活补助，有效降低私人就学成本和教育服务价格，刺激更多的学生自愿选择中职教育，更多的家长接受子女当前学习的职业教育、今后从事基层技术工作，形成现代社会应有的高深学问与应用技术同行、普通教育与职业教育并重的社会文化。

---

① 佚名. 1991第二次全国职业教育工作会议. 职业技术教育，2006（9）：21-23.
② 和震. 我国职业教育政策三十年回顾. 教育发展研究，2009（3）：32-37.
③ 王星霞. 中等职业教育免费政策评估研究. 教育发展研究，2012（17）：25-29.

（二）推进教育公平

中职教育吸引力不足，拥有经济资本和文化资本的家庭往往不愿意子女选择中职教育。因此，中职学生的来源具有显著的城乡特征和社会阶层特征。有调查显示，中职学校的学生家庭中，中等收入以下的占93.65%，90%以上的中职学生来自农村和城市低收入家庭，农村孩子占中职在校学生总数的63%以上。[①] 中职教育免费可以让大量上不成（学术准备上）、上不起（经济条件上）普通高中的贫困家庭的子女能够上得成、上得起中职学校，以此促进高中阶段的教育公平。

三、中等职业教育免费政策评估

在公共政策学中，对公共政策进行评估是政策过程的一个重要环节。只有通过政策评估，人们才能判断一项政策是否收到了预期效果，从而决定这项政策是应该继续、调整还是终结；同时，通过对政策的执行结果所带来的价值进行判断，还可以总结政策执行的经验教训，作为决定政策变化、政策改进和制定新政策的实践基础。陈振明认为，"政策评估的主要任务就是研究政策效果"[②]。对于政策评估的标准，仁者见仁，智者见智。从公共政策运行的实践来看，目前人们比较认同的政策评估标准主要有效益标准、效率标准、公平标准和政策回应度。这些评估标准比较全面、简便，并具有技术上的可行性，中职教育免费政策可用此标准进行评估。

（一）效益标准

效益标准关注的是政策的实际效果是否与预定目标相符，在什么程度上完成了预定目标，还存在哪些距离和偏差。如前所述，中职教育免费政策的主要目的有二：一是解决中职教育的吸引力，从而达到促进中职招生，保持高中阶段教育普职比大体相当，调整教育结构的目的；二是以此推进教育公平。显然，第二个目的建基在第一个目的实现的基础之上，第一个目的的实现会促成第二个目的的实现。

那么，中职教育免费以后，其吸引力如何？现实情况表明，中职免费政策尚

---

① 和震，王秋，张眉等. 现代职业教育制度的构建//张秀兰. 中国教育发展与政策30年. 北京：社会科学文献出版社，2008：233.

② 陈振明. 公共政策分析. 北京：中国人民大学出版社，2003：407.

未达到提高吸引力的政策目的。20世纪80年代末90年代初，全国职业高中、技工学校发展迅猛，"出口"通畅，"进口"火爆，家长热捧，用人单位欢迎。如今，中职教育免了学费，甚至送教上门，仍然吸引力不足，一些职校门可罗雀，甚至一些县城以下的中职学校纷纷关门大吉。本书项目组调研时发现，河南省某市的一所中职学校2012年招生计划是2000人，结果招到的学生不到200人。访谈中一位教师说："为了招生，每年中职学校教职工都不得不把本该用于课堂的精力和时间用到招生上，有的教学骨干基本上远离课堂、离开学生而招生，不能不说是一种严重的人才浪费，有人用'四千'（走遍千山万水、道尽千言万语、想尽千方百计、吃尽千辛万苦）形容中职学校招生的艰难，可谓恰到好处。""学校招聘招生老师几乎是来者不拒，应聘者不需要出示任何身份证件，直接就能成为学校的招生人员；学生一年的学费为4800多元，给招生人员的酬劳就达一两千元……尽管学校从上到下想尽了办法，可学生仍然不愿意来校就读。"2011年5月，在《中国青年报》记者的追问下，一名中职校长最终透露了其所在的县级职教中心的实情：3个年级在校生也不过几十人。① 21世纪教育研究院、社会科学文献出版社联合发布的2015年教育蓝皮书显示，农村学生对中职教育的需求有限，贫困农村初中学生上中职意愿不高。在刚进入初中时，仅14%的学生表示初中毕业后打算上中职，初中毕业后追踪调查发现，仅11%选择了就读中职。中职学生流失率也偏高。33%的中职生辍学，继续在校的中职学生中高达41%表示如果再有机会将不会选择读中职。② 2020年9月，湖南怀化民办高中私下招生遭到清查，20多所民办高中的上千名高一学生，刚开学即面临清退风险，学生被要求分流至职高，但招致家长强烈反对。③ 这些学生因中考成绩不理想，但又不愿意去读中职。④

　　以"中职招生"为关键词在百度进行搜索，"应该共同解决中职招生难""中职招生，今年更比往年难"等新闻标题并不少。这说明该政策在有效增强中职教育的整体吸引力上还有待提升，以改变其与普通高中争夺生源中的劣势，

---

　　① 中职教育"虚胖"前行 820万招生任务面临压力. http://edu.qq.com/a/20110530/000002_1.htm.（2011-05-30）[2013-06-07].

　　② 需求有限意愿不高 农村学生仅11%选择就读中职.https://edu.qq.com/a/20150422/025933.htm.（2015-04-22）[2021-07-08].

　　③ 湖南怀化清退近800名高一新生 强行划入职高 http://www.tencentnote.com/m/view.php?aid=12747.（2020-09-10）[2021-06-20].

　　④ 上高中还是上中职？湖南怀化民办高中或将清退上千名高一新生. https://m.thepaper.cn/baijiahao_9157831.（2020-09-13）[2021-06-20].

达到促进中职招生的目标。

（二）效率标准

效率标准要观察的是政策效益与政策投入的比率，目的是寻求以最小的投入获得最大产出的政策。中职免费政策实施以来，中国将职业教育作为财政支持的重点领域。教育部印发的《中等职业教育改革创新行动计划（2010—2012年）》指出，按照《中华人民共和国职业教育法》第27条关于"省、自治区、直辖市人民政府应当制订本地区职业学校学生人数平均经费标准"的规定，教育部会同有关部门印发原则意见，指导和推动各地依法制订和实施中职学校学生人均经费拨款标准，分类制定中职学校公用经费标准，逐步形成与社会主义市场经济体制相适应的、满足中职教育需求的、稳定和可持续增长的投入保障机制。2010年，中央财政预拨中职学校国家助学金59.8亿元，预计受助学生达1136万人。2011年，为确保中职学校城乡家庭经济困难学生和涉农专业学生免学费工作顺利实施，中央财政下拨中职教育免学费补助资金47.4亿元，全国约有400万名中职学校家庭经济困难学生和涉农专业学生享受到免学费政策。[①] 2012年秋季学期起，中央财政将中等职业教育免学费政策范围扩大到所有农村学生，同时进一步完善中等职业教育国家助学金制度，将资助对象逐步调整为一、二年级涉农专业学生和非涉农专业家庭经济困难学生。2012年，中央财政安排129.2亿元，其中，免学费补助资金80.7亿元、国家助学金48.5亿元，约534万中职学生得到助学金，约1244万名中职学生享受免学费政策。[②]

这些钱获得了哪些产出？是否存在浪费现象？答案是复杂的。因为中职教育并没有显著增强吸引力，中职招生工作仍存在困难。为了完成教育部门下达的招生指标，一些人在政策实施的某些环节上耍起了"花招"。比如中职学校上演招生大战，虚报数字等。虚报中职学校在校生人数的目的有两个：一是套取国家补贴给学生的有关资金；二是使"在校生"数量达到相关标准，从而可以申请省级、国家级重点，甚至国家级示范校，获得更多争取国家扶持的机会。违规套取国家助学金的行为主要表现在：①以联合办学的名义将未完成九年义务教育阶段的初中在校学生和普通高中在校学生注册为中职学生，利用"双重学籍"套取国

---

① 中央下拨中等职业教育免学费补助资金47.4亿元. http://www.gov.cn/govweb/jrzg/2011-11/04/content_1986202.htm（2011-11-04）[2020-06-07].

② 财政部：去年中央财政教育支出3781亿元. https://news.qq.com/a/20130508/000824.htm（2013-05-08）[2020-06-07].

家助学金；②同一学生分别在教育部门与人力资源和社会保障部门同时申报"双重学籍"，以重复领取国家助学金；③对流失学生没有按规定及时注销学籍；④将短期培训学员注册为全日制学生。这些情况在不同地方出现，报刊、网络也有报道，已经引起官方关注，加大了治理力度。如2011年1月12日，教育部、财政部、人力资源和社会保障部、审计署联合发出紧急通知，坚决禁止虚报学生人数骗取中职学校国家助学金、免学费补助资金。

除了套取中职助学金外，影响中职免费政策投入产出效率的还有不少中职学校不正当竞争的有偿招生。这可以解释部分初中教师为什么不管学生意愿，生拉硬拽学生上中职学校。我们在访谈调查中也发现中职学校存在的问题：一是虚假宣传，利用生源套取国家对学生的补贴；二是安排学生"顶岗实习"，在校企互动中利用学生工赚钱。这些中职学校认为，如果不套取国家对学生的助学金，就可能减少对实习实训仪器和设施的投入，导致教学质量下降，从而加剧生源危机，进入恶性循环。

总之，从我们调查了解到的情况看，这些中职学校中，中职教育的投入没有相应地换来其大发展，也没有充分、有效地用在中职生身上。

（三）公平标准

公平标准是指政策执行后，与该政策有关的社会资源、利益及成本在社会不同群体间公平分配的程度。公正是衡量政策的一个重要标准。一项好政策应该是努力实现公平、合理分配的政策，必须兼顾公平与效率，只有建立在公平基础上的效率才是真正的效率。

此外，中职免费政策还存在"局部性偏失"。中职教育免费政策，是国家政策对公共教育资源的合理再分配，是对社会弱势群体的利益补偿，目的是支持和扶助家庭经济困难的学生能够有较好的学习和生活保障，为他们创造公平接受教育的机会，扶持贫困者的生活，帮助他们顺利完成学业，促进教育公平。陈胜祥的实证调查结果显示，获得免费政策资助的学生不完全是家庭贫困生，非家庭贫困学生也获得了免费政策的资助，这就违背了免费政策想要达到的"扶贫"初衷，使免费政策失去了原有的意义。[1]

中职教育免费政策本身的公平性也值得人们进一步探讨。该政策会不会对普职的正常分流起干扰作用？对普通高中免费是否可行？中职教育免费政策会不会使农民子女在学业没有失败的情况下，将接受职业教育作为首选？它会不会导致

---

[1]　陈胜祥. 农村中职免费政策失灵：表现、成因与对策——基于浙、赣、青三省的调查. 教育科学，2011，27（5）：13-19.

一些具有后发优势的人难有机会接受适合自己潜力的教育？为此，有学者指出，"通过减免学费的措施来吸引来自低收入家庭的学生选择中职教育的政策对社会分层、教育机会的代际传递以及社会公平的影响和意义都需要评估并加强进一步研究"[①]。

（四）政策回应度

政策回应度是指政策实施后对特定团体需求的满足程度。以政策回应度为评估标准，其目的是从总体上衡量政策对社会的宏观影响。一项政策，只要政策对象认为满足了自己的利益要求，焕发出较高的热情和积极性来促进社会进步，其回应度就高；反之，政策的回应度就低。

对于中职免费政策，不同地位和阶层的人们反应是不同的。一些政府官员、专家、学者撰文高度评价了该项政策。他们认为，这是继全部免除城乡义务教育阶段学生学杂费之后优化教育结构、促进教育公平的又一重大举措，也是促进职业教育发展、惠农惠民的又一项重大的民心工程；中职免费搬掉了中职教育发展道路上最大的"绊脚石"，是根本的解决办法。

在我们的访谈中，一些人认为这项政策中确实还存在需要完善之处：

> 现在单位几乎都要求高学历、高素质，大家都想去念大学，这样一来，职业高中、中专学校一定会出现招生难的问题。为了解决这一问题，一些学校在媒体上造势，说中职毕业生如何受市场欢迎，学校如何保证学生毕业后的就业问题，让一些年轻人选择了这些学校，结果他们毕业后照样不能被分配，只能四处奔波找工作。职业学校毕业后要工作，大学毕业后也同样要工作，如果职业学校毕业后找到的工作甚至比大学毕业生找到的工作更好，那还会出现中职学校招生难的情况吗？

不少学者开始关注和研究百姓的反应。陈胜祥和王秋萍通过对经济发展水平存在巨大差异的两个县（市）的农户调查与比较发现，农户对免费政策的整体反应很弱，在子女初中后分流时，他们更多地考虑子女的学习成绩。因而，要在长期内促进我国中职教育发展，诸如"免费"等经济刺激政策并不能最终解决问题。[②]北京大学中国教育财政科学研究所2012年第四期的科研简报则以《应放缓

---

① 教育部建议2011年中职招生820万被指脱离实际. http://news.sina.com.cn/c/sd/2011-05-30/031822551961.shtmll.（2011-05-30）[2013-06-09].

② 陈胜祥，王秋萍. 农村中职免费政策区域推进策略分析基于农户视角的调查与区域比较. 教育科学，2010，26（2）：78-82.

全面实施中等职业教育免费政策》为题，明确叫停中职教育免费政策。该文同年在《教育与经济》期刊发表。文章尖锐地指出，中职学生往往来自弱势群体，一些地方明明知道中职学校教学质量差，却人为地将中职和普高比例强制性地规定为5∶5，然后用高压手段、免费政策逼迫和诱导这些学生进入中职，浪费了他们的青春年华，这对他们是不负责任的态度⋯⋯不赞成近期内以实施全面免费为加大中职财政投入的优先项目，而建议将新增财政收入全部用于提高中职办学质量这一政策目标上来。①此报告被各大网站转载并评论，引发巨大的社会反响。可见，中职教育免费政策在政策实施中所表现出的"实然"，没有完全达到政府宣称的促进教育公平的目标。

四、中等职业教育免费政策制定过程评估

为什么不同地位和阶层的人们对中等职业教育免费政策的反应不同？这就需要一种向后的政策分析视角，从对中职教育免费政策制定过程的评估来发现问题，解释问题。

政策学家那格尔提出关于政策制定过程评价的标准是公众参与度、可预测性、程序公正性。公众参与度是指一项政策在制定过程中目标群体、利益相应人和公众参与的程度，如该政策在制定过程中听取公众意见的次数。可预测性是指在正式做出一项政策决定之前，其决策结果可能被预测的程度。如果可预测度高，就说明决策结果是按照已有的客观标准做出的，因而其随意性就小。程序公正性指的是政策制定过程中必须保证各个利益相关人，特别是其利益可能受到政策不利影响的群体，有机会表达自己的意见。②对照此标准，中职教育免费政策显然在公众参与度、可预测性、程序公正性标准上都有些欠缺，表现出一定的政策"内输入"特点。在中职教育免费政策制定过程中，政策利害相关人在一定程度上处于缺席状态，较少表达自身的利益诉求，其利益要求很可能被淹没在国家利益和社会需要中。同时，在中职教育免费政策的制定过程中，应进一步完善问题确认以及方案拟订、细化、咨询、评估、公示、选择、修正等环节，政策决策者应站在利益相关人的角度进行思考，发现中职教育免费政策中的欠缺。比如，这项政策应加强对"农村基础教育薄弱，有相当数量的农民子女难以考入高中"问题的思考，加强对为什么"中等职业学校的学生家庭中93.65%属于中等以下收

① 应放缓全面实施中等职业教育免费政策. http://ciefr.pku.edu.cn/cbw/kyjb/2016/kyjb_8108.shtml.（2012-04-26）［2021-06-10］.

② Nagel S S. Public Policy：Goals，Means and Methods. New York：St. Martin's Press，1984：110-120.

入"现象的深入解读，加强对满足百姓们让其子女上好学的愿望、向上流动的期望的同理心考量，等等。

五、中等职业教育免费政策的调整

政策调整是在政策监督和控制所获得的有关政策系统运行（尤其是政策执行的效果）的反馈信息的基础上，对政策方案、方案与目标之间的关系等进行不断的修正、补充和发展，以便达成政策预期效果的一种政策行为。在某种意义上说，政策调整是政策方案的重新制定和执行的过程，更准确地说，是政策方案的局部修正、调整和完善的过程。政策调整有利于保证公共政策的科学、合理。由于决策者的有限理性、决策者所掌握的信息的有限性特点以及政策环境的动态发展性，决策者制定出的任何政策都可能是不完善的。因此，在政策制定中关注人民的利益需求，倾听人民的声音，创造和提供人民参与教育政策制定的路径和条件，真正做到问计于民、问需于民，成为保证政策有效性的重要前提。只有这样，才能追求到真正的教育公正，以一种努力行动的姿态逐渐缩小社会已经存在的不合理的差别，实现政策的正义和善。

第一，暂缓实施中职免费政策，提高中等职业教育的办学质量，让百姓切身感受到子女接受职业教育的利益所在。第二，取消高中阶段择校费，尝试实施综合高中改革。在综合高中尚未普及的情况下，可以考虑中低收入子女上高中的困难，对高中阶段的家庭困难学生全部免费，体现政策对弱势群体的扶持，体现教育分流的公平，创造个体能靠能力和勤奋改变自身命运的机会，给每一名有追求、有能力的学生充满光明前景的希望，进而增强全民教育的信心，提高整体教育质量。第三，完善职教高考制度，增加中职升本科名额，打通和拓宽中职学生的成长空间和发展通道。2021年10月，中共中央办公厅、国务院印发《关于推动现代职业教育高质量发展的意见》，明确提出中等职业教育要注重为高等职业教育输送具有扎实技术技能基础和合格文化基础的生源，中等职业教育开始从"就业导向"转向"升学和就业两条路"。这是对以往就业教育的纠偏，也是增强职业教育吸引力的重要举措。在此大背景下，应进一步扩大应用型本科招收中职生的规模，吸引更多理论基础较强、实践技能突出的优秀中职学生进入职业教育本科院校，让数千万中职生与普通高中生一样享受高考升学的机会。第四，制度保障和文化建设为全社会营造良好的用工环境，让每个人能够从自己平凡的职业中获得安全感和幸福感。这样才能缩小政府和民众两个主体之间的需求差异，人民也才会从被动选择、资源稀缺无奈选择发展到理性分析后的自愿选择，最终实现公民个人理性与国家社会理性的协调统一，中职教育也才能由以国家推动为主的设计模式走向市场需求推动的内生模式。

第二节　我国中等职业教育质量干预的循证实践

一、研究背景

随着科学技术的进步和以信息技术为标志的新工业革命时代的到来，世界经济格局和发展范式都发生了变化。新工业革命带来了制造业的结构性调整，"互联网+"时代制造业生产方式和创造价值的方式都在发生变革，中国传统的低成本大规模制造优势丧失，全球制造中心的地位面临威胁，制造业面临重大变革。为适应新变化，促进经济发展，德国推出了"工业4.0"战略，印度推出了"印度制造"战略，为了实现制造强国，我国制定了"中国制造2025"战略，为此，我国需要发展新兴产业，实现新型工业化。要实现产业结构升级和制造水平提高，首先就要夯实人力资源基础，这就对大量技能型劳动者提出更高要求。

产业转型升级前，我国主要发展劳动密集型产业，初中毕业生即可胜任工作岗位；产业从劳动密集型转向资本和技术密集型，需要技能劳动者有完善的人才结构、较高的职业素养，即需要高中及以上学历和相关的技术技能。处于经济转型期的学生需要接受高中及以上的教育，才能获得必需的知识和技能，才能提高自己在未来劳动力市场上的竞争力，否则今后很难找到高薪工作，甚至可能因缺乏必要的人力资本而拖累整体经济发展。因此，许多发展中国家把职业教育和培训作为建立人力资本和促进经济增长的关键途径，为了在新一轮的全球竞争中取得优势，纷纷实施新一轮的资本积累和技能振兴计划。促进中职教育发展已经成为巴西、印度尼西亚等新兴经济体的政策重点。巴西政府于2011—2014年投资6亿美元，扩招8000万学生接受职业教育；印度尼西亚政府提出到2015年职业教育占中等以上教育体系的份额从30%提高到70%。

中国是世界上最大的发展中国家，其推动职业教育发展的意愿和力度令世界瞩目。1978年以来，特别是2000年以来，为提高劳动力的技术构成，推动经济发展方式转型和人口红利向人力资本红利转型，构建现代产业体系，促进经济社会持续、健康发展，国家高度重视职业教育的发展，陆续出台了一系列发展职业教育的政策，如《国务院关于大力推进职业教育改革与发展的决定》《国务院关于大力发展职业教育的决定》《国务院关于加快发展现代职业教育的决定》等。

2010年后，提高职业教育质量成为新时期的发展战略。《中等职业教育改革创新行动计划（2010—2012年）》《国务院关于加快发展现代职业教育的决定》《现代职业教育体系建设规划（2014—2020年）》等，都明确提出加快发展现代职业教育，提高技术技能人才的培养质量和就业创业能力，促进人的全面发展。

中职教育在现代职业教育体系中具有基础作用，是职业教育发展的重点。在国家政策指导和社会经济发展驱动下，近年来我国中职教育发展迅速，取得了很大进展，招生规模一度超过普通高中。根据教育部《2010年全国教育事业发展统计公报》数据，全国中职教育学校（包括普通中等专业学校、职业高中、技工学校和成人中等专业学校）共13 872所；招生870.42万人，占高中阶段教育招生总数的50.94%；在校生2238.50万人，占高中阶段教育在校生总数的47.78%。2010年以后，由于适龄人口下降，中等职业教育布局调整等原因，中等职业教育学校数量、招生数量和在校生数量持续下降。根据教育部《2020年全国教育事业发展统计公报》数据，2020年，全国共有中等职业教育学校9896万所，比2010年减少3976所；招生644.66万人，比2010年减少225.76万人，占高中阶段教育招生总数的42.38%，职普比从50.9∶44.1下降到42.38∶57.62；在校生1663.37万人，比2010年减少了575.13万人，占高中阶段教育在校生总数的39.96%。2010—2020年，中职教育招生规模虽然有所下降，但总体保持与普通高中相当的比例，占高中阶段教育的近半壁江山，中职教育的发展状况直接影响着近一半高中阶段学生的发展状况。

人的能力是在后天实践活动中形成的，"能力本位"是职业教育的核心主题，职业教育是开发技能型人力资源的主体。对中职学校而言，人力资源的开发主要是对学生能力的培育，是学生个人各方面素质的完善，表现为学生的全面发展。现代职业教育观以能力为基础，以提高学生职业素养、职业道德、社会道德以及综合素质为目标。职业教育作为一种教育类型，是终身教育体系的重要组成部分，具有提高学生学业的价值，且其根本价值在于它是促进人的能力和素质全面发展的基本手段。知识只是能力形成的一个重要条件，职业教育的目的是帮助学生获得认知和非认知能力，这些能力将帮助他们茁壮成长，并有助于经济增长和社会稳定。所以，从应然层面，中职教育通过对学生进行职前学校教育，要提高学生的各项能力和学业水平。

2000年，教育部印发《关于全面推进素质教育 深化中等职业教育教学改革的意见》，指出"要全面贯彻党的教育方针，转变教育思想，树立以能力为本位的观念，培养与现代化建设要求相适应，德、智、体、美等全面发展，具有综合能力，在生产、服务、技术和管理第一线的高素质劳动者和中初级专门人才"。

2014年，《国务院关于加快发展现代职业教育的决定》要求巩固提高中等职业教育发展水平，"在保障学生技术技能培养质量的基础上，加强文化基础教育""坚持校企合作、工学结合，强化教学、学习、实训相融合的教育教学活动"。从中，我们可以看出四点：①政策制定者认为学生应该学习提高就业能力和工作能力的职业技能；②鼓励学生学习数学、语文等一般技能，这些技能帮助学生适应不断变化的劳动力市场；③学生应该培养积极的态度和行为，这些态度和行为与个人成功、社会发展有关；④学生将参加顶岗实习，实习使他们能够在现实工作中发展认知和非认知技能。为了实现这些目标，政策规定中职学校的课程分为三个部分：1/3用于教育部规定的全国通用的学术技能培养；1/3用于学生职业技能培养；剩下的1/3用于专业技能培养，通常是职业教育的最后1年，学生到企（事）业等单位实习，包括跟岗实习、顶岗实习等形式。顶岗实习时为确保中职学生的基本权利得到保障，有关部门出台了多项规定，包括有经验的教师为学生提供实习指导等。

随着中职教育从规模的扩张转向内涵式发展，国家对中职教育质量越来越重视。2010—2013年，中央财政投入100亿元遴选支持1000所中职学校深化改革；"十二五"和"十三五"期间，政府投入大量精力提高职业教育教师的数量和质量。此外，政府要求服务需求，就业导向，构建中国特色的现代职业教育体系，通过推广项目教学，加大实习实训课程比重，使课程内容与职业标准对接，教学过程与生产过程对接，并培养更多的高层次中职教师。

政策制定者对职业教育有很大期望，对职业教育质量越来越重视，但应加强对目前的中职教育如何达到目标的认识和理解。目前，关于职业教育是否能真正帮助学生发展技能和能力的严谨的实证研究较少。仅有的研究虽然估计了与普通教育相比职业教育的经济回报，但没有提供关于职业教育有效性的确凿证据，关于职业教育对技能和能力发展的贡献的证据并不多。循证实践要求中职学生发展数据经过实地观察调研获得，通过对实证数据的分析，对当前的中职学生发展状况进行评估和改进。

二、研究设计

（一）研究问题

研究问题主要聚焦两个方面：一是当前中职学生发展状况如何；二是如何基于调研证据，结合专家教育经验，设计提升中职教育人才培养质量的指标体系。

（二）研究对象

本节使用的数据来源于河南大学教育行动国家研究中心中职研究项目。具体的抽样过程如下。

第一，确定样本专业。我们选择了招生规模最大的计算机和数控专业，这两个专业在2013年招生人数占河南省中职招生总数的22%，全国中职招生总数的31%。[①]

第二，确定样本地区。在河南省的18个地市中，依据高、中、低三档经济发展水平和经济结构特征，选取了7个样本市（含原属于该市的省直管县）。

第三，确定样本学校。依据政府统计数据，以及网络和电话调查，收集到7个样本市388所中职学校的信息；然后进一步确认了学校专业开设情况，筛查出在一年级或者二年级开设有计算机专业或数控专业的中职学校165所。考虑到一些规模小的学校的持续性难以保证，项目组从已筛查出的学校中排除了单班人数在20人以下的学校，最终确定118所中职学校为样本学校。

第四，确定样本班级。在样本学校，如果样本专业一个年级只有一个20人以上的班级，则将这个班级直接确定为样本班；如果样本专业一个年级有两个及以上超过20人的班级，则采取随机抽样的方式，随机抽取出一个作为样本班，并调查样本班级所有学生；如果抽到的班级人数少于20人，则按照随机数表再抽取一班，两个班加起来超过20人即可，2个班所有学生为样本学生。

根据上述抽样原则，7个样本市的118所中职学校计算机专业和数控专业两个年级共计345个班级的12 081名学生作为研究对象。其中，一年级学生占样本总量的59.3%，二年级学生占40.7%。并且21所中职学校为国家级示范校，示范校调研班级数和调研学生数分别占样本总量的21%和22%。样本信息参见表3-2。从专业设置来看，样本学校中有48所学校仅有计算机专业，3所学校仅有数控专业，67所学校既有计算机专业也有数控专业。2013年10月进行基线调研，2014年4月进行追踪调研。追踪调研时新增1083名样本学生数据。为了便于比较，本章不用新增样本学生数据。同时，有10名基线样本学生，第二期数据显示去向不明，所以，删除这10名学生的相关数据。也就是说基线数据收集了118所样本学校、345个样本班的12 071个样本学生的数据。

---

① 国家统计局. 中等职业教育招生. https://data.stats.gov.cn/easyquery.htm?cn=C01.（2014-09-15）［2020-06-20］.

（三）数据收集

1. 基线调查

2013年秋季学期，我们对样本学生和样本学校校长进行了基线调查。校长问卷包括学校层面的一系列问题，具体有学校的办学性质（公办或民办）、学校的上级管理部门（教育部门或省人力资源和社会保障部门）、是否为示范校、在校生数（2013年6月全日制在校生人数）、生师比、教师学历、专业教师比例、生均教育经费等。

学生问卷包括两个部分。第一部分关于学生的职业技能和一般技能：两个标准化测试，一个测试他们的专业技能（计算机测试或者数控测试），另一个测试他们的文化基础知识（数学测试），测试的内容基于教育部、人力资源和社会保障部建立的课程标准。河南大学教育行动国际研究中心、农村教育行动计划（Rural Education Action Program，REAP）团队与考试专家及专业教学人员合作，为不同专业不同年级的学生设计了不同的测试卷。为保证试卷的效度、信度和区分度，进行了大范围、大样本的试测。尽管每份试卷的具体试题不同，但根据国际通行做法，运用这样的试卷得出的同一学生在学年初和学年末的两次测试成绩差异可以被认定为其在该学年的学习所得。为了保证测试质量，在测试过程中，调研员对同一班级不同列的学生分别发放A卷和B卷，以避免抄袭现象，并规范考试指导语，严格控制考场纪律和考试时间，以保证考试的标准化和真实性。

第二部分包括两个模块：一是学生背景特征的基本信息，包括性别、年龄、民族、学历背景（是否完成了初中学业）、在校行为表现、父母的受教育程度、家庭经济背景（家庭耐用资产清单）等；二是非认知能力方面的信息，使用具有国际影响的宾夕法尼亚大学Duckworth教授编制的简式毅力问卷（Short Grit Scale，Grit-S）测量学生的毅力品质[①]，结合大五人格量表中的尽责心特质重新构造责任感的代理指标测量学生的责任感，使用在Matthias Jerusalem 和 Ralf Schwarzer编制的一般自我效能感（general self-efficacy scale，GSES）基础上进行修订的中文版GSES测量学生的一般自我效能感。[②] 此外，询问中职学生好朋友数量测量学生的社会性。

---

① Duckworth A L，Quinn P D. Development and validation of the short grit scale（Grit-S）. Journal of Personality Assessment，2009，91（2）：166-174.

② Zhang J X，Schwarzer R. Measuring optimistic self-beliefs: A Chinese adaptation of the General Self-Efficacy Scale. Psychologia An International Journal of Psychology in the Orient，1995，38（3）：174-181.

2. 中期调查

2014年4月（临近学年结束），我们回到样本学校，进行了中期调查。除了测试学生的职业技能和一般技能外，在学生问卷中增加了四个模块。第一模块是请学生自己评价他们知识和技能增进情况。第二模块是询问学生是否见过同学有一些不良班级行为，具体包括是否看到同学考试作弊、逃课、抄作业、和老师顶嘴；是否见过同学参与不良社会行为，具体包括是否看到同学打架、敲诈勒索、欺负同学。还有一组问题是询问同龄人中是否有危害健康的行为，例如饮酒、吸烟等。我们还收集了学生每天使用电脑或者手机的时间，请学生自述在调研的前一周，他们使用电脑或者手机来娱乐（如玩游戏、聊天或看视频）的时间、学习的时间。第三模块是收集学生实习经历的详细信息。我们询问学生在本学年（2013年10月至调研时）是否参加过一个或多个实习，如果参加过实习，继续询问他们最近一次实习经历的详细情况。具体包括实习期间是否有指导老师跟随，是否有学校老师询问过实习情况，实习工作是否与所学专业对口，是否愿意把这个实习工作推荐给其他同学等。第四模块是询问学生对中等职业教育的态度，即他们在中职学校学习的满意程度，这个问题有4个选项：1=非常满意，2=比较满意，3=比较不满意，4=非常不满意。在对这个数据进行处理时，创建了一个二进制变量，如果学生选择1或者2，此二进制变量等于1，否则等于0。此外，使用具有国际影响的美国匹兹堡大学Kimberly Young教授编制的杨氏网瘾诊断量表（Young Internet Addiction Scale），测量学生的坚毅性品质和网瘾情况。

2013年秋季，我们收集了118所中职学校计算机和数控两个专业一年级和二年级学生的数据，当时有12 071名学生参加了调查。在第二次追访时（2014年春季），8067人参与了我们的研究，4004名学生未完成学生问卷或者测试卷。为了了解基线调研的所有样本学生在第二次追访时的去向，我们分班级制作了学生去向表，这个表是所有完成基线调研的学生名单。调研时，调研员首先询问每个班的班长名单上每个学生的去向（在学校参加调研、请假、转校、实习或者流失），对个别学生的去向有疑问时，调研员就通过询问同班同学或班主任、给学生本人或其父母打电话等多种方式来确定此学生的去向。我们注意到，样本流失率较高，总结起来有3个原因：①流失率；②评估调研时，一些学生去参加实习，因此不在学校；③转校，或者因身体不舒服等原因暂时请假，调研当天不在学校。在未完成学生问卷或者测试卷的学生中，1469名学生流失，1584名学生实习，28名学生转校，923名学生请假。

3. 终期调查

2015年4月，我们第三次进入样本学校，此时基线的一年级学生处于二年级末，基线的二年级学生已经临近毕业，除了调查原样本中一年级（现在的二年级）学生，又重新对现在一年级末的班级进行抽样调查。

在学生调查部分，除了继续测试他们的专业技能和一般技能，学生问卷新增了两个模块：一是师生互动，我们请学生自主报告了上学期与老师的聊天次数、老师对学生的关心程度（1=很关心，2=关心，3=不关心，4=很不关心）、遇到困难是否会主动联系老师、老师讲课风格等信息；二是上专业课和文化基础课的情况，同样采用自主报告的形式收集了老师布置作业次数、个人交作业次数、完成作业花费时间、缺课次数等信息。

4. 补充调查

2016年5月，我们第四次去到样本学校，对2015年新增的一年级（此时是二年级末）学生进行调查。我们依然测试了学生的职业技能和一般技能，在学生问卷中新增了两个模块：一是询问学生是否参加过职业技能大赛的备赛训练活动，是否参加过职业技能大赛；二是自我专业技能评价量表。

（四）变量选择

1. 认知能力变量选取

认知能力测试选取了数学和专业两门测试成绩。之所以选择数学是因为数学是一门国际性的学科，是高中阶段学生必修的文化基础学科之一，学习数学可以锻炼人的逻辑思维能力。并且，数学是一种工具学科，是一切科学的基础，是学习其他学科的基础。《2012全民教育全球监测报告：青年与技能——拉近教育与就业的距离》确定了所有年轻人要具备的三类主要技能——基本技能、可转移技能、技术和职业技能，其中基本技能包括满足其日常所需的识字和计算能力。PISA对学生掌握的社会需要的知识和技能进行测试，测试项目之一就是数学素养。所以，我们用数学作为一般技能的代理变量。数学是中职学生的必修文化基础课，数学成绩在一定程度上可以代表中职学生的一般技能获得情况。

另外，我们用专业测试成绩作为中职学生职业技能的代理变量。职业技能被视为中职教育的关键目标，职业教育是以技能为中心的综合职业能力教育，在职业学校中，文化知识是基础，职业技能是本质和特征。鉴于大规模数据的可得性，我们不可能用实践操作来代替专业知识测试，于是在专业知识测试题中，我们增加了体现实践操作技能的题目，从中既能测出学生的专业理论知识掌握情况，又能看出学生实践技能掌握情况。

为了保证两门测试题目能够代表中职学生应当在高中阶段获得的知识和技能，我们采用了一个多步骤的方法来构建数学和专业测试题。第一，使用国家和省级的中职学校课程标准来定义考试的内容领域。然后通过官方渠道收集了135个数学题目、162个计算机题目和164个数控题目。第二，为了进一步验证试题是否与中职学校的实际课程内容相符，我们请教了28名中职学校教师的意见。第三，根据教师的反馈，从原有的题目中选出一些题，对这些题目进行初步测试，于2013年9月对1000多名中职学生进行了一轮测试。对试测数据的分析后，过滤掉那些代表性较差的题目。试测之后，我们利用项目反应理论（item response theory，IRT），最终设计了可以等值换算的基准考试和终点考试，以期我们精心挑选过的测试题在保证测试的可靠性的同时，保持测试题目在不同课程上的平衡性。

除了采用当场测试的方式测验学生的认知能力发展情况，我们还采用主诉的方式，请学生回答自己数学和专业能力在一学年的变化情况。具体题目为"跟去年10月（学年初）相比，您感觉您现在的数学（专业）能力怎么样"，有5个选项：1=比以前好很多，2=比以前好一点，3=没有变化，4=比以前差一点，5=比以前差很多。

2. 非认知能力变量选取

结合本章的数据条件，具体变量设计如下。

1）毅力品质。"毅力品质"（grit）最早由美国宾夕法尼亚大学心理学家Duckworth等提出，Grit量表开始有27个题目，后来简化为12个。[1] Duckworth和Quinn在2009年研制了简式毅力问卷[2]（Short Grit Scale，Grit–S），Grit–S共有8个题目，采用李克特5等级评分标准，其 α 系数为0.68。

2）尽责心。尽责心的测量包括以下题目："工作很周密，可能有些粗心，是个可信赖的人，倾向于缺乏条理，比较懒惰，坚持到任务完成，做事有效率，制定计划并加以贯彻，容易分心"等9个题目，同样采用5级计分标准，其 α 系数为0.71。

3）一般自我效能感。一般自我效能感量表最早由Matthias Jerusalem和Ralf

① Duckworth A L, Peterson C, Matthews M D, et al. Grit: Perseverance and passion for long-term goals. Journal of Personality and Social Psychology，2007，92（6）：1087-1101.

② Duckworth A L, Quinn P D. Development and validation of the short grit scale（Grit-S）. Journal of Personality Assessment，2009，91（2）：166-174.

Schwarzer编制，本节研究使用张建新和Schwarzer编制的中文版一般自我效能感量表[①]，采用李克特4点计分法，其α系数为0.87。

4）社会性。将样本学生自报的好朋友数量作为测量中职学生社会性的代理变量。在Pettit等[②]和Gong等[③]的研究中也将"好朋友的数量"作为非认知能力中社会交往的代理变量。

5）自律。使用是否抽烟、喝酒、使用手机或电脑电子设备娱乐时长、交作业、缺课等数据进行衡量。抽烟、喝酒发生为1，否则取0；上课使用手机或电脑等电子设备娱乐时长大于0取1，否则取0；作业包含数学课作业与专业课专业，交作业次数与布置作业次数相比，交作业的次数小于布置作业次数时取1，否则取0；缺课次数包含缺数学课次数与缺专业课次数，逃课发生取1，否则取0。

6）满意度。满意度包括对中职学校学习的满意度和实习满意度。以学生对中职学习的满意程度作为学生对中职学校满意程度的度量（选择非常满意和比较满意赋值为1，否则赋值为0）；以学生是否会推荐同专业学生到自己最近一次实习的单位参加实习作为实习满意度的代理变量（是=1，否=0）。

（五）研究方法

本节研究主要采用调查法来采集样本学生的发展数据，具体调查方式有问卷、测量和访谈。

问卷法分为学校问卷、学生问卷和学生测试卷三个模块。学校问卷主要收集学校资质、财务收支、物质设施、师资配备等基本信息，以及学校负责人对学生发展状况的评价；学生问卷主要收集学生的个人基本信息、在校行为表现、求学与工作经历，父母及家庭基本信息等；测试卷主要用于收集样本学生的基础知识和专业知识成绩。为了科学地度量学生的学习所得，所有测试卷均基于IRT进行编制。

测量法主要使用具有宾夕法尼亚大学 Duckworth教授编制的Grit-S测量学生的吃苦耐劳品质；使用美国匹兹堡大学Young教授编制的杨氏网瘾诊断量表，测量了网瘾情况；使用德国柏林自由大学Schwarzer教授编制的自我效能感一般量

① Zhang J X，Schwarzer R. Measuring optimistic self-beliefs：A Chinese adaptation of the General Self-Efficacy Scale. Psychologia An International Journal of Psychology in the Orient，1995，38（3）：174-181.

② Pettit G S，Erath S A，Lansford J E，et al. Dimensions of social capital and life adjustment in the transition to early adulthood. International Journal of Behavioral Development，2011，35（6）：482-489.

③ Gong X，D Xu，Han W J. The effects of preschool attendance on adolescent outcomes in rural China. Early Childhood Research Quarterly，2016，37（1）：140-152.

表（General Self-Efficacy Scale）测量自我效能感；使用美国麻省理工学院Costa和McCrae教授编制的大五人格量表测量责任心。

访谈法主要是通过电话或微信对毕业生进行半结构化访谈，以获取样本学生就业状况信息。

三、数据统计与分析

（一）分析方法

第一，通过比较他们的基线考试成绩和期末考试成绩，计算每个学生在一般技能和职业技能上的绝对增长。第二，采用两个步骤检验学生的职业技能和一般技能是否有显著提高。此外，我们通过学生自我报告和职业技能进步幅度再进一步检验一般技能和职业技能的增长情况。

我们计算样本均值来描述中职学校学生：①毅力品质表现情况；②尽责心情况；③一般自我效能感情况；④社会性情况；⑤自律行为表现情况；⑥自我报告对中职学校和实习的满意度。

我们采用两个步骤来检验学生的非认知能力是否有显著提高：①计算在中职学校的前两年学生非认知能力的相对增长；②利用t检验计算相对增长是否显著。

（二）样本学生发展现状

1. 样本学生基本情况

基线样本学生中，从年级和专业来看，一年级占59%，计算机专业学生占64%。从学生个体人口学特征来看，72%为男生，98%为汉族，87%是农村户籍学生。从家庭基本特征来看，超过一半的学生家庭经济状况在均值以下；从父母受教育程度看，父亲、母亲学历是高中及以上的分别占17%和13%，平均来说，父亲的受教育程度高于母亲。从样本学生就读的学校来看，近八成学生就读于公办学校，超过五成的学生在国家示范校上学。样本学生的基本信息如表7-1所示。

表7-1　样本学生基本信息

	比较项	观察值	均值	标准差	最小值	最大值
变量	年级（一年级=1）	12 071	0.59	0.49	0	1
	专业（计算机=1）	12 071	0.64	0.48	0	1
	基线数学成绩	12 061	497.10	48.00	233.60	735.30
	基线专业成绩	10 230	495.36	45.66	199.33	666.96

续表

	比较项	观察值	均值	标准差	最小值	最大值
个人基本特征	性别（男=1）	12 069	0.72	0.45	0	1
	年龄	12 024	17.54	1.56	13.01	48.02
	民族（汉族=1）	12 066	0.98	0.13	0	1
	户口（农村=1）	12 061	0.87	0.33	0	1
	是否参加中考（是=1）	12 043	0.62	0.48	0	1
	是否上过普高（是=1）	12 013	0.10	0.30	0	1
	是否工作过（是=1）	12 013	0.11	0.32	0	1
	是否全日制学生（是=1）	12 063	0.92	0.27	0	1
	是否五年制学生（是=1）	12 066	0.16	0.36	0	1
	学业匹配概率	8 055	52.07	23.77	0	100
	月薪期望对数	11 980	7.63	0.47	0	9.62
家庭基本特征	家庭经济状况（最差=0，最好=14）	12 040	8.23	3.15	0	14
	父亲是否高中及以上学历（是=1）	11 750	0.17	0.38	0	1
	母亲是否高中及以上学历（是=1）	11 718	0.13	0.34	0	1
	母亲是否在家（是=1）	12 071	0.81	0.39	0	1
	父亲是否在家（是=1）	12 070	0.65	0.48	0	1
学校基本特征	办学性质（公办=1）	11 881	0.79	0.41	0	1
	是否示范校（是=1）	11 935	0.54	0.50	0	1
	学校规模对数	11 777	7.31	0.91	4.79	9.68
	生均教学仪器设备值对数	11 473	10.39	1.39	5.36	13.02
	生均实训设备值对数	10 947	6.71	1.56	3.43	10.34
	双师型教师比例	11 343	0.91	4.10	0	37
	外聘教师比例	11 935	0.21	0.25	0	1
	本科学历以上教师比例	10 771	0.82	0.22	0.05	1
	专业教师比例	11 143	1.04	3.9	0.16	35
	师生比	11 935	0.11	0.13	0.01	0.96

2. 学生认知发展状况

样本中有两个专业和两个年级的测试分数，原始测试分不能反映学生间差异，不同学科的原始分也不能加减。为了使两个年级和两个专业分数可比，先把原始成绩转换为标准分（Z分数），转换后分数之间等距，可以作加减运算。但转换后的标准分（Z分数）有小数，而且会出现负值，实际使用时不太方便，所以我们对标准分进行线性转换，以平均分为500、标准差为50进行线性转换，转换后的分数不改变原始分的分布形状和位置次数。

（1）数学和专业成绩有进步但进步不明显

从基线到中期，分两步来检查中职学生专业技能和文化基础知识是否有了明显改进。学生的测试成绩呈现对数分度图形式，为了便于理解，本节研究将分数转换为1000分（教育评估文献中常见的做法）。①计算每名学生从基线到中期专业知识测试成绩和文化基础知识测试成绩的绝对增长分数（评估调研测试成绩减去基线调研测试成绩）；②用 t 检验来检测学生的成绩增进是否显著。

样本学生2013—2014学年数学和专业知识增进情况如表7-2所示。学生专业知识成绩平均增长了10.6分，文化基础知识成绩平均增长5.0分，有10.1%的学生在2013—2014学年专业知识成绩取得显著进步，8.9%的学生文化基础知识成绩取得了明显进步。虽然有89.9%的中职学生在该学年专业知识成绩增长不明显，有91.1%的中职学生文化基础知识成绩增长不明显，但总体上成绩还是有所提高。

表7-2　2013—2014学年专业知识和文化基础知识的增进情况

专业	年级	专业知识成绩		文化基础知识成绩	
		平均增长分数（总分=1000）	分数增长显著的学生比例/%	平均增长分数（总分=1000）	分数增长显著的学生比例/%
计算机	一	9.1	10.0	6.4	10.2
	二	11.4	10.3	4.8	8.1
数控	一	—[a]	—	4.6	9.1
	二	14.2	10.1	1.3	5.9
合计		10.6	10.1	5.0	8.9

注：a 基线调研时，数控一年级学生刚入学，没有学习专业课，所以无法测定这一学年的专业技能增进。

按年级来看知识的增进情况，发现计算机专业二年级的学生专业成绩平均增长分数比一年级高2.3分，专业成绩进步明显的学生比一年级高0.3个百分点。但是在文化基础知识方面，无论是计算机还是数控专业，一年级成绩平均增进幅度都明显高于二年级学生，且一年级分数增长显著的学生比例也高于二年级，计算机专业二年级分数增长显著的学生比例比一年级低2.1个百分点，数控专业二年级分数增长显著的学生比例比一年级低3.2个百分点。这说明了以就业为导向的中职教育，相比文化基础教育，对专业教育更为重视。

（2）自我报告专业能力进步较大

表 7-3 是样本学生自我报告的 2013—2014 学年数学和专业能力变化情况。46.11% 的学生认为自己学年末的数学能力好于学年初，81.88% 的学生认为自己学年末的专业能力较学年初的专业能力好。在文化基础和专业能力进步对比上，这样的结果与测试成绩一致，与文化基础知识相比，专业知识增进更多。

按年级来看，在专业能力变化方面，数控专业二年级 90.63% 的学生认为自己专业能力比以前（学年初）好，高于一年级的 78.48%；计算机则相反，81.99% 的一年级学生认为自己的专业能力比以前好，在人数比例上比二年级高了 1.81 个百分点。在数学能力变化方面，经过一学年的学习，一年级计算机和数控专业分别有 42.93% 和 54.85% 的学生认为自己的数学能力提高了，占比均高于各专业的二年级学生。这意味着经过一个学年的学习，有更多的人认为自己数学能力没有改变甚至有所退步。这样的结果，与测试成绩显现出来的结果相似。

表 7-3　2013—2014 学年学生自我报告数学和专业能力变化情况

专业	年级	数学能力变化		专业能力变化	
		比以前好	比例/%	比以前好	比例/%
计算机	一	1454	42.93	2777	81.99
	二	750	41.53	1448	80.18
数控	一	1012	54.85	1448	78.48
	二	501	48.93	928	90.63
合计		3717	46.11	6601	81.88

3. 学生非认知发展状况

（1）毅力品质增长明显

2013 年 10 月，一年级刚进入中职学校，二年级已经在校学习一年，用二年级的毅力品质得分减去一年级的毅力品质得分，可视为学生在中职学校经过一学年的学习，毅力品质得分的相对增长。

我们发现，二年级的毅力得分高于一年级。计算机专业二年级毅力得分比一年级高 0.03 分，数控专业二年级比一年级高 0.06 分。用 t 值来推断两个年级的差异发展的概率，从而判断两个年级毅力品质得分平均数的差异是否显著，结果如表 7-4 所示，两个年级差异显著。根据本项目组另外一项在大型企业的调研数据，Grit 是与企业对员工的肯定性评价具有最稳定的正相关关系的优秀品质，可以看出中职学校教育对学生毅力品质有正向影响。

表7-4 样本学生毅力品质得分

专业	年级	毅力品质得分		相对增长	t
		观察值	量表得分	二年级—一年级	
计算机	一	4 679	3.47	0.03	2.54**
	二	3 091	3.50		
数控	一	2 473	3.50	0.06	4.38***
	二	1 826	3.56		
合计		12 069	3.50	0.04	3.70***

** $p < 0.05$,*** $p < 0.01$,余同。

（2）尽责心得分无显著差异

表7-5是样本学生尽责心得分。数据显示，计算机专业学生尽责心得分低于均值，数控专业学生尽责心得分较高。尽管数控专业学生各年级得分高于均值3.52，但是一年级和二年级没有显著差异。尽责心量表可靠性系数为0.71，根据我们的数据可以看出，不论是总体上，还是分年级、专业，中职学生在学校的前两年尽责心品质没有显著改善，基本保持不变。

表7-5 样本学生尽责心得分

专业	年级	尽责心得分		相对增长	t
		观察值	量表得分	二年级—一年级	
计算机	一	4 679	3.49	0.02	1.44
	二	3 091	3.51		
数控	一	2 473	3.57	0	0.01
	二	1 826	3.57		
合计		12 069	3.52	0.01	1.05

（3）一般自我效能感得分显著提高

表7-6是样本学生一般自我效能感得分。总体来看，样本学生在GSES上得分均值为2.61，其中男生得分为2.68，女生得分为2.44。中职学生和大学生一样接受的是专业教育，但属于高中阶段学生。我国男女大学生在GSES上的得分分别为2.69和2.55，男女高中生的得分为2.52和2.39。[1]从这个数字来看，中职学生GSES得分低于男女大学生，高于男女高中生，并且，中职男学生仅比大学男生

---

[1] 王才康，胡中锋，刘勇. 一般自我效能感量表的信度和效度研究. 应用心理学，2001，7（1）：37-40.

低0.01分，却比高中生高0.17分。

表7-6　样本学生一般自我效能感得分

| 专业 | 年级 | 一般自我效能感得分 | | 相对增长 | t |
		观察值	量表得分	二年级-一年级	
计算机	一	4 677	2.58	0.03	3.40***
	二	3 091	2.61		
数控	一	2 473	2.63	0.03	2.70***
	二	1 826	2.66		
合计		12 067	2.61	0.04	3.45***

分年级来看，总体上二年级在GSES上的得分（2.63）高于一年级（2.59），且二者差异显著。计算机专业和数控专业二年级一般自我效能感得分都显著高于一年级。但从中我们也发现，计算机专业学生一般自我效能感得分显著低于数控专业。这可能是因为计算机专业女生更多（总体女生的93.66），拉低了总体均值。总之，经过两年的在校学习，中职学生在一般自我效能感方面取得了明显进步。

（4）社会性较强

我们将学生自报的好朋友个数作为社会性的指标，为了保证数据的真实有效，我们以实名制的形式请学生写下好朋友的名字。数据结果如表7-7所示。调查发现有28个学生没有朋友，平均来看，每个学生有4.3个朋友。分年级来看，两个专业一、二年级学生平均拥有的好朋友数量都很接近，两个年级之间没有显著差异。这说明，中职学生的交友比较固定，不会随着年级的升高而拥有越来越多的朋友，同伴群体一旦形成，不会轻易改变。

表7-7　学生自报的好朋友数量

| 专业 | 年级 | 好朋友数量 | | 相对增长 | t |
		观察值	均值	二年级-一年级	
计算机	一	3387	4.29	0	−0.01
	二	1806	4.29		
数控	一	1845	4.40	−0.03	−0.47
	二	1025	4.37		
合计		8063	4.33	−0.01	−0.22

（5）自律意识有待提高

Duckworth和Seligman通过对八年级学生的跟踪研究发现，自律比智商更能预测青少年的学习成绩，指出学生缺乏智力的一个主要原因是他们缺乏自律。[①] Cawley等通过对劳动力市场上高中辍学生的调查研究发现，高中辍学生和毕业生的认知能力没有显著差异，但他们的收入却处于较低水平，经过分析发现工资水平较高的人往往是那些有自律意识的人，他们遵守规则，按时上课，不滥用毒品和酒精。[②]

样本数据结果如表7-8所示。总体来看，上课玩手机人数比例最高，他们在上课时使用手机玩游戏、聊天或者看视频。12.81%的学生报告说在距离调研最近的一周至少抽过一次烟，其中超过一半的学生每天至少抽烟一次；7.98%的学生上周至少喝过一次酒，比吸烟情况稍好一点的是，只有6.22%的学生一天至少喝一次酒。2015年进行学生调查时，我们增加了对上课情况的调查，此时样本二年级的学生已经临近毕业，几乎全部在实习，所以无法获取他们上课情况的数据。根据已获得的数据，我们发现不交作业和旷课的学生根据课程有所不同，两方面都是数学课的情况优于专业课。

表7-8　自律意识差的学生比例　　　　　　　　单位：%

专业	年级	抽烟	喝酒	上课玩手机	不交数学作业	不交专业作业	旷数学课	旷专业课
计算机	一	10.72	7.92	56.01	9.11	11.73	8.61	11.68
	二	11.02	6.76	54.56	—[a]	—	—	—
数控	一	14.96	8.09	38.57	5.07	10.43	6.76	8.61
	二	18.96	10.16	40.82	—	—	—	—
合计		12.81	7.98	49.76	7.73	11.24	7.98	10.52

注：a交作业和缺课情况为2015年收集的基线一年级学生的数据，此时基线二年级学生已毕业。

分年级来看，两个专业二年级抽烟学生比例高于一年级，数控专业二年级喝酒和上课玩手机的学生比例都高于一年级，而计算机专业则是二年级情况有所改善，喝酒和上课玩手机的学生相对较少。此外，我们发现数控专业虽然抽烟、喝酒比例较计算机专业高，但他们上课玩手机、不交作业和旷课情况较计算机专业稍好。

（6）满意度不高

表7-9是样本学生对中职学校学习和实习的满意度。超过一半的学生对中职

① Duckworth A L，Seligman M E P. Self-discipline outdoes IQ in predicting academic performance of adolescents. Psychological Science，2005，16（12）：939-944.

② Cawley J，Heckman J，Vytlacil E. Three observations on wages and measured cognitive ability. Labour Economics，2001，8（4）：419-442.

学校的学习和实习感到满意，对中职学校学习经历满意度高于对实习的满意度。分年级来看，二年级的学习和实习满意度都低于一年级，尤其是实习满意度，计算机和数控专业二年级分别比一年级低12.41和11.19个百分点。

表7-9　样本学生对中职学校学习和实习的满意度

专业	年级	学习满意度		实习满意度	
		观察值	满意比例/%	观察值	满意比例/%
计算机	一	1941	57.32	283	54.84
	二	1030	57.06	241	42.43
数控	一	1041	56.42	232	59.64
	二	556	54.3	189	48.46
合计		4568	56.67	1863	50.72

（三）顶岗实习情况

1. 实习违反政策要求现象严重

在实习方面，中职学校没有遵守政府关于确保学生安全和福利的基本要求。《职业学校学生实习管理规定》明确规定，不得安排、接收一年级在校学生顶岗实习。但是，计算机和数控专业一年级参加实习的比例分别为12.9%和18.2%。《职业学校学生实习管理规定》同时明确要求，不得安排未满16周岁的学生跟岗实习、顶岗实习。而我们的调查数据显示，参加实习的一年级学生中，计算机和数控专业分别有13.5%、15.1%的学生实习时未满16周岁；计算机和数控专业二年级学生中，有极小部分（约1%）在最近一次实习时还未满16周岁。两个专业两个年级整体来看，有7.4%的学生实习时未满16周岁。

除了年级和年龄限制外，《职业学校学生实习管理规定》规定，职业学校应当选派实习指导教师与企业选派的专门人员一起全程指导、管理学生实习；且对于自行选择顶岗实习单位的学生，学校也要安排实习教师指导实习，跟踪了解学生实习情况。但根据我们的数据，39.0%的学生说在实习时没有指导教师陪伴，35.6%的学生说老师没有询问过他们的实习情况。分年级来看，一年级没有指导教师的比例（计算机为39.9%，数控为35.8%）低于二年级（计算机为41.8%，数控为37.1%），但二者之间的差异不显著（$p>0.1$）。

2. 实习与专业对口率低

表7-10描述了中职学生的实习情况。对中职学生"实习岗位与所学专业是否对口"的调查结果显示，68.2%的学生实习岗位与所学专业不对口。毕业生访谈中，学生谈道，"中职毕业生缺乏实践，学校给学生找的实习单位都不对口"，"在我那个学校，我们选专业之后，我们班学习还很好，觉得实习会很好，结果学校挂羊头卖狗肉，把我们送到了电子厂，不去实习不发毕业证，工作内容跟我们学习的一点都不相关，他们就是打破了别人对学习的向往，我们想去学点东西，但是他们却这样做"。实习的初衷是在中职学生基本完成教学实习和学过大部分基础课程之后，到专业对口的现场直接参与生产过程，综合运用本专业所学的知识技能，完成一定的生产任务，并进一步获得感性认识，掌握操作技能，学习企业管理，养成正确劳动态度。如果实习与专业不相关，也就无法讨论通过实习提高专业技能。

表7-10　样本学生参加实习情况　　　　　　单位：%

专业	年级	有实习经历	实习时未满16岁	不推荐给同学	专业不对口	没有指导教师	没有询问过实习情况	实习单位没有培训活动
计算机	一	12.9	13.5	45.8	65.5	39.9	33.9	28.2
	二	42.5	1.1	58.0	78.1	41.8	41.4	37.4
数控	一	18.2	15.1	41.1	59.1	35.8	31.2	32.5
	二	55.0	1.0	51.4	66.3	37.1	33.7	33.4
合计		28.0	7.4	49.7	68.2	39.0	35.6	33.0

3. 实习满意度较低

在我们的调查样本中，近1/3的学生在中职学校的第一年或第二年实习过。基线调研时的12 071名样本学生，1794名学生汇报他们参加过实习；评估调研时，基线样本学生中的1584名正在实习。根据调查数据，在中职学校的前两年有28.0%的学生参加过实习。顶岗实习是中职教育的重要组成部分，是增加学生综合能力的基本环节，1/3的中职学生在入学后的前两年参加实习表明了中职学校对实习的重视，学生实习经验丰富。我们以"是否会把实习单位推荐给同学"的回答情况来衡量实习满意度，结果显示，近半数（49.7%）学生不会把实习单位推荐给同学。

4. 实习没有帮助学生获得一般技能和职业技能

为了考察实习对中职学生一般技能和职业技能的影响，一方面我们使用学生自我评价的方法测试了学生的实践能力，发现有实习经历的学生与没有实习经历的学生没有任何差异（$t=1.21$）。另一方面，在控制学生个人和家庭的基本特征，以及基线调研时的各类测量分数的情况的基础上，使用多元线性回归模型科学评价实习经历对学生认知和非认知发展的影响，回归结果如表7-11所示：①在数学成绩增进方面，有实习经历和没有实习经历的学生没有显著区别，但系数为负数（$\beta=-0.021$）；②在专业成绩增进、吃苦耐劳品质提升方面，参加过实习的学生均显著低于没有参加实习的学生（$\beta=-0.050*$，$\beta=-0.052*$），这说明参加过实习的学生在专业知识技能进步、优秀心理品质养成方面不如没有实习经历的学生；③在不良行为发生率方面，参加过实习的学生显著高于没有参加实习的学生（$\beta=0.139**$），这说明，有过实习经历的学生更容易表现出不良行为。

表7-11 实习对认知发展和非认知发展的影响

变量	认知发展		非认知发展	
	数学测试标准分	专业测试标准分	吃苦耐劳品质标准分	不良行为发生率
实习生	−0.021	−0.050*	−0.052*	0.139**
	（0.032）	（0.028）	（0.029）	（0.054）
常数	−1.041***	−0.974***	−3.058***	−0.854***
	（0.202）	（0.220）	（0.213）	（0.276）
观测值	9131	9131	9131	9131
控制变量	第一类：专业、年级； 第二类：基线数学成绩和专业成绩、基线的吃苦耐劳测验分数； 第三类：性别、年龄、种族、户口类型（是否农村户口）； 第四类：学习经历（包括上中职前是否上过普高、上中职前是否工作超过半年、到中职学校的时间、是否全日制学生、是否五年制学生）； 第五类：家庭经济状况、父母的受教育水平、父母是否在家			

注：括号内为标准误差。*$p<0.1$，余同。

综合分析可知，顶岗实习对中职学生的基础知识学习、专业知识技能和实践能力提升以及优良品质的养成和不良行为的控制，均没有表现出显著的促进作用。学生的实习经验虽然丰富，但近半数学生对实习不满意。

四、干预实验设计与推进

通过对比分析，项目组发现，尽管学校间存在较大差异，但总体看来，在近一个学年内，中职学生专业知识增长不明显，文化基础知识普遍没有进步，实习岗位与所学专业严重不对口，学生流失率平均高达30%。

基于以上研究发现，项目组一方面进一步访谈了326位辍学学生以获得他们对中职教育的质性评价；另一方面运用准实验法，对国家颁行的"双师型教师队伍建设""示范学校建设""中职教育免费"等旨在促进中职教育质量提升的政策进行评价分析。结果发现："双师型"教师队伍建设方面，有实践经验的教师能够显著促进学生学业进步，但囿于"双师型"理解和操作存在偏差，样本校"双师型"教师比例与其学生发展水平之间并不存在显著正相关关系；示范学校建设方面，示范学校拥有明显的资源优势，但短期内并未显示出显著的人才培养优势；免费政策方面，中职教育免费后，并未有效地控制生源滑坡的局面，同时在一定程度上也遭遇以劣质教育惠及弱势群体的质疑，政策的效率和公平目标未能很好地实现。

基于这些认识，尤其是通过对中职示范校遴选标准和监测指标的深入分析，项目组发现，现有中职教育质量评价体系是以资源占有为主的投入型指标体系，这种评价一定程度上驱动了中职学校重投入、轻产出，重招生、轻培养的发展定位。在此基础上项目组提出了一个理论假设，即如果我们用以学生发展为核心的产出型评价指标体系对中职学校进行干预，有可能促进中职学校重视人才培养质量。为检验这个假设，项目组设计了随机干预实验，并获得了河南省教育厅和电子行业公民联盟（Electronic Industry Citizenship Coalition，EICC）的大力支持。

我们对中职学校人才培养质量的评估主要有两个方面。一是学生发展水平评估。要求学生能完成学业，在专业知识和文化基础知识上有所进步，并具有良好的品行。具体评价指标及评价要求如表7-12所示。

表7-12　学生发展水平评估评价指标及评价要求

评价指标	评价要求
专业知识及格	样本学生的专业知识测试，平均成绩达到60分
专业知识进步	样本学生的专业测试成绩，本学年比上学年有5分以上的提升
文化基础知识及格	样本学生的语文、数学或英语等科目的抽样测试（将随机抽取一个科目），平均成绩达到60分
文化基础知识进步	样本学生的语文、数学或英语等科目的抽样测试成绩（将随机抽取一个科目），本学年比上学年有5分以上的提升
辍学率	样本中的辍学生（已经不在学校就学，长期旷课，或已经开始打工的学生）占样本学生总数的比例
品行	包括学生的思想品德、心理品质和行为规范，重点是学生的责任心、意志力、自尊自信与行为表现。我们会通过评估这些内容给每个学校一个综合的学生品行评分

二是学生实习情况评估。要求实习安排符合国家有关规定，并适应企业的要求。具体评价指标及评价要求如表7-13所示。

表7-13　学生实习情况评估评价指标及评价要求

评价指标	评价要求
顶岗实习最低年龄	年龄不得低于16岁
实习指导教师制度	实习期间应有带队老师驻厂对学生进行管理和督导，确保实习对学生的教育作用，确保学生安全和行为规范
安全和保障	要为实习学生购买意外伤害保险等相关保险； 学校和企业应当签订协议明确保险覆盖范围
实习费用	学生不能为参加实习而支付费用； 实习期间工时和实习补贴支付要给予学生个人，学校不能代收，也不能代扣学费
不得委托中介	不能通过中介安排学生实习岗位； 不能以任何方式给予中介回扣

2014年10月，依据2013—2014学年的样本数据，项目组将118所样本学校随机匹配为59所干预组学校和59所控制组学校。针对干预组学校，由省教育厅和项目组联合召开了干预试验动员会。为使干预组学校重视此次评估，教育厅以红头文件形式发布会议通知。

动员会上，项目组给干预组学校详细讲解了以学生发展为主的质量评价体系与以往评价体系的区别，阐述了新评价体系的核心指标及评价要点，明确了项目组要再次进校评估的时间节点。同时，依据2013—2014学年的调研数据，项目组给每一所干预组学校提供了个性化的评估报告，以利于干预组学校能够在原有基础上进行针对性改进。

如果评估结果显示学校达到各项指标的要求，学校会被认定为"质量优秀"的学校。具体操作程序如下：

1）认定时间：2015年5—8月。

2）认定方式：认定是一个数据分析的过程，我们的专家团队，将会对每一个学生、每一所学校的所有数据进行规范化分析：将这个学年的评估数据（2015年4月）与上个学年的两次评估数据（2013年10月与2014年4月）进行对比分析，以判断试点学校在人才培养质量方面是否达到"质量优秀"学校的标准。"质量优秀"的学校没有额定比例，达到标准的学校都会被认定为"质量优秀"学校，因此每个学校只要狠抓育人质量，都有可能获得"质量优秀"的认证。

3）认定结果：我们将根据数据结果，给每一所学校开具一份"评估报告"。质量达标、进步明显的学校将被认证为"质量优秀"学校，并被授予"质量优秀"牌匾；所有学校的"评估报告"将被送达教育厅职成教处，供政府参考；所有"质量优秀"学校的名单将被送达EICC，并协助这些"质优"学校与EICC联盟及其旗下的企业建立正式的校企合作关系。对于质量最差的学校，我们将会向教育厅提出要求这些学校进行"整改"的建议。

4）认定重点：学生发展水平和实习情况。

5）认定指标：如下，获得"质量优秀"学校需要符合以下具体认定指标：

第一，学生发展水平：各项指标加总得分高于70分（满分为100分），具体评价指标及权重如表7-14所示。

第二，学生的实习情况：实习指标的评估结果要求达到最低标准，具体评价指标及要求如表7-15所示。

表7-14　学生发展水平评价指标及权重

学生发展指标	权重（分值）
专业知识及格	15分（不及格计0分）
专业知识进步	15分（无进步计0分）
文化基础知识及格	15分（不及格计0分）
文化基础知识进步	15分（无进步计0分）
辍学率	30分（辍学率每个百分点扣1分，扣完为止）
品行	10分（学生品行平均得分低于70分计0分）
总分合计	＿＿＿＿＿（满分为100分）

表7-15　学生实习情况评价指标及要求

学生实习指标	认定标准
关键指标	所有5项指标都必须达标
最低输送年龄	
教师督导	
保险和安全	
实习费用	
不能委托中介	
其他重要指标	这一指标虽然目前不包含在认定标准内，但是学校应当参考利用这一指标来规范学生的实习情况。这一指标可能在未来会纳入评价标准体系
实习岗位是否与所学专业对口	

2015年4月，项目组再次对118所学校进行了追踪调研，并将这次的调研数据与2014年4月的数据进行对比。结果显示：与控制组学校相比，干预组学校样本学生的专业知识提高了55%；文化基础知识提高了34%；辍学率降低了15%。

这说明，以学生发展为核心的教育质量评估体系对于引导中职学校加强教育教学环节，提高人才培养质量具有显著的正向影响。

2015—2016学年，在教育厅和EICC的大力支持下，项目组再次对样本学校进行了追踪评估，尤其是通过电话访谈追访了已经毕业的样本学生。一方面检验了干预试验的长期影响；另一方面，依据2014—2015学年和2015—2016学年的评估结果，为EICC评选出23所合作学校。

第三节 "普职比大体相当"政策的思考

改革开放以来，"普职比大体相当"一直是我国中等教育结构调整的政策目标。在高校扩招政策实施之前，该政策适应我国经济社会和教育事业发展的需要，起到了很好的作用。随着时代的发展，"普职比大体相当"的政策效力递减，其目标的实现变得日益艰难，其实施过程亦伴随着许多沉重代价。目标实现情况如何？代价有哪些？初中毕业生愿意就读哪种类型的高中教育？他们的教育选择与"普职比大体相当"的政策要求是否相悖？对这些问题的回应与解答对全面推进高中阶段教育的普及有重要的时代意义和现实价值。

一、数据来源

这是一个复合证据的寻找过程。项目组一直关注高中阶段教育发展问题，关注我国高中阶段"普职比大体相当"政策的实施情况。数据来源有四：中华人民共和国教育部官网上公布的历年来对教育相关数据的统计、中国知网中相关的论文（包括硕博论文）研究成果、相关新闻报道中的数据和案例、课题组曾经做过的关于初中毕业生升学选择的调查。

二、高中阶段"普职比大体相当"政策的历史回顾

教育结构是指构成学校教育制度体系的各个部分的比例关系及其结合形式。教育结构调整是教育供给侧改革的重要方面，是提高教育质量、推进教育内涵发展的重要路径。由于我国实行的是九年义务教育后普职分流的分支型学制，非常

重视中等教育结构的改革与调整，即非常重视调整和改革我国高中阶段教育系统中普职之间的比例构成，可以说，"普职比大体相当"一直是我国中等教育结构调整的主要政策目标。

改革开放以前，我国高中阶段教育以注重升学的普通高中教育为主，中等职业教育发展则比较薄弱。1975年，我国普通高中在校生总计1163.7万人，中等专业学校在校生仅占高中阶段在校生总数的6.1%。中等教育未能满足培养劳动后备力量的要求，与国民经济的发展需要严重脱节，更不能适应四化建设对人才的多方面需要。这种情况与我国恢复和发展经济的现实需求不相适应。一方面，每年普通高中毕业的学生只有很少一部分能够进入大学继续深造，每年还余下数百万学生需要就业，但是这些学生在普通高中没有接受任何专业知识和技能的培训；另一方面，各行各业又迫切需要技术工人，对招来的新员工在培训上需要花费两到三年的时间才能使之成为熟练的工人，劳动生产率不能够得到大幅提升。因此，改革中等教育结构，着力发展中等职业教育成为当时的工作重心。

1978年4月22日，邓小平在全国教育工作会议上的讲话中指出："应该考虑各级各类学校发展的比例，特别是扩大农业中学、各种中等专业学校、技工学校的比例。"[①] 1980年10月7日，《国务院批转教育部、国家劳动总局关于中等教育结构改革报告的通知》指出，经过调整改革，要使各类职业（技术）学校的在校学生数在整个高级中等教育中的比重大大增长。"普职规模大体相当"政策是基于高中教育结构单一、普职结构严重失衡的现状而提出的。1983年5月9日，教育部、劳动人事部、财政部、国家计委联合下发的《关于改革城市中等教育结构、发展职业技术教育的意见》指出，力争到1990年，使各类职业技术学校在校生与普通高中在校生的比例大体相当，该文件也标志着"普职比大体相当"政策的正式提出。

1991年10月7日，《国务院关于大力发展职业技术教育的决定》为未来十年我国职业技术教育的改革与发展指明了方向，即要挖掘现有学校的潜力，扩大招生规模，特别是扩大中等职业技术学校的招生规模，使全国高中阶段职业技术学校的在校生人数超过普通高中的在校生人数。但是从1997年起，中等职业学校招生数量开始下滑。2001年，中等职业教育规模持续下滑，普职招生规模比为7.5：2.5。[②] 为此，国家加大政策支持力度，出台了中等职业教育免费的政策以保障高中阶段教育"普职比大体相当政策"目标的达成，该政策一直延续至今。

---

① 邓小平. 邓小平文选（第2卷）. 北京：人民出版社，1994：108.
② 莫丽娟，王永崇. 建国以来国家高中阶段普职结构政策变迁. 现代教育管理，2011（5）：35-39.

2019年2月13日国务院发布的《国家职业教育改革实施方案》再次重申了高中阶段教育"普职比大体相当政策"的政策目标，即优化教育结构，把发展中等职业教育作为普及高中阶段教育和建设中国特色职业教育体系的重要基础，保持高中阶段教育普职比大体相当，使绝大多数城乡新增劳动力接受高中阶段教育。可以说，"普职比大体相当"一直是我国高中阶段教育结构改革的目标，表现出很强的政策惯性。

三、高中阶段教育"普职比大体相当"的政策效应逐渐降低

前文已述，改革开放以来，我国教育行政部门一直强调普职比大体相当的中等教育结构调整目标。1993年2月13日，中共中央、国务院发布《中国教育改革和发展纲要》，提到了中等教育结构改革取得的成绩"中等职业技术学校招生和在校学生人数占高中阶段学生人数的比例，均已超过百分之五十，改变了中等教育结构单一化的局面"，并提出了新的发展目标"高中阶段职业技术学校在校学生人数有较大幅度的增加，未升学的初中和高中毕业生普遍接受不同年限的职业技术培训，使城乡新增劳动力上岗前都能得到必需的职业技术训练"。在一系列政策作用下，中等职业教育迎来了其发展的"黄金时代"。在数量上，到1996年，中职学校在校生人数为1010.4万人，占高中阶段学校人数的56.7%。

1997年起，中职学校招生数量开始下滑。随着高校扩招政策的实施，人们对普通高中青睐有加，中职教育在校生人数逐渐变少。1999年中职学校招生人数为473.27万人，2001年中职学校招生人数下降为399.98万人。

2002年2月，《教育部关于做好2002年中等职业学校招生工作的通知》指出，"力争各类中职和普通高中招生数大体相当……要针对近年来中职招生中出现的新情况和新问题，解放思想，更新观念，从职业教育的办学特点及社会需求的实际出发，在招生计划、录取办法等方面进一步加大改革力度……各类中职招生学校可根据各自的办学特点采取提前招生、自主招生、推荐注册入学、集中录取、多次录取等招生形式，实行灵活多样的招生录取办法"。2002年8月，《国务院关于大力推进职业教育改革与发展的决定》指出，"以中等职业教育为重点，保持中等职业教育与普通高中教育的比例大体相当"。2005年10月，《国务院关于大力发展职业教育的决定》颁布，对中等职业教育招生数量做出总体规划，指出"到

2010 年，中等职业教育招生规模达到 800 万人，与普通高中招生规模大体相当……建立职业教育贫困家庭学生助学制度"。

2008 年 10 月，《关于推进农村改革发展若干重大问题的决定》提出，重点加快发展农村中等职业教育并逐步实行免费。2008 年 12 月，中共中央、国务院颁布《关于 2009 年促进农业稳定发展农民持续增收的若干意见》，提出 2009 年起对中职学校农村家庭经济困难学生和涉农专业实行免费。由于政府的行政推进和免费政策的刺激，中职教育在招生规模上逐渐走出低谷，从 2002 年的 412.18 万人上升到 2008 年的 810.02 万人。规模攻坚任务成绩斐然，但这一时期人们对中职教育的认可度持续偏低，成为中招考试失败者的无奈选择。

《国家中长期教育改革和发展规划纲要（2010—2020 年）》延续以前的政策惯性，指出"今后一个时期总体保持普通高中和中等职业学校招生规模大体相当"，并提出"逐步实行中等职业教育学校学生免学费制度"。2014 年 5 月，《国务院关于加快发展现代职业教育的决定》颁布，指出"总体保持中等职业学校和普通高中招生规模大体相当"，"到 2020 年，中等职业教育在校生达到 2350 万人……逐步实行中等职业教育学校学生免学费制度"。2014 年 6 月出台的《现代职业教育体系建设规划（2014—2020 年）》仍旧沿袭此思路，指出"中等职业教育是职业教育发展的重点，今后一个时期总体保持普通高中和中等职业学校招生规模大体相当"。2010 年后，即便国家进一步加大了对中等职业学校学生的免学费力度，中职学校招生的数量依然逐年下降。2017 年，中职学校招生数为 582.43 万人，仅占高中阶段教育招生总数的比例的 42.13%。2017 年，中职学校在校生仅为 1592.50 万人，几乎不可能完成 2014 年提出的中职教育在校生总数的目标。

证据表明，我国高中阶段完成"普职比大体相当"的政策目标从 2003 年以来就变得日益艰难（表 7-16）。中职招生对于教育部和各级政府来说，都是一项攻坚克难的任务。为了招生，"政府刚性'严控'，坚持'普职比大体相当'不动摇"；中职教育全面免费、面向人人，实施注册入学政策，成为没有任何知识门槛的教育。虽说这样可以称为从学制系统内的职业教育到"大职业教育观"的转变，但却混淆了学制系统内中职教育与中职培训的区别。即便这样，完成数量目标仍然困难重重，各种招生怪象层出不穷。除了一些有特色、成品牌、质量高的学校招生火爆之外，生源不足和接受职业教育意愿不高问题仍是困扰中职发展的难题。[1] 面对"普职比大体相当"的行政指令，各级教育行政部门为达到目标确

---

[1]　中华职业教育社调研组. 六省市中等职业教育招生情况调研报告. 职业技术教育，2014（9）：60-65.

实费尽心思。莫丽娟指出，县级政府针对"大体相当"政策出现的目标虚置现象，即县级政府对"大体相当"政策的理性背离，形成了7∶3的"现实率"。[1]即便这样，也无法使中职教育招生数量达到既定的政策要求，更无法改变人们日益轻视中等职业教育的现实，质量的牺牲成为政策执行的沉重代价，反而"为中等职业教育做了一个负面宣传，凸显了政策供给的长期低效甚至无效"[2]。

表7-16　2003年以来中等职业教育历年招生人数、在校生数一览表

年份	中职学校招生数/万	占高中阶段教育招生总数的百分比/%	中等职业教育在校生数/万	占高中阶段教育在校生总数的百分比/%
2003	515.75	40.68	1256.73	38.75
2004	566.20	40.80	1409.24	38.62
2005	655.66	42.76	1600.05	39.69
2006	747.82	46.19	1809.89	41.68
2007	810.02	49.09	1987.01	43.89
2008	812.11	49.24	2087.09	45.61
2009	868.52	51.12	2195.16	47.30
2010	870.42	50.94	2238.50	47.78
2011	813.87	48.89	2205.33	47.06
2012	754.13	47.17	2113.69	46.00
2013	674.76	45.06	1922.97	44.00
2014	619.76	43.76	1755.28	42.09
2015	601.25	43.01	1656.70	41.03
2016	593.34	42.49	1599.01	40.28
2017	582.43	42.13	1592.50	40.10
2018	557.05	41.27	1555.26	39.53
2019	600.37	41.7	1576.47	39.46

资料来源：教育部网站中各年中等职业教育招生工作会议及各年全国教育事业发展统计公报。

四、高中阶段"普职比大体相当"政策实施伴随沉重代价

（一）中等职业教育生态恶化，现代化教育体系难以形成

2002年以来，各类中职招生学校"实行灵活多样的招生录取办法"，把招生数量放在第一位，在带来中等职业教育规模发展的同时，也把中等职业教育的发

---

① 莫丽娟."大体相当"目标虚置的权力结构分析——以Q县高中阶段普职比为例//褚宏启.中国教育管理评论（第7卷）.北京：教育科学出版社，2012：220.

② 陈秋萍，梅子寒.高中阶段教育政策供给缺陷及其纠正.教育理论与实践，2019（2）：19-21.

展带入到招生困难、弄虚作假、质量低下、辍学率高的发展困境。[①]中等职业教育也从20世纪八九十年代的"香饽饽"式的地位教育一落成为众多初中毕业生"最无奈的选择"。据全国中等职业教育满意度调查报告显示，单位雇主对中等职业教育质量总体上处于"不太满意"的状态。[②]《北京青年报》发表了题为《中考"分流"不能变为"分层"》的评论文章，指出我国各地的中职招生有中考前的自主招生以及根据中考成绩招生，中职自主招生本来可由初中学校和中职学校向学生宣讲招生政策，由学生和家长自愿选择，但是近年来有少数初中学校会做学生工作，要求学生不参加中考，直接"分流"去中职，这显然侵犯学生的自主选择权，也不利于中职的发展，会把中职"分流"变为"分层"。[③]当地教育局对此做出的解释是班主任误读政策造成的，但公众并不买账。细读这些新闻就会发现，为提高升学率是一方面，另一方面就是为了提前分流学生到中职学校。

部分中职学校存在违规安排在校学生顶岗实习的问题。2019年5月2日，今日头条发布了"四川宜宾整改'输送学生工'职校，学校停办校长被逮捕"的追踪报道，引发网友评论。这个案例虽然较极端，但反映出当前中职学校存在的一些问题，比如中职生的实习问题、校企合作等缺乏规范管理等问题，导致一些中等职业学校以招生数量换国家资助，以组织外出务工节约办学成本，还有一些投机分子在利用国家政策大发横财。而学生只是以学生的身份，成为新型的廉价劳动力，却没有得到他们应得且有利于他们身心健康成长的知识和技能。

为了防止中等职业学校的学生流向普通高中，普职学校一般壁垒森严，各自为政，普职融通政策往往流于表面。只重数量不重质量，中等职业学校的学生生源差，接受的教育差，向上流动的机会也少，"升本困难"。2021年广东省共有9所本科高校参与"3+证书"本科批次录取，招生院校比2020年增加5所，共录取605名考生，整体录取比例仅为3.4%。[④]与普通高中的高升本率相比，面向中等职业学校对口招生的本科高校名额过少。

部分中等职业学校依靠政府的行政力量和宏观调控，全方位多角度地吸引生源、对生源严防死守以保住生源，却存在办学定位不适配、办学规模大而不强、办学条件多半不达标、升本名额过少等问题。部分中等职业学校质量意识不强，

① 王星霞，高广骅. 我国中等职业教育发展的行政逻辑：表现、困境与超越. 中国行政管理，2017（4）：97-102.
② 中国教育科学研究院. 全国中等职业教育满意度调查报告. 中国教育报，2017-05-16（04）.
③ 冰启. 中考"分流"不能变为"分层". 北京青年报，2019-04-22（A02）.
④ "招生难""升本难"，中职教育仍很迷茫. https://www.360kuai.com/pc/9011941853fc05049?cota=3&kuai_so=1&sign=360_7bc3b157.（2021-06-28）[2021-07-20].

存在"被逼无奈"、顾不上质量，得过且过、不需要质量和不求上进、难提高质量等现象，一些做法偏离了正常的教育秩序，降低了教育质量，扰乱了教育的生态，不利于纵向衔接、横向贯通的现代教育体系的构建。

（二）升学压力下移，凸显高中阶段城乡差异和性别差异

金鑫认为，由于我国分流体制还不够完善，各类教育之间缺乏沟通衔接的"立交桥"，教育分流实际上在很长一段时间内成为一种"淘汰"机制，而非个性化教育的自主选择，这可能在一定程度上加剧人才培养的恶性竞争。[①] 为了不去读中等职业学校，初中生们只能接受残酷的升学考试，应对普职比大体相当的政策分流。"不能输在起跑线上"，人们为了让孩子们考上普通高中只好让孩子进入好的初中，为了能让孩子进入好的初中，只能让孩子进入好的小学、甚至好的幼儿园。"择校"和"应试教育"成为难以治愈的教育顽疾。初中后的教育分流，导致考取普通高中成为升入大学最要紧的一张"门票"，因为能考上普通高中就意味着考入大学的概率更大，而考不上普通高中只能去中等职业学校的学生，往往与大学无缘。表7-17是各级普通学校毕业生升学率。以2010年为例，初中升入高级中学（包括普通高中和中等职业学校）的比例是87.5%，而高中生升入大学的比例则高达83.3%，到2015年，初中升入高级中学（包括普通高中和中等职业学校）的比例是94.1%，高中生升入大学的比例则高达92.5%。初中生考入普通高中的机会（因为"普职比大体相当"的政策要求，几乎有一半的学生进入中等职业学校学习）几乎是高中生考入大学的1/2（表7-17）。

表7-17　各级普通学校毕业生升学率　　　　　　　　单位：%

年份	小学升初中	初中升高中	高中升大学
1990	74.6	40.6	27.3
1995	90.8	50.3	49.9
2000	94.9	51.2	73.2
2001	95.5	52.9	78.8
2002	97.0	58.3	83.5
2003	97.9	59.6	83.4
2004	98.1	63.8	82.5
2005	98.4	69.7	76.3
2006	100	75.7	75.1

---

① 金鑫. 高中阶段普职分流的路径选择：综合高中抑或普职分离？——基于PISA2009的国际比较研究//王蓉. 中国教育财政政策咨询报告（2010—2015）. 北京：教育科学出版社，2015：433.

续表

年份	小学升初中	初中升高中	高中升大学
2007	99.9	80.5	70.3
2008	99.7	82.1	72.7
2009	99.1	85.6	77.6
2010	98.7	87.5	83.3
2011	98.3	88.9	86.5
2012	98.3	88.4	87.0
2013	98.3	91.2	87.6
2014	98.0	95.1	90.2
2015	98.2	94.1	92.5

注：高中升学率为普通高校招生数与普通高中毕业生数之比。

资料来源：各级普通学校毕业生升学率. http://www.moe.gov.cn/s78/A03/moe_560/jytjsj_2015/2015_qg/201610/t20161012_284485.html.[2021-08-28].

升学压力的下移使得什么样的人接受高中阶段何种类型的教育成为一个引人关注的话题。杨东平的研究发现，获得重点高中入学机会在一定程度上已经成为学生家长经济资本和社会资本的较量，呈现城乡二元、重点非重点二元的学校制度，是一种基本的教育分层制度，重点学校制度存在一种复制和扩大社会阶层差距的机制。[①] 其实复制和扩大社会阶层差距的机制不仅有重点学校制度，还有普职分流及普职分流下的"普职比大体相当"政策。王香丽以2007年为例对升入普通高中人数的城乡差别进行了对比。当年，农村初中毕业生为 8 306 158 人，城市初中毕业生为 3 187 500 人，农村是城市的约2.61倍。而升入普通高中的人数，城市是农村的约4.20倍。2007 年，城市只有25万的初中毕业生没有机会接受普通高中教育，而农村则有 700 多万的初中毕业生没有机会进入普通高中学习。[②] 项目组统计了2010年以来河南省初中毕业生升普高的城乡差异（图7-1），2016年，河南省农村地区初中生升普高的比例是45.9%，而城市初中生升普高的比例高达77.74%，社会上高阶层、高收入家庭的子女接受普通高中教育的可能性更大一些，而中职学校的生源则大多数来自低阶层、低收入的家庭。[③] 有研究显示，"高中教育（尤其是重点高中教育）是优势阶层的专有物，是他们维护和提升自身地位的保障"[④]。

---

① 杨东平. 高中阶段的社会分层和教育机会获得. 清华大学教育研究，2005, 26（3）：52-59.

② 王香丽. 我国高等教育入学机会的城乡差异研究——高中阶段教育的视角. 高教探索，2011（1）：55-59.

③ 方芳，王雷. 高中阶段教育的学生情况比较——以湖南省宁乡县调查数据为例. 辽宁教育研究，2008（8）：34-37.

④ 冯建军，吴秀霞. 普通高中教育机会阶层差异的公平性考量. 教育学术月刊，2010（11）：9-13.

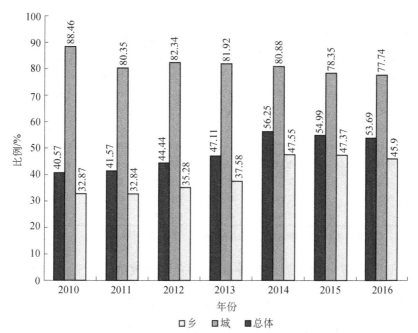

图7-1　河南省初中升普高比例的城乡差异

资料来源：2010—2016年《河南省教育统计年鉴》.

升学压力下移还会引发其他问题，如课程和教学改革难以推进，素质教育难以在义务教育阶段真正实施。

还有一点很少引起大家的关注，即应试教育对中小学阶段的女生可能是有优势的。通过对国家教育统计数字的整理发现，我国义务教育阶段男女生比例和我国人口男女比例一致，但到了高中阶段和本科阶段，女生的比例逐渐高出我国人口男女比例（表7-18），女生在高中入学和大学入学时比较占优势。

表7-18　我国各阶段女生占比情况

年份	小学		初中		普通高中		普通本科	
	女生总人数/万人	女生占比/%	女生总人数/万人	女生占比/%	女生总人数/万人	女生占比/%	女生总人数/万人	女生占比/%
2004	5281.15	46.96	3091.64	47.36	1025.55	45.79	323.84	43.89
2005	5086.37	46.82	2940.62	47.32	1129.37	46.46	384.55	45.30
2006	4998.17	46.66	2816.25	47.27	1185.72	46.83	436.96	46.32
2007	4912.49	46.50	2714.87	47.33	1199.17	47.20	485.12	47.36
2008	4792.81	46.39	2644.93	47.36	1188.4	47.75	531.66	48.15
2009	4660.49	46.27	2574.63	47.26	1178.63	48.19	576.79	48.89
2010	4595.30	46.23	2492.48	47.21	1185.67	48.61	628.70	49.68
2011	4589.37	46.23	2387.74	47.13	1217.31	49.06	680.27	50.4

续表

年份	小学		初中		普通高中		普通本科	
	女生总人数/万人	女生占比/%	女生总人数/万人	女生占比/%	女生总人数/万人	女生占比/%	女生总人数/万人	女生占比/%
2012	4109.14	46.42	2243.05	47.09	1225.96	49.41	728.20	51.03
2013	3947.73	46.44	2083.63	46.93	1217.44	49.75	773.80	51.78
2014	3959.46	46.44	2046.26	46.67	1207.17	49.98	808.47	52.46
2015	4043.48	46.51	2003.49	46.46	1197.41	50.29	836.97	53.08
2016	4118.78	46.56	2008.57	46.39	1199.56	50.59	861.96	53.44
2017	4173.78	46.66	2059.84	46.37	1209.48	50.85	885.95	53.74
2018	4808.33	46.56	2169.43	46.68	1206.04	50.77	916.13	53.99
2019	4916.50	46.55	2240.83	46.42	1226.50	50.71	943.69	53.90

资料来源：教育部网站各年教育统计数据·全国基本情况·各级各类学校女生数。

（三）部分初中毕业生对中等职业教育选择放弃，影响高中阶段普及

义务教育后的教育产品不具有义务性，家庭有选择是否接受不同类型高中阶段教育的自由。"普职比大体相当"的政策执行过程中，一些学校为了保证其目的实现而采取的一些做法使学生只能在既定的高中阶段教育结构中进行选择，在被动选择进入学校后，如果学校不太在意学生的诉求，无法给学生提供高质量的教育服务，学生在竞争激烈的劳动力市场中就难以得到预期的回报而选择辍学。项目组对河南省1443名农村初中毕业生的问卷调查数据显示：中招考试前，在不考虑学业成绩和其他因素的情况下，选择上普高的学生占绝大多数，比例高达80.7%，而选择上中职的学生仅占14.9%。当假设中考成绩没有达到普高录取分数线但交高价费可以上普高时，初中毕业后选择上普高的学生占32.6%，选择上中职的学生占38.6%，但此时，学生选择通过复读的方式争取上普高的机会，比例达到14.7%。项目组通过追踪调查统计发现：中招考试后，1443名样本学生中有57.3%的学生上了普高，31.5%的学生上了中职，4.2%的学生复读。在统计学生毕业去向的过程中发现，中考成绩没有达到普高录取分数线且并没有通过缴纳高价费的方式上普高的学生就读于普通高中学校。通过进一步的了解发现，这部分学生跟其他在校生一样享受同等的教育资源，但并没有普高的学籍，是准备以社会人士的身份参加3年后的高考。

结合访谈数据，我们发现学生选择不上中职学校的原因大体上是因为学生对通过就读普通高中以后考大学的愿望强烈、中职学校办学质量与就业质量差等。例如，访谈中，A、B、C同学上了普高，但没有普高学籍。

自己就是要上普高考大学，上中职都没啥用。（A 同学）

我们村上上中职的学生说，中职学校就是给那些成绩差的人上的，最好别去上，没用。（B 同学）

中职学校管得非常松，在里面可以不用辛苦学习。虽然我初中成绩不太好，但我很努力，我想继续努力，争取考上大学。（C 同学）

学生选择上中职学校基本上也是在中考成绩较差情况下的一种不得已选择。D、E 和 F 学生选择上了中职学校。

我入学 3 个多月，现在很苦恼，很痛苦。我中考成绩差，担心回去复读也很难考上普高，所以不得已才上中职，现在很后悔来这个学校。（E 同学）

我的中考成绩不好，父母说我太小，不放心我外出打工，劝我继续上学，但现在我很想退学，因为中职学校老师都不管，任课老师上完课就走，基本上不与学生接触；身边的同学也都不学习，学习氛围很差。（D 同学）

我中考成绩不好，家里也没有很多钱去缴纳高价学费，所以我不想辍学，上了中职。（F 同学）

可见，普高的吸引力大于中职学校。因此，学生在中考成绩未达到普高录取分数线的情况下，以缴纳高价学费、复读、放弃学籍以社会人士的身份参加高考的形式，获得或尽力争取获得普通高中教育资源。选择放弃读高中的原因除了部分学生对学习不感兴趣，不愿就读中等职业学校之外，还有部分学生宁愿打工也不愿意到中职学校读书。当问及如果就读普高是否选择弃学时，他们表示愿意进一步读书。这个调查结果与国家发展中职教育的初衷有些背离，反倒可能成为影响高中阶段教育普及的一个问题，进而影响我国人力资本的储备，影响产业结构的优化升级。

五、新时代历史方位下"普职比大体相当"政策的调整

教育政策调整是教育政策过程中不可缺少的环节。任何教育政策都需要做出一定的调整，以适应情况的变化。一项教育政策已经不能实现自己的政策目标且会带来一定的副作用时，就需要做出一定的调整，甚至终结。

高中阶段教育"普职比大体相当"政策始于改革开放时期，距今已有40余年的时间。40多年来，我国社会、经济、教育事业都发生了巨大变化。党的十九大报告做出了"中国特色社会主义进入新时代"的重大判断。我国经济发展也进入

了新时代，基本特征就是我国经济已由高速增长转向高质量发展。在这个经济转型的关键时期，经济增长需要向创新驱动转变，劳动力市场将面临产业结构调整所带来的不确定性。普通教育相较于职业教育更侧重通识知识的传授和学习能力的培养，有利于培养在产业结构急剧变化中善于适应和调整的劳动者以及更加侧重于科学、设计和管理等岗位的创新型劳动者。中等职业教育在培养技能性人才方面虽有优势，但却可能因为知识教育的缺失阻碍国家对新技术的采纳、降低劳动力就业转换的适应性，进而对优化产业结构和经济增长造成不利影响。① 教育领域也发生了极大的变化。以高等教育为例，1978年，我国高等教育毛入学率只有1.55%，1991年，我国高等教育毛入学率也只有3.2%，2017年，我国毛入学率达到45.7%。2019年，我国政府工作报告提出，高等职业院校要扩招100万，我国高等教育的毛入学率将超过50%，进入普及化的新阶段。在现行高中阶段教育"普职比大体相当"政策下，普高的生源已远远不能满足高校的人才选拔要求，高校的新增生源将向下岗失业人员、退役军人、农民工、新型职业农民倾斜。

在系统论中，结构决定功能。但在教育事业中，叶澜教授认为，在人为事物的变化中，结构的变化由人们对事物功能要求的变化而引起②，因此是功能提要求于结构。胡德海教授认为，随着社会职业结构的变化，劳动力市场必然对学校教育结构提出新的要求，带来学校教育类别和专业设置的某些新变化。③ 因此，各国的教育结构，一般是适应本国经济发展的要求逐步建立、形成起来的，并随着经济的发展而不断地进行调整与改革。如何调整教育结构体系呢？郝克明认为，调整教育结构体系的依据主要有两个：一是看它能否适应社会主义现代化建设发展的需要，二是看它能否满足公民自身全面发展的要求，教育结构体系应能为具有不同特点、不同志趣、不同学历、不同需要的人提供多种选择机会和学习途径。④ 因此，高中阶段教育普职比的协调发展绝不是"普职比大体相当"政策的一成不变，而是要在推动社会经济发展和教育事业整体发展的基础上，综合考量高中阶段教育的改革，不能为了发展中等职业教育而发展中等职业教育，否则就可能让其成为国家经济社会和教育事业发展的瓶颈。

在新时代的历史方位下，变革高中阶段教育"普职比大体相当"政策的条件已经成熟，高中阶段教育结构调整势在必行。高中阶段教育政策应该向普通教育

① 王姣娜. 普通教育还是职业教育？——经济转型期中国高中阶段教育选择. 中国社会科学院研究生院博士学位论文，2015.
② 叶澜. 新编教育学教程. 上海：华东师范大学出版社，1991：22.
③ 胡德海. 教育学原理. 兰州：甘肃教育出版社，2016：258.
④ 郝克明. 教育·社会·未来：郝克明教育文集. 广州：广东教育出版社，2008：146.

倾斜，逐步提高普通高中在高中阶段教育的比重。不再强调高中阶段职业教育与普通教育的具体比例，而是各地根据具体情况以及经济社会发展和人力资源的实际需要，集中力量办好一批高质量、服务于经济结构产业结构转型升级需要的职业学校，在做好学制系统内人才培养的同时服务人才培训需求。切实办好综合高中，打通普高与中职的横向转换通道，实现真正意义上的普职融通，让学生在中职与普高之间能够自由选择与转换。只有这样，我国教育结构体系的改革才能有利于培养素质全面、知识可迁移性较强的人才，才能在学校教育、在职教育和社会教育的相互连接、相互补充的关系等方面，为贯彻终身教育（学习）的原则迈出新的步伐。也只有在这样的体系下，才能全面开展对高中阶段教育的综合改革，应试教育的顽疾或许能找到治理的办法，教育不公平问题也才可能加以根治，中等职业教育在能够帮助人们实现合理就业并能赋予个人向上流动的能力、提供向上流动的渠道、充分满足个体的生计需求和发展需要时，也才有可能实现真正的复兴。

因此，在新的历史时期，高中阶段教育普职招生规模"大体相当"政策需要因地制宜地做出相应的调整。第一，政府不应用统一标准确定各省份高中阶段教育的普职招生比例。政府应该综合考量各省份的经济发展程度、教育发展水平、就业结构、对人才类型的需求以及学生的教育需求等因素，合理制定普职招生比，打破普职招生比"大体相当"的政策限制。第二，结合区域实际，合理调整高中阶段学生的结构和比例，调整普职学校的供给结构，明确学生的需求，保证农村学生平等地获得高中阶段教育机会。第三，适当扩大普高招生规模，增加学位供给。不同区域或省份应因地制宜地扩大普高学校规模，适当扩大普高招生比例，从而满足广大学子对普通高中的教育需求。同时，应继续推进高中阶段招生改革，实行优质高中阶段学校招生名额合理分配到区域内初中的办法，招生名额适当向区域内农村学校倾斜。

第八章　我国义务教育阶段教师相关政策的证据研究

第一节　"国培计划"执行偏差的成因及对策研究

"国培计划"即"中小学教师国家级培训计划",是教育部、财政部于2010年启动的高规格、示范性的大型国家级教师培训项目,旨在为中小学(尤其是农村中小学)培养一批高质量的"种子"教师,期望他们在工作岗位上充分发挥示范引领和促进改革的作用,进而带动教师队伍素质的全面提高。这是我国全面深化教师培训领域综合改革的一项具有划时代意义的政策创举,其规格之高、覆盖面之广、投入资金之多是前所未有的。参加由"国培"带动的"省培""市培"乃至"县培"人数众多,为我国中小学幼儿园教师、校(园)长的专业发展做出了突出贡献。[①] 更重要的是,它对我国教师培训的理念和制度等具有创新性的贡献,"主要表现在重构教师培训的理念与价值、建立教师培训的顶层设计制度、实施教师培训的项目管理、建立培训项目的招投标制度、注重培训机构资质与专家团队建设、研发课程标准规范教师培训内容、首创置换脱产研修和混合式培训等多元化教师培训模式、重视培训课程资源的生成与管理、尝试建立多种有效的培训绩效评估制度、促进职前职后一体化的教师教育新体系的建立等"[②]。

对于"国培计划"的执行效果,教育部曾随机抽取参加"国培计划"集中面授的1.3万名学员进行网上匿名评估,综合19项评估指标,学员对"示范性项

---

① 茶世俊,付钰,靳伟.顶层设计与基层探索:"国培计划"运行机制探讨.云南师范大学学报(哲学社会科学版),2018(1):124-131.

② 李瑾瑜,王建."国培计划"对我国教师培训的创新性贡献.教师发展研究,2017,1(2):1-9.

目"的满意度达到83.9%，而综合23项评估指标，学员对"中西部项目"的总体满意率达到80.5%，学员普遍反映"国培"是参加过的"最好、最有成效的培训"。[①]"国培计划"的高满意度和普遍好评值得高兴，但研究者们仍需反思如何进一步提高"国培计划"的质量和效率，需要探讨另外的近20%的不满意来自何处。

美国政策学者艾莉森说："在实现政策目标的过程中，确定方案的效用仅占10%，而其余的90%则取决于有效的执行。"[②]这无疑充分证明政策执行的至关重要性。笔者通过问卷调查、访谈、课堂观察等方式对某省乡村教师访名校项目的调查中发现，"国培计划"执行过程中出现了不同程度的变形走样，甚至还有面子工程和替换性执行等偏差行为。剖析这一政策在执行过程中出现的偏差与变异，揭示"国培计划"政策执行偏差形成的深层机理，可为规避"国培计划"政策执行偏差提供对策建议，进而提高其实效性。

一、数据来源

笔者以参加2015年培训机构A承担河南省"国培计划"乡村教师访名校乡村初中数学学科培训的91名（实际报到的参训学员数是95人，但当天出勤人数为91人）骨干教师为研究对象，通过问卷的方式获知研究对象的性别、年龄、教龄、学历、职称、参训情况等。

笔者首先对乡村教师访名校项目的培训机构负责人兼任培训班主任和教师工作坊坊主，以及参训学员进行访谈，其中培训机构负责人来自培训机构A，参训学员是从参加培训机构A和B的乡村初中数学学科教师培训的194名学员（培训机构A：95名；培训机构B：99名）中随机抽取40名教师，这些教师来自滑县、长垣县、平顶山市、新乡市、焦作市、信阳市、驻马店市、周口市、商丘市的农村初中。深入了解乡村教师访名校项目执行的具体情况，为本研究提供了客观依据。

之后，笔者分别对培训机构A和B进行课堂观察，主要了解培训专家表现、学员表现、培训内容、培训方式以及学员出勤情况，为了更好地了解参训学员的课堂行为，还专门进行了课堂实时观察，从开课10分钟开始，之后每隔40分钟进行一次仔细观察，在4个学时内共观察5次，主要查看视野范围内（40名左右）的参训学员学习（听讲、记笔记等）、睡觉、玩手机、说话、打电话、吃东

---

① 中小学教师国家级培训计划取得显著成效. http://www.moe.gov.cn/jyb_xwfb/xw_zt/moe_357/s3582/s3922/s4568/201105/t20110530_120285.html.（2011-05-20）[2019-04-23].

② 转引自陈振明. 政策科学公共政策分析导论. 2版. 北京：中国人民大学出版社，2003：226.

西等情况，系统地整理归纳观察资料记录，从中选取所需材料。

二、"国培计划"执行偏差的表现

2010 年，《教育部 财政部关于实施"中小学教师国家级培训计划"的通知》印发，"国培计划"形成在教育部、财政部统筹规划和指导下，省国培项目办统筹协调下的执行办公室、市县两级教育行政部门执行以及培训任务承担机构的管理体制（图8-1）。

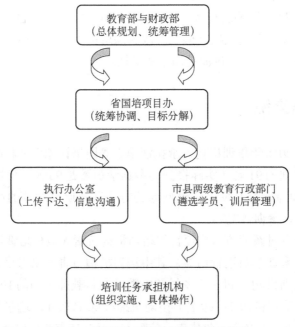

图8-1 "国培计划"政策执行主体架构

市县两级教育行政部门负责学员的选派管理，培训任务承担机构则负责中标项目与学科培训的具体实施，他们在政策执行环节均处于核心位置。笔者通过对"国培计划"执行主体和政策目标群体的调查，发现其执行偏差主要表现在以下几方面。

（一）选择性执行

"选择性执行"是美国政治学家欧博文（O'Brien）和李连江在研究中国农村基层干部行为模式时提出的概念，主要描述了基层官员在执行上级政策时的自主性选择行为。虽然基层官员被要求完成政绩考核中的各项指标，但他们有选择执行何种政策的自主性。[①] 很多时候，作为理性经济人的政策执行主体会追求自身利益的最大化，会根据实际情况有选择性地执行对自己有利的部分政策，而非全面、完整地实施政策，出现"有利则落实、无利则摒弃"的现象。

笔者调查发现，在以"乡村教师访名校"为例的国培项目实施过程中，某省的培训承担机构在课程设置和参训学员管理两个方面存在选择性执行偏差。

第一，培训承担机构所设置的培训课程存在多方面问题。①必修课程不完整。按照"国培计划"的要求，教师培训的必修内容包括师德教育、教师专业标准解读、法治教育、生命与安全教育、心理健康教育和信息技术应用等，但项目组在对乡村教师访名校项目进行调研时发现，一些培训机构不能开足政策文件要求的课程。如培训机构A缺少生命与安全教育和法制培训，培训机构B缺少师德教育和法制培训。②实践课程不足且形式化。政策要求注重参与式实践性培训，以典型案例为载体，实践性课程原则上不少于50%，但实际情况是培训机构A和B超过一半的培训以专题讲座为主，更多是理论知识的灌输——"专家讲、学员听"的模式。③课时完成率低。项目组根据培训机构A和B培训方案的课程设置以及课程表（表8-1），发现其课时完成率分别为71.0%和86.7%。政策要求报到安排1天，其余为教学时间，而实际中培训机构A和B的报到与分班、开班典礼、结业典礼都占去3天时间，这无疑会产生压缩学时的问题。参训学员需要在规定时间内集中学习，但培训时间短、内容多、交流少，培训效果可能就会大打折扣。

表8-1 2015年培训机构A和B课时完成情况

培训机构名称	方案设置课时数/学时	课程表课时数/学时	课时完成率/%
培训机构A	124	88	71.0
培训机构B	120	104	86.7

第二，培训承担机构在服务和管理参训学员时存有"贿赂"心态，出现"重服务、轻管理"的现象。党亭军曾撰文指出，为了博得培训学员的好评，以便在培训结束时使得培训学员调查表能够得到比较满意的"答案"，某高校给每个参加培训的学员都提供了一人一间的所谓"标准房"。[②] 笔者在调查中也发现了存在

① O'Brien K J，Li L J. Selective policy implementation in rural China. Comparative Politics，1999，31（2）：167-186.

② 党亭军. 地方高校参与农村教师"国培计划"的问题及改进——以"国培计划"中的短期集中培训项目为例. 中国成人教育，2011（19）：121-123.

此种心态的松懈管理现象。如培训机构在申报方案中设置了比较详细具体的考勤规则，但基本上处于落空状态。通过访谈，培训机构A的一位负责人说："并未真正记录学员的迟到、早退、缺课、请假等情况，只要是不缺勤太多或者是未报到就行，整体来说，要求的并不是很严格。"笔者对培训机构A的95名参训学员共考勤9次，没有一次是全部到齐的，其中最严重的一次是有22名学员缺勤；对培训机构B的99名参训学员共考勤20次，没有一次是全部到齐的，其中最严重的一次有16名学员缺勤。但培训机构并不以为然，他们的力量主要用在"让学员吃好、住好"方面。培训机构对参训学员管理的这种"有所为有所不为"的行为，在某种程度上会获得学员的"好评"，但实际上却有损培训机构的声誉，浪费了国家的培训资源。

（二）替换性执行

替换性执行又称政策替换，指的是政策执行主体根据自身利益和价值观的需要或者自己对政策的理解，对政策要求的内容或信息进行替换式执行，以保证政策表面上得到执行。

在"国培计划"政策执行中，替换性政策执行主要表现在培训机构未能按照政策要求以及履行申报方案中的各种承诺来管理师资，市、县两级教育行政部门和中小学校未按政策要求遴选参训学员，省国培项目办未严格审核参训学员。

第一，各省市、县级教育行政部门遴选参训学员随意性强、不合规定，存在结构不合理、学科不对口等问题。笔者在对乡村教师访名校项目进行调研时发现，政策要求参训学员应是本科及以上学历且是一级及以上职称的初中数学老师，但40.7%的参训学员是二级或三级教师，16.5%的参训学员是大专学历（具体详细数据见表8-2和表8-3）。此外，还发现培训机构B的1个工作坊中有3名教师所教学科分别是美术、思想品德和语文。这些情况的出现大多是因为一些送培的中小学校担心教学计划被打乱而影响到学生学习等，有时随意安排一些教学任务不重的教师或者没有教学任务的学校行政人员参与国培。有的学校"为了'应付'培训专门成立了由'副科'教师、大龄教师组成的专业参训团队"[1]，这与笔者在以前调研中发现的"国培专业户"[2]意思相同，可见这种参训学员替换现象普遍。

---

[1] 苟荣津，谭平，夏海鹰. "国培"效果评估的异化与回归. 教学与管理，2017（25）：9-12.
[2] 王星霞，高广骅. 教师教育文化自觉的阙如与实现. 教育研究与实验，2016（3）：27-29，63.

表8-2　培训机构A的参训学员职称情况

职称	频数	百分比/%	累计百分比/%
正高级教师	3	3.30	3.30
高级教师	11	12.10	15.40
一级教师	40	44.00	59.30
二级教师	32	35.20	94.50
三级教师	5	5.50	100.00
合计	91	100	

表8-3　培训机构A的参训学员最高学历情况

最高学历	频数	百分比/%	累计百分比/%
硕士研究生	1	1.10	1.10
本科生	75	82.40	83.50
专科生	15	16.50	100.00
合计	91	100	

第二，培训承担机构所提供的师资力量也存在替换现象。①培训师资不达标。按照项目省的相关政策要求，2015年省外专家比例不少于1/4，中小学一线优秀教师或教研员的比例不得少于50%。但笔者在调查中发现，培训机构B实际授课的省外专家比例仅占19%，尚未达到不少于1/4的政策要求；培训方案与实际授课的一线教师和教研员所占比例均是48%，也尚未达到不少于50%的政策要求（表8-4）。②随意替换培训教师。按政策要求，培训机构在申报方案中承诺的专家要力保到位，若拟请专家因特殊原因需要更换，新聘教师水平不低于原拟请教师，替换率不能超过20%。但笔者对培训机构B进行课堂观察时发现，实际授课教师与培训方案中的授课教师存在严重的不一致，方案中列出了23位培训专家，但其中只有7位给参训学员实际授课，替换率高达70%。

表8-4　2015年培训机构B的师资结构

培训师资类型	政策中该类型授课教师占比	方案中该类型授课教师人数及占比	实际中该类型授课教师人数及占比
省外专家	不少于25.0%	8（35%）	4（19%）
一线教师/教研员	不少于50.0%	11（48%）	10（48%）
本校教师		4（17%）	7（33%）
合计		23（100%）	21（100%）

（三）象征性执行

象征性执行又称作政策表面化，即政策在执行过程中只是被宣传一番，而未被转化为具体的操作性措施，使政策所产生的作用低于政策目标的要求。①这种表现类似于荷兰学者布雷赛斯所说的"象征性合作"，政策在表面形式上得到宣传和贯彻，或只是象征性地选择政策的某些部分执行，并没有将政策措施真正具体落实到位，出现"走过场"的现象。

第一，在申报方案方面，培训机构没有按要求进行培训需求调查。笔者在分析某省2015和2016年"国培计划"项目申请书等相关资料时，发现同一培训机构两个年度的培训方案雷同，甚至课程设置完全一样，培训方案中也较少谈及如何开展培训需求调研以及调查结果的分析运用。通过访谈，培训机构A的负责人谈道：由于他们一直主要负责这些区县的教师培训，培训需求基本没有变化，所以2014年的调查结果可以一直延续使用。但事实上，笔者通过对参训学员培训需求的问卷调查发现，仅有67.4%的参训学员认为中小学一线名师非常符合他们的需求，53.9%的参训学员认为学科专业知识专家非常符合他们的需求，49.4%的参训学员认为教育学相关理论专家非常符合他们的需求。这些数据足以证明由于培训机构前期调查的缺失，师资与课程的供给与需求有些错位，预期培训效果实现欠佳。

第二，培训承担机构安排的课堂规模存在造假现象。培训政策要求采取小班化教学，每班学员50人以下，以保证培训质量。若设置两个及以上平行班级，除通识课程外，都要按照原培训班建制进行。但笔者进行课堂观察时发现，培训机构A和B表面上都将90多名参训学员分成两个小班，但是所有课程还是共同上，更为严重的是，个别专题讲座是该学科多学段的参训学员（包含中小学置换脱产和乡村教师访名校项目的参训学员）一起听，班级规模达到180人左右，导致班级规模庞大，学缘结构混乱，增加了管理难度，更不利于课程中教师与学员的互动。

三、"国培计划"政策执行偏差的成因分析

"国培计划"在执行过程中的偏差受多方面因素的影响。政策文本的模糊性与制度约束的有限性容易导致政策执行主体行为的随意性与利益性；利益主体间的博弈也会制约政策原有执行效果的发挥。这些因素都会损害政策的权威性，深入剖析其作用机理，有助于我们规避政策执行偏差。

---

① 丁煌. 我国现阶段政策执行阻滞及其防治对策的制度分析. 政治学研究, 2002（1）: 28-39.

（一）政策文本的模糊性

政策从制定到执行实际上就是对政策文本进行"编码-解码"的过程，也就是政策文本从"去脉络化"到"再脉络化"的过程。[①]"去脉络化"是政策制定者将解决实际教育问题的想法或目的蕴藏于政策文本之中；"再脉络化"是政策执行主体在实际解决问题的情境过程中，巧妙地从政策文本中解读出符合自身利益倾向的内容。有形政策文本的模糊性带来的"多元解释"或"创造性回应"，往往给政策行政部门和政策执行主体与政策对象留有一定范围的自由裁量权和采取策略行为的余地。一定范围的自由裁量权和策略行为的余地在某种程度上会提高行动效率，但在缺乏具体制度管制的情况下，政策执行主体很可能采取有利于解释自己利益诉求的解读方式，在形式上表现出对政策的遵从，实质上却采取偏离政策规定的策略行为。"国培计划"实施细则的模糊性体现在：①文字表述过于笼统。例如，针对小班教学具体的规模标准、省域外专家和一线教师或教研员具备的条件或素质、替换原拟请专家的教师水平等都只做简单表述，而并没有做具体规定。②文本缺乏对具体可操作措施的规定。虽然政策要求市、县两级教育行政部门负责参训学员的选派管理，省级国培项目办负责对参训学员进行资质审核，教师培训承担机构负责落实经专家组评审、省国培项目办批准实施的培训方案等，但是对如何保证参训学员符合政策要求，如何确保专家组公平、公正地评审培训机构的申报方案，如何保证培训机构认真落实培训方案等，却没有做详细规定。因此，在政策执行过程中，教育行政部门自由裁量权的幅度与范围过大，执行机构策略余地的随意性过强，政策执行的走样也就在预料之中。

（二）制度约束的有限性

政策文本的模糊性不仅会衍生出教育行政部门的自由裁量权和政策执行主体的"策略空间"，还会为政策的不充分实施提供可能，因为政策的实施过程实际上是利益主体之间的博弈和互动过程，博弈双方都努力寻求对自己最有利的行动方案，这时，政策漏洞就成为双方搜寻的目标和对象。[②]只要找到政策漏洞，一些政策主体就可以绕过已有规定，找到对自己最有益的实施措施。因此，在制定和实施政策的过程中，必须堵塞政策漏洞。从制度分析角度看，制度是政策执行

---

① 林小英. 教育政策文本的模糊性和策略性解读——以民办高校学历文凭考试相关政策为例. 教育发展研究，2010（2）：23-29.

② 林小英. 教育政策文本的模糊性和策略性解读——以民办高校学历文凭考试相关政策为例. 教育发展研究，2010（2）：23-29.

中的一个主要内生性因素，通过制度约束，可以最大限度地堵塞政策漏洞，以最小的信息成本实现主体利益的最大化。但是，若制度约束的范围小、能力弱，因利益主体之间的博弈就会阻滞政策的有效执行。

在"国培计划"的政策设计中，激励制度缺乏活力、监督制度反应滞后等增加了政策执行主体出于自利的考虑而变相执行政策的可能性。

第一，一些考核机制笼统简化，激励制度功能弱化，难以激发政策执行主体和目标群体的内在动机。政策试图通过绩效考核激励培训机构认真落实培训方案，通过奖惩激励政策对象积极参与培训项目，认真落实政策目标。但考评机制的简化与虚置导致奖惩机制评价方式单一与形式化，未能发挥出应有的功效。一方面，对参训学员具体考核方式未做制度安排，其奖励也仅限于颁发证书，其惩罚简单且不具震慑作用；另一方面，对培训机构培训效果的考核主要采用问卷调查、实地考察、访谈等方式进行绩效自评、专家考察与匿名测评，但在参训学员人情化思维中难以表达出培训的实际效果，在培训机构有准备情况下的专家考察也会流于表面化。

第二，一些监督制度形同虚置，缺乏更为详细、缜密的制度安排。监督制度是其他制度得以实施的前提与基础，若要实现考评奖惩机制的激励作用，就必须有监督机制里应外合。政策要求省国培项目办对培训机构的组织与保障、培训课程与专家落实等进行监管，但在政策执行过程中，培训机构在自身利益最大化倾向下对自身实施松懈性管理，而省级行政部门与培训机构之间的信息不对称，很难监测到培训机构的具体行为。可见，在"国培计划"执行过程中，还应加强监督制度设计的系统性与协同性。

（三）利益主体博弈的非均衡性

"国培计划"在省级层面的执行过程中，教育行政部门与培训承担机构实际上存在一种契约关系，省国培项目办招标与培训机构中标的关系实际上是以确立契约为形式的委托-代理关系，但二者往往处在信息不对称的状态下。这主要表现在两个方面：一是招投标阶段的信息不对称，二是履约阶段的信息不对称。第一个阶段是双向选择的过程，在这个过程中，委托者即省国培项目办了解自身的需求，但对代理者即培训承担机构的师资、管理、设施与服务等整体实力不甚了解；而代理者对自身整体实力了如指掌，但对委托者的实际意图、招标标准等了解较少。因此，双方需要付出成本进行信息的搜寻与分析，进而实现均衡与达成协议。第二个阶段是培训承担机构履行申报方案的过程，即培训实施过程。在这个过程中，如果省国培项目办在缺少监督的环境下，就不可能完全掌握培训机构是否严格按照申报方案执行，是否存在"偷工减料"和"偷懒"的行为。因此，双方在这种信息不对称的状态下就可能陷入利益博弈中，一些培训机构作为信息优势者，为使自身利益最大化而越过制度的屏障，在培训过程中的某些方面出现"不作为"或"懒作为"等，使政策执行偏差时有发生。

此外，培训机构与参训学员就接受高质量的培训任务形成一种委托-代理关系，两者之间同样存在利益不一致与信息不对称的问题。从利益诉求来看，参训学员的利益诉求是降低参训成本，接受高质量且切实提高自身教学水平的培训课程，培训机构则要求降低自身管理成本和经费投入；从信息角度来看，培训机构作为代理人掌握培训师资、课程、管理等信息资源，处于绝对优势，而参训学员无法了解到执行的细节，处于理性的无知状态。在对代理人缺乏监督的状态下，培训机构损害委托人利益的风险加大，出现师资不达标、压缩课时、课程不全、管理无序等问题，进而导致政策目标与学员利益的损失。

四、"国培计划"政策执行偏差的矫正

静态的国培政策文本实际上是动态执行的总指令，需要克服自身的缺陷发挥出总指挥的作用。国培相关制度的疲软是政策执行偏差的关键，需要完善国培相关制度，以实现对利益主体行为的约束。利益主体间"非理性"的博弈是国培政策执行偏差的加速器，需要强化自身的公共理性。

（一）政策制定的科学化

公共政策被界定为一个文本时，它本质上就是一种社会建构的现实，也可供不同持份者做不同阐释的对象。[①]教育政策的执行主体必须对教育政策文本进行解读与阐释，把抽象的政策要求转化为具体的行动操作。倘若政策文本粗细不当，政策文本上的"灰色地带"就会为政策执行主体提供"策略空间"。因此，任何政策能否有效地实现预期目标，根本上取决于政策本身是否科学、合理。

美国政策研究者 Halperin 在研究美国总统外交政策的执行时发现，导致政策执行失败的基本原因：一是政策执行人员无法准确地了解上级领导或决策人员所要求他们做的事情；二是政策执行人员所得到的政策指令往往是含糊笼统的，很

① 曾荣光. 教育政策研究：议论批判的视域. 北京大学教育评论，2007，5（4）：1-30.

容易引起人们的误解。① "国培计划"政策执行中存在的偏差就与它自身的模糊性密切相关,科学、合理而又严谨的政策无疑是克服政策执行偏差的一个根本措施。一方面,政策文本必须尽可能明确、清晰和具体化,针对某一问题必须做出明确规定,降低执行主体对政策文本内容的阐释空间。例如,替换拟请专家的条件、班级规模标准、实践课程具体培训方式等。另一方面,政策文本必须详细、严谨和可操作,完善每一项政策要求的可操作性配套行为措施,减少政策规制的空白点,保证每一项政策要求落实到位,例如保证参训学员符合要求的措施、保证学员课时的措施等。

(二)制度保障的系统化

作为一种行为规则,制度为政策执行主体的行为设定了基本结构和奖惩机制,通过激励机制调动主体参与的积极性,通过监督机制约束主体行为的随意性。"国培计划"政策执行中制度约束的有限性导致政策预期目标落空与政策预期效果形式化,因此,"国培计划"政策要完善和加强制度约束,保障制度功效的发挥,形成全方位、宽领域的制度保障系统。

在合理设计考核激励制度方面,考核是实施激励制度的前提和基础,而激励制度是镶嵌于政策体系之中的利益促进或阻断机制②,以奖励方式为手段通过"利益促进"确保政策执行主体既得利益和长远利益的获得,以惩罚方式为手段通过"利益阻断"增大政策执行偏差的风险与成本。在"国培计划"政策执行过程及结束后,以政策目标为核心设置系统的考核体系,在考核内容上,要侧重于围绕培训机构执行过程与培训效果、参训学员学习质量等维度,通过培训方案的申报、培训师资、培训课程、培训方式、学员管理、培训质量等具体指标考察"国培"成效;在考核方式上,注重运用定量与定性、过程与结果等综合方法严格按照考核体系及时对教育行政部门、培训机构及参训学员进行全方位考评。在激励制度方面,同样设置以政策目标为核心的激励体系,从培训师资、培训课程、培训方式出发,提供与参训学员需求相契合的内容,内在激发参训学员的兴趣,减少参训学员不合要求的现象;从培训机构短期利益与长期利益相兼顾的视角出发,使培训机构有积极性按照省国培项目办的希望,为了实现政策目标而努力。

---

① 郭俊华. 公共政策与公民生活. 上海:上海交通大学出版社,2018:111.
② 周国雄. 地方政府政策执行主观偏差行为的博弈分析. 社会科学,2007(8):73-79.

在完善和强化监督制度体系方面：①增强政策执行活动的透明度。对政策执行活动的公开是增强政策执行活动透明度的前提条件，是加强监督的必要条件。例如，政府部门招标与培训承担机构中标的过程、培训机构执行申报方案过程、项目县遴选参训学员的过程等需公开，以增加透明度。②成立专门、独立的监督委员会，增强其监督的权威性。监督委员会通过走访、审查、监听等多种方式手段对项目评审委员会、培训机构、项目县、参训学员等进行自上而下的动态监督，以确保各主体认真履行职责。③完善行政问责制度。加强对执行偏差的教育行政部门、项目县以及培训承担机构的惩罚与责任追究，增加其"消极执行"政策的潜在成本，减少其政策执行偏差的潜在收益，从而规范其执行行为，确保政策在制度框架内有序执行。

（三）执行主体的伦理化

在公共政策领域内，公共政策执行者和执行组织的一切公共行为都必须符合人民的利益和需求。公共政策执行者和执行组织归根到底是由个人构成的，每个普通经济人都会关心政策能为自己带来多少好处，同时也会考虑要为此付出多少代价。[①] 因此，每个政策执行者或执行组织在政策执行过程中都不可避免地存在自身利益追求倾向，倘若政策执行者或执行组织在寻求自身利益最大化的同时践踏了应有的公共理性，个人的谋利行为就会演变为利益的冲突，导致政策或者没有得到完全执行，或者出现表面化执行，或者被歪曲执行，不但无法实现政策效果，而且损害公民利益。

如在"国培计划"执行过程中，培训机构处于利益的核心位置，上与教育行政部门形成委托-代理关系，下与参训学员形成第二重委托-代理关系。在这双重委托-代理关系中，制度的漏洞与公共理性的缺失容易导致其在培训过程中出现偷工减料和不作为的行为。因此，我们要矫正政策执行者的偏差行为，引导其从个体理性、单位理性（小集体理性）走向公共理性，从而实现公共利益和长远利益的获得。①在增强监督、完善行政问责的同时，也要以法律、法规的形式明确各方利益关系，协调整合各方利益，尽可能地保障各方利益趋于合理化。②加强政策执行文化建设，形成良好的政策执行氛围。文化管理是制度管理必要、有益的补充，通过文化建构合理的政策执行价值观、信仰、感情、向心力与行为规

① 胡宁生. 现代公共政策研究. 北京：中国社会科学出版社，2000：178.

范，引领文化激励与发挥文化约束。③应注重对政策执行主体进行高质量的培训和教育，通过上下沟通提高政策执行主体政策认同感，通过培训学习提高其政治觉悟，进而提升政策执行能力，保证政策执行效果。

第二节 乡村教师荣誉体系建设政策工具的选择与运用研究

教师是教育的第一资源，兴国必先强师，强师必先尊师。党的十九大提出，我国的主要矛盾已经转变为人民群众对美好生活的向往与不平衡、不充分发展之间的矛盾。教育领域的不平衡、不充分的发展主要体现在区域间、城乡间的不平衡发展，然而，当前乡村教师面临"下不去、留不住、教不好"的困境。2015年，国务院办公厅印发《乡村教师支持计划（2015—2020年）》，明确提出建立乡村教师荣誉制度，体现出国家层面切实提升乡村教师社会声望的意志和决心。此后，各省结合工作实际，纷纷出台相应的实施办法，使乡村教师荣誉体系建设迈上新台阶，为乡村教师专业发展开辟了新路径。因此，站在新的历史转折点，通过国际通用的政策工具模型，在政策文本分析的基础上，对省级政府所使用的政策工具开展分型检视，剖析政策工具运用中存在的突出问题及改进路径，以促进我国乡村教师荣誉体系建设工作更加精准、协同、高效。

一、研究设计

（一）数据来源

在教育部网站，以"乡村教师支持计划"为检索条件，初步梳理出70篇政策文本，涉及省级和市县级政策实施方案两种类型。然后按照以下原则进行样本筛选：①发文单位为省级政府部门；②内容涵盖乡村教师荣誉制度的政策文本；③如果同一省份存在两个及以上政策方案，选择其中内容相对全面的作为研究样本，以充分阐释其政策工具使用情况。根据上述原则，最终筛选出31份政策文本，包括31个省（自治区、直辖市）和新疆生产建设兵团的数据（表8-5）。

表8-5　省级乡村教师荣誉体系建设实施方案

地区	省份	文件名称	年份	地区	省份	文件名称	年份
东部地区	沪	《上海市人民政府关于全面深化新时代教师队伍建设改革的实施意见》	2018	西部地区	蜀	《四川省人民政府关于全面深化新时代教师队伍建设改革的实施意见》	2018
	浙	《关于全面深化新时代教师队伍建设改革的实施意见》	2018		滇	《云南省人民政府关于深化新时代中小学教师队伍建设改革的实施意见》	2018
	粤	《广东省人民政府关于全面深化新时代教师队伍建设改革的实施意见》	2018		黔	《关于全面深化新时代教师队伍建设改革的实施意见》	2018
	鲁	《深化综合改革创新体制机制全面推进城乡义务教育一体化》	2018		蒙	《内蒙古自治区人民政府关于全面深化新时代教师队伍建设改革的实施意见》	2018
	京	《北京市人民政府关于全面深化新时代教师队伍建设改革的实施意见》	2018		渝	《重庆市人民政府关于全面深化新时代教师队伍建设改革的实施意见》	2018
	闽	《福建省人民政府关于统筹推进县域内城乡义务教育一体化改革发展的实施意见》	2017		新	《新疆维吾尔自治区人民政府关于全面深化新时代教师队伍建设改革的实施意见》	2018
	津	《关于贯彻落实乡村教师支持计划（2015—2020年）的实施意见》	2015		青	《青海省人民政府关于全面深化新时代教师队伍建设改革的实施意见》	2018
	苏	《江苏省乡村教师支持计划（2015—2020年）实施办法》	2015		陇	《甘肃省人民政府关于全面深化新时代教师队伍建设改革的实施意见》	2015
	琼	《海南省乡村教师支持计划（2015—2020年）实施办法》	2015		藏	《西藏自治区乡村教师支持计划（2015—2020年）实施办法》	2015
	冀	《河北省乡村教师支持计划（2015—2020年）实施办法》	2015		宁	《宁夏回族自治区乡村教师支持计划（2015—2020年）实施办法》	2015
中部地区	晋	《山西省人民政府关于全面深化新时代教师队伍建设改革的实施意见》	2018		陕	《陕西省乡村教师支持计划（2015—2020年）实施办法》	2015
	湘	《湖南省人民政府关于加强乡村教师建设的意见》	2018		桂	《广西壮族自治区乡村教师支持计划（2015—2020年）实施办法》	2015
	鄂	《湖北省人民政府关于全面深化新时代教师队伍建设改革的实施意见》	2018	东北地区	黑	《黑龙江省乡村教师支持计划（2015—2020年）实施办法》	2015

（二）研究工具

政策文本是政策执行、评估的重要依据，也是政策过程可记录、可追溯的客观反映[①]，通过各省颁布的政策实施方案，能够跟踪政策执行动态，借此了解地方政府对乡村教师荣誉制度建设的实际执行情况。政策工具，也称政府工具，或者治理工具。豪利特和拉米什认为，"政策工具是政府赖以推行政策的手段，是政府在部署和贯彻政策时拥有的实际方法和手段"[②]。麦克唐纳尔和艾莫尔依据政策对目标群体的影响程度，将政策工具分为权威型、激励型、能力建设型、系统变革型和劝诫型5类。由此，本节基于政策工具的理论视角，借用麦克唐纳尔和艾莫尔关于政策工具的分类，对31个省份（不包括港澳台）乡村教师荣誉体系建设方案运用的政策工具进行分析（表8-6），探析政策执行现状，从中发现政策执行的偏差，并提出相应的矫正措施。

表8-6　政策工具分类

工具类型	关键词	具体内容
权威型工具	落实、必须、禁止	《广西壮族自治区乡村教师支持计划实施方法（2015—2020年）》规定：坚决落实国家乡村教师荣誉制度
激励型工具	投入、待遇、补助	《河北省乡村教师支持计划（2015—2020年）实施办法》规定"为我省农村教育事业作出突出贡献的在职乡村教师和教育工作者给予奖励。每两年组织开展一次申报工作，每次奖励300人左右，每人奖励10 000元"
能力建设型工具	培养、培训、教育	《四川省人民政府关于全面深化新时代教师队伍建设改革的实施意见》规定"实施乡村教师疗养机制。每年组织选送100名乡村教师到发达地区学习考察与疗养"
系统变革型工具	改革、整改、重组	《山西省人民政府关于全面深化新时代教师队伍建设改革的实施意见》规定：依托山西省教育基金会等社会公益组织，设立山西省乡村教师关爱基金，资助因特殊情况导致生活特别困难的乡村教师
劝诫型工具	鼓励、宣传、号召	贵州省《关于全面深化新时代教师队伍建设改革的实施意见》规定：多形式开展学习宣传活动，在全党全社会营造尊师重教的良好风尚和社会氛围

二、乡村教师荣誉体系建设政策工具的文本分析

筛选出的文本依据"序号–文本内容–工具类型–工具名称"的标准，对31份省级乡村教师荣誉体系建设实施方案进行文本编码，以便于从政策工具的视角对乡村教师荣誉体系建设现状进行分析（表8-7）。其中，"Ⅰ""Ⅱ""Ⅲ""Ⅳ""Ⅴ"

---

① 任弢，黄萃，苏竣. 公共政策文本研究的路径与发展趋势. 中国行政管理，2017（5）：96-101.

② 迈克尔·豪利特，M. 拉米什. 公共政策研究：政策循环与政策子系统. 庞诗等译. 上海：三联书店，2006：141.

分别代表"权威型工具""激励型工具""能力建设型工具""系统变革型工具""劝诫型工具","A""B""C"等表示某种政策工具中相对应的具体政策工具内容。例如,"1-I-A"所包含的信息为海南省出台的《海南省乡村教师支持计划(2015—2020年)实施办法》中的权威型工具,具体指的是落实国家的相关政策。

表8-7　乡村教师荣誉体系建设政策文本编码表(节选)

序号	文本内容	工具类型	工具具体内容	文本编码
1	根据国家有关规定,建立优秀乡村教师表彰奖励制度	I	A	1-I-A
...	...	...	...	...
10	广泛宣传乡村教师坚守岗位、默默奉献的崇高精神	V	B	10-V-B
...	...	...	...	...
20	引导社会力量建立专项基金,对优秀乡村教师给予支持和奖励	IV	A	20-IV-A
...	...	...	...	...
31	广泛深入宣传乡村教师先进事迹	V	B	31-V-B

政策文本编码后,进一步聚焦政策工具的分布情况,发现乡村教师荣誉体系建设政策工具出现明显聚类现象(图8-2)。按照使用频率进行排序,位列第一的是权威型工具,使用31次,占比为28.4%;位列第二的是系统变革型工具,使用30次,占比为27.5%;位列第三的是劝诫型工具,使用28次,占比为25.7%;位列第四的是激励型工具,使用15次,占比为13.8%;位列第五的是能力建设型工具,使用5次,占比仅为4.6%。

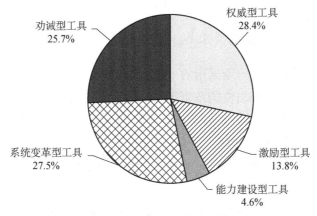

图8-2　乡村教师荣誉体系建设政策工具分布

究其原因，权威型工具是具有约束力强、见效快、周期短的特点，所以是实践中最为常见的政策工具。中央政府文件中首次提出建立乡村教师荣誉制度，各省积极响应中央号召，在政策文本中提出"建立""坚决落实"乡村教师荣誉制度，因此使用频率最高。系统变革型工具强调系统性的变革，将权威授予新的机构或者现有机构中重新分配权威，在乡村教师荣誉体系建设中，各地纷纷鼓励社会力量建立奖励乡村优秀教师的专项基金，这是由于地方政府财政压力大，单凭地方政府难以实现对乡村教师的优待，因此使用频率较高。劝诫型工具成本较低，资源消耗较少，因此受到政策制定者的青睐，由于乡村教师荣誉制度需要大力宣传的特殊性，各省文件也强调应广泛宣传乡村教师的事迹，在全社会营造出尊师重教的良好氛围，所以劝诫型工具的使用频率也较高。激励型工具主要为荣誉教师提供物质或精神奖励等方面的优待，由于其信息成本、资金成本较高，需要多个部门联合行动才能真正发挥作用，因此使用频率较低。能力建设型工具投入巨大，存在时滞问题，且不确定性因素多，因此使用频率最低。

三、乡村教师荣誉体系的政策工具在使用中存在的突出问题

不同的政策工具在影响程度、效果、公平程度等方面存在差异，这些差异影响着政策工具在特定情况下的适用性。随着各地乡村教师荣誉制度的逐步落实，乡村教师的总体待遇得到提升，这对乡村教师队伍建设起到了一定的积极作用。但在我们调查过程中，政策工具的使用仍存在一些亟待解决的问题。

（一）应适度使用权威型工具，使政策更具灵活性

权威型工具是政府最普遍采用的一种政策工具，要求目标群体执行政策指令的政策工具。它是一种强迫性的政策工具，由实施规则与惩罚措施两方面构成，要求目标群体执行政策行为，如不执行，将会受到惩罚。它适用于政策目标明确、利益冲突程度较低的情境，其理想结果是政策主体与客体预期行为的一致和政策客体对政策主体的高度支持，其优点是政策成本低，工作效率高，缺点是灵活性不足。

笔者通过对政策文本分析发现，虽然在乡村教师荣誉体系的建设过程中已综合运用了多种政策工具，但强制性的权威型工具仍占据主导地位。一方面，在使

用权威型工具时，因其灵活性不足，容易出现"一刀切"的问题。《乡村教师支持计划（2015—2020年）》规定，国家对在乡村学校从教30年以上的教师按照有关规定颁发荣誉证书。省（区、市）、县（市、区、旗）要分别对在乡村学校从教20年以上、10年以上的教师给予鼓励。在政策设计方面，为从教30年以上教师颁发荣誉证书，在激励教师扎根乡村教育方面发挥积极作用，但忽略了乡村教师队伍数量庞大、内部差异性显著的特征。一些年轻教师教学能力强，业绩突出，却因任职年限不足而与荣誉失之交臂。因此，在政策执行过程中，要保障教师个体的话语权，重视教师的个体需要，方能保障政策执行的效果。另一方面，权威型工具存在政策弹性过大、在政策执行中易出现偏差或异化的情况。在涉及荣誉制度的政策文本中，政策工具通常对总体目标做出笼统的原则性规定，如"形成越往基层，待遇越高的激励机制"，为各地制定细则提供了方向，但在政策执行过程中，一些地方政府缺乏充足的资源和完善的运作机制，容易对政策进行随意解读或偷换概念。

（二）应增强激励型工具的激励性，形成"激励相容"效应

激励型工具是指政府向个人或组织提供特定的支持、奖励或援助，引导人们遵从某种规定，或鼓励人们实施某些行为。它适用于政策所具备的激励性与目标群体的需求高度匹配的情境，其理想结果是各方利益趋于最大化，其优点是便于激发行为主体的积极性，缺点是政策成本较高。

现有的激励型工具主要通过经济上的外在激励手段，吸引人才扎根乡村教育，但解决的是"留得住"的问题，较少关注到教师的隐性获得感。一方面，物质奖励仅仅停留在文本上，没有落地生根，对乡村教师吸引力不大。由乡村教师荣誉制度建设的政策文本可知，虽然93.75%的文本中表明鼓励社会力量给予乡村教师物质奖励，但获得荣誉教师大多只收到证书，而很少有配套的物质奖励。只有在《河北省乡村教师支持计划（2015—2020年）实施办法》中明确规定，省政府为从教15年以上的优秀乡村教师发放奖金，每两年评选一次，每次奖励300人左右，发放奖金1万元。在乡村教师生活补助发放过程中，虽然各地情况迥异，但生活补助差额不大，且由县财政承担，县财政财力薄弱，导致部分县级教师每月的补贴还不到100元，最低的仅有10元。即使是硬件设施较差、人口较少的地区，在生活补助上也没有体现出特殊照顾，部分教师因生活压力大，不得不拼尽

全力争取向城市调动。另一方面，在激励型工具的配套使用上，不仅要关注"经济人"的立场，更要照顾教师"社会人"的身份特征，为其营造良好的社会氛围，提升其获得感。现有激励型工具主要通过颁发荣誉证书予以鼓励，而乡村教师作为乡村社会的精神领袖，他们所期许的是生存状态的改善、乡村治理的参与权、青年教师的指路人[①]，而非一纸荣誉证书，如此差异导致政策执行效果不理想，难以形成"激励相容"。

（三）应加强能力建设型工具的实效性，实现以评促建

能力建设型工具是指政府将资源用于智力、素质和人力资源的培养，以追求长效的政策工具。它是一种投资型政策工具，着眼于个体、群体或机构的长远发展，在教师队伍建设中发挥重要作用，适用于政策执行者能力欠缺且具备高度学习自觉的情境，其理想结果是未来在知识、技术和能力等人力资源方面的加强。其优点是给相关机构甚至整个社会带来长期收益，缺点是政策成本高，组织实施难，见效慢，难以测量。

乡村教师荣誉制度建设是一个长期的过程。荣誉不仅是为了奖励个人的成绩，更重要的是通过授予荣誉促进教师的专业发展。我国乡村教师荣誉制度取得了显著成绩，体现出政府及社会对广大乡村教师尊重和认可，有效激发了广大乡村教师积极投身乡村教育发展的工作热情。同时我们也清楚地意识到，当前我国乡村教师荣誉体系还处于起步阶段，仍有许多方面有待完善，尤其是乡村教师仍面临能力不足的困境。尽管一些地区为获得荣誉的乡村教师提供学习交流的机会，如《陕西省乡村教师支持计划（2015—2020年）实施办法》中规定，实施教师荣誉休养制度，安排优秀乡村教师学术度假和疗养。但通过文本分析，涉及能力提升的只有"学术疗养"和"培训"，对于教师誉后教学思想的凝练、科研素质的培育、教育家精神的培养缺乏具体的规定，容易导致教师誉后专业发展的盲目性。荣誉的评选不应仅仅着眼于对以往成绩的肯定，更应为教师提供明确的职业发展前景，如参加学习交流的机会、优质的发展平台、持续的支持政策等，为培育能力型、科研型、专家型乡村教师打下坚实的基础，这样才能构建起乡村教师荣誉体系可持续发展的长效机制。

---

① 杨武杰，周建国. 让教师荣誉更有获得感. 中国教师报，2017-08-23（15）.

（四）应加强系统变革型工具的顶层设计，形成政策协同效应

系统变革型工具指对新的机构赋权，或者在现有机构中重新分配权威，引起机构和制度的变化，以达成政策目标。适用于现有组织对环境中重要变化的反应失灵，其理想效果是组织架构的变化将引起的效率提高，或权力转移带来的权力的重新分配。其优点是新的组织为政策执行创造良好的环境，缺点是长期的组织惯性造成变革的阻力较大。

《乡村教师支持计划（2015—2020年）》颁布后，各地区在荣誉奖励方面开展了一系列力度较大的改革，比如《河北省乡村教师支持计划（2015—2020年）实施办法》规定，积极鼓励引导企业、社会团体、非政府组织和有关国际组织捐资助学，对长期在乡村学校任教的优秀教师给予奖励，并适时提高奖励标准。这改变了以往单一的学校奖励机制，促进了多元主体支持乡村教师发展局面的形成，突破了原有的制度惯性，但在实践中，由于缺乏对多元主体的沟通和管理，一些主体往往自行其是，难以形成系统性合力来推动制度的整体性变迁。此外，当前各地区出台的政策文本中，政策内容较为单一，缺乏保障性措施，难以形成协同效应。例如，要授予乡村教师荣誉，切实提高获得荣誉教师的获得感，需要从中央到地方的财政投入，更需要教师管聘、职称评审、绩效考核、社会福利等配套制度的协同改革。

（五）应加大劝诫型工具影响力，提升乡村教师职业吸引力

劝诫型工具是指通过象征或比喻的手段来传递某种价值观，进而引导和鼓励政策目标群体遵循和践行这些价值观。它适用于政策所倡导的价值观与政策环境对象的价值观一致，其理想效果是通过改变人们观念、偏好，人们能够自觉自愿地采取与政策目标保持一致的行为。其优点是实施门槛低，适用范围广，不需要投入大量的资源，缺点是发挥效用的时间周期相对较长。

荣誉的价值在于其社会身份的区分，使获得者得到某种程度的高峰体验。根据布迪厄的观点，荣誉是乡村教师的重要"符号资本"，荣誉的稀缺性、施誉者的身份、荣誉的社会影响力在很大程度上影响着荣誉的价值。《福建省乡村教师支持计划（2015—2020年）实施办法》规定，国家、省、县三级分别对在乡村学校从教30年以上、20年以上、10年以上的教师颁发荣誉证书。而《教育法》规定"国家通过考核、奖励、培养和培训，提高教师素质，加强教师队伍建设"。"国家"在实际操作中被降级，与法律规定有所出入，反映出对乡村教师的关注

度亟待提高。除此以外，乡村教师荣誉的表彰宣传工作还有待加强，使公众更加了解对乡村教师荣誉的表彰，否则容易造成乡村教师荣誉只是教育系统内部之事的社会认知，严重影响了教师荣誉的社会影响的广度，弱化了已获得荣誉教师的社会影响力，难以发挥对乡村教师的精神激励作用，导致获得感低下。[①]要真正带动公众对乡村教师的关注和尊重，带动乡村教师的工作积极性，这样才能最大限度地释放政策红利。因此，如何落实法律规定的由国家对优秀教师颁奖、扩大获得荣誉教师的社会影响、拓展获得荣誉教师的发展空间是下一步工作重点。

四、提升乡村教师荣誉体系政策工具效能的建议

从以往经验来看，通常是多种政策工具交织在一起综合使用。要发挥乡村教师荣誉制度的效力，也应综合应用多种政策工具，为振兴乡村教育奠基。具体来说，可以从以下几方面优化政策工具，以提升乡村教师的职业荣誉感、使命感、获得感。

（一）用好权威型工具，做好对政策实施情况的追踪调查

用好权威型工具，一是要完善权威型工具的结构体系，提高其适用性。我国地域辽阔，各地区发展水平不同，文化差异明显，乡村教师的情况也不尽相同。因此，权威型政策的制定和实践要充分反映和体现各地区的差异性，在充分了解乡村教师的前提下，充分估量政策资源的限度与执行的可行性，以形成具有指导性价值的政策条文，同时再辅之以配套的保障政策，从而确保权威型工具的可操作性。二是重视政策的后续追踪管理，权威型工具一经推出，就必须严格执行。在政策工具落实的过程中，必须及时分析和解决出现的突出问题，并及时地对政策工具进行调整。各级政府要定期对辖区内的乡村教师荣誉制度建设情况进行监测与分析，并以此为基础，制定出政策执行的问责制度，既要对无所作为的个人和相关部门进行责任追究，也要对有所作为的个人和相关部门进行奖励或表彰，以此避免不作为、乱作为现象的发生，进而引导各级行政部门、教育机构形成合力，共同落实中央有关荣誉制度建设的政策。

（二）用好激励型政策工具，保障优秀乡村教师安心从教

激励型政策工具所体现的是给予获得荣誉教师"沉甸甸"的获得感。采取物

---

① 佚名. 新时代教师荣誉制度该有的样子. 光明日报，2019-09-10（14）.

质奖励和精神奖励相结合是国际较为常见的做法，如美国加利福尼亚州为通过认证的教师提供1万美元的一次性奖金；北卡罗来纳州给那些获得高级教师证明的教师们提高12%的薪水。① 因此，要真正实现"留得住"，需要十足的"干货"来支撑，实现物质激励与精神激励的有机衔接。第一，应通过政府拨款、社会资助、学校自筹等多种途径，根据学校条件、交通便捷度等为乡村教师建立梯级乡村教师专项补贴制度，让乡村教师得到实实在在的实惠。第二，健全配套优惠政策，如公共交通工具的折扣、医疗卫生的保障、交流学习的机会、子女入学的优惠等等，使其产生"精神利益"与"实际利益"的双重获得感。第三，将乡村学校从教30年教师荣誉与乡村教师工资晋升挂钩，让其可以直接享受中级或高级职称的工资待遇。② 这样不仅可以弥补现行职称制度的缺陷，而且能够赋予乡村教师进取的不竭动力，极大地激励乡村教师持续工作的热情与积极性，在"名"与"实"的双重激励下提升乡村教师荣誉感。

（三）用好能力建设型工具，促进优秀乡村教师专业成长

在制定能力建设型政策时，应着重考虑如何激发教师誉后专业发展内驱力，自觉发挥领头羊作用，健全的誉后管理是一剂良药。获得荣誉不是教师专业发展的终点，而是新起点。好的能力建设型工具，一方面可以让获得荣誉教师自觉推动教师专业发展，发挥出他们的榜样作用；另一方面可以鼓舞和推动更多的教师参与荣誉教师的评选活动，更加努力地投身于日常工作中。第一，搭建发展平台，如建立乡村教师工作室，提供交流成长的机会，鼓励开展乡村教育研究并纳入荣誉乡村教师数据库，密切关注其发展变化，及时提供必要的指导帮助，充分发挥他们的智慧，为乡村教育的自我发展注入源源不断的动力。第二，建立获得荣誉教师梯级攀升机制，对获得荣誉教师的培养、再选拔和管理进行明确的规定，积极组织获得荣誉称号的乡村教师参加各种交流学习活动，为他们提供各种教育培训进修的机会，提升自身素质，学习最新的教育理念，获得专业成长和职业生涯发展。第三，发挥引领作用，做青年教师的引路人。每一位获得荣誉的乡村教师都是一座"宝藏"，对乡村教学的特点与规律都非常熟悉，因此，可采取"手拉手"结对的形式，与青年教师结成伙伴关系，充分发挥"荣誉"教师持续

---

① 付卫东，范先佐. 《乡村教师支持计划》实施的成效、问题及对策——基于中西部6省12县（区）120余所农村中小学的调查. 华中师范大学学报（人文社会科学版），2018，57（1）：163-173.

② 付卫东，彭士洁. 《乡村教师支持计划》执行情况的调查与分析——以四川省X县和Y县为例. 教师教育论坛，2018，31（3）：11-19.

的示范作用，与青年教师协同发展。

（四）用好系统变革型工具，完善多主体间协调机制

如教育家陶行知所言，乡村教师不单纯是传道授业解惑，还必须发挥其影响乡村进步的作用，是改造乡村生活的灵魂。乡村教师荣誉体系建设作为一项综合实施工程，不仅需要政策制定主体的合理配置，更依赖于政策执行主体的有效推进。一方面，为了提升政策工具应用协同性，需要逐步完善主体间协调机制，努力形成乡村教师荣誉体系建设的联动机制和工作合力。为了协调各部门，可由省政府牵头，省教育厅、省人力资源和社会保障厅、省委宣传部、省财政厅密切配合，成立专门、专业、专职的"全国乡村教师荣誉评选委员会"，在评选工作来临前制定评选方案，分阶段考察乡村教师的工作现状，及时发现并解决乡村教师荣誉体系建设中存在的问题，形成各主体之间的利益协调机制。另一方面，吸纳社会多元力量，积极畅通教育专业人员参与荣誉评选渠道，吸纳专家学者、历届获誉教师，并赋予同行教师、学生及家长评选之前、评选之中的话语权，为乡村教师荣誉体系建设提出宝贵意见，从内容上激发参与活力，从程序上保障参与权力，促使各方统筹协调、群策群力，改变各自为战、力量分散的局面。

（五）用好劝诫型工具，大力营造尊师重教的社会氛围

劝诫型工具体现的是国家主导的某种取向和偏好。由于这类政策工具既不要求强制执行，也无须投入大量资金，因此其效力并不稳定，常与其他类型的政策相互配合使用。根据布迪厄资本理论的观点，荣誉对教师来说是一种文化资本，象征着身份与地位，乡村教师在环境艰苦、交通不便、待遇不高的情况下服务乡村教育多年，具有高尚的教育情怀，扎根乡村的毅力，荣誉的颁发是对他们辛勤工作最大的认可，因此，荣誉证书的颁发不能草草了之。他山之石可以攻玉，国外在表彰优秀教师方面的先进经验值得我们借鉴，如美国的"美国国家年度教师"于每年5月在白宫举行颁奖典礼，由总统亲自颁奖，以此彰显该奖项的影响力。[①] 鉴于此，为了发挥乡村教师荣誉制度的最大效用，可在具有国家象征意义的人民大会堂举行颁奖仪式，举办盛大的颁奖仪式，由国家领导人授予乡村教师荣誉，以国家的名义表达对乡村教师的尊重和赞扬，提升乡村教师的职业荣誉

---

① 龚兵，周俊. 美国教师荣誉制度的特色及其对我国的借鉴意义——以"美国国家年度教师"项目为例. 教育现代化，2016（5）：12-15.

感。此外，隆重的现场、庄严的仪式、热烈的表彰以及大张旗鼓的宣传，才能使乡村教师得到最大限度的精神激励；[1] 扩大获得荣誉教师的社会影响力，让乡村教师感受到全社会的重视和尊重，提升乡村教师职业吸引力，促进城乡教师地位的平等，从而激发乡村教师专业发展的内生动力，更好地为乡村教育事业服务，为带动乡村振兴服务。

---

[1] 彭冬萍，曾素林，刘璐. 乡村教师荣誉制度实施状况调查研究. 当代教育科学，2018（2）：34-37，43.